VUK STEFANOVIĆ KARADŽIĆ

All rights reserved. No part of this publication may be reproduced in any form without the prior permission of the Copyright owner.

**FIRST PUBLISHED 1964
REPRINTED FOUR TIMES
SECOND EDITION 1981
REPRINTED 1985
REPRINTED 1989**

SERBO–CROATIAN

FOR
FOREIGNERS

SLAVNA BABIĆ

BOOK ONE

1989.

UDŽBENICI STRANIH JEZIKA
Broj 181

Stručna ocena
Prof. dr ASIM PECO
Prof. dr ĐORĐE ŽIVANOVIĆ
MADGE TOMAŠEVIĆ

Glavni i odgovorni urednik
OLGA MILUTINOVIĆ

Ilustracije i korice
BRANISLAV MOJSILOVIĆ

Tehnički urednik
JELENA KRUNIĆ

Fotografije
JUGOSLOVENSKA REVIJA, TURISTIČKA ŠTAMPA,
NARODNO POZORIŠTE

Tiraž
3.000 primeraka

Štampanje završeno
juna 1989.

Izdavač
KOLARČEV NARODNI UNIVERZITET
Centar za izdavačku delatnost
11000 Beograd, Studentski trg 5
Telefon 636-272

ISBN 86-7249-027-4

Štampa
BEOGRADSKI IZDAVAČKO-GRAFIČKI ZAVOD
Beograd, Bulevar vojvode Mišića 17

PREFACE

This book is a course for foreign beginners who want to learn Serbo-Croatian. It is a revised edition of "Serbo-Croat for Foreigners", first published in 1964, with a fresh approach. More attention has been paid to the verbs, verbal aspects, word order and enclitics. Most of the texts are new, and some of the old ones have been revised.

    The book contains twenty-five lessons and five supplementary texts. A Serbo-Croatian-English and English-Serbo-Croatian vocabulary is given at the end of the book containing about 1000 words and phrases both in "ekavski" and "ijekavski" variants of the language. The Vocabulary is followed by a Short Revision of the most important grammar rules (Tables), a Key to some of the exercises and Index to the Comment sections.

    The Introduction is devoted to the sounds of the Serbo-Croatian language as compared with English, and to the accentuation of the words.

    Each lesson consists of the following parts:

Text

    The texts have been written in the "ekavski" variant of Serbo-Croatian dialect, in Latin characters. Up to Lesson 10 a small portion of the text has been repeated in Cyrillic characters for those learners who want to practise reading in Cyrillic. The texts are based on the spoken language, and cover the most common topics of everyday life.

Drills

    Lessons 1—16 are provided with drills. These are contextualised examples of sentence structures or points of grammar designed to give the learner more practice.

Structures

    Lessons 1—15 are provided with structures in tables or sentences summarizing the major structures or grammar points to be covered in the lesson.

Comments

    Comments or grammatical explanations are introduced gradually, particularly in the first part of the book. Special emphasis is given to the explanations of structural patterns which have not the same function or form as in English. In some places the explanations have been simplified to make it easier for the learner to grasp. The grammar given is limited to essentials: the declension of nouns, pronouns and adjectives; the three chief tenses — present, perfect and future; and the imperative mood.

Exercises

    The exercises which follow each lesson are numerous and should present no special difficulty. They mainly comprise questions on the text and practice of grammar points. The exercises on case and verb endings are highly repetitive, because Serbo-Croatian is a highly inflected language like Russian and Latin. — The Supplementary Text — *Dopunsko štivo* — includes additional vocabulary but no comments. It also reviews the essential vocabulary and structural patterns or points of grammar acquired so far and is followed by exercises.

The Author

SADRŽAJ — CONTENTS

Preface V
Introduction IX
The alphabet X
The accent XII
Vowels XIII
Consonants XIV
Reading drill XV

PRVA LEKCIJA (I) 1
    1. Absence of the article. 2. The noun — masculine and feminine. 3. The personal pronoun *ja*. 4. *sam, ste, je*. 5. Question formation. 6. Introductory *ovo, to*. 7. *ko* and *šta*. 8. *a* (and, but)

DRUGA LEKCIJA (II) 11
    1. The verb *jesam* (I) — 1p. and 3p. sing., 2p. pl. 2. Long and short forms of *jesam*. 3. Formation of interrogative. 4. Negation of *jesam*. 5. The use of long and short forms of *jesam*. 6. *i* 14

TREĆA LEKCIJA (III) 20
    1. Neuter nouns. 2. Possessive adjectives in *-ov (-ev)* and *-in*. 3. Dual (common) gender. 4. Surnames in *-ić*. 5. *izvol(i)te* 23

ČETVRTA LEKCIJA (IV) 27
    1. The adjective. 2. Indefinite adjectives. 3. The use of indefinite adjectives. 4. *Vi ste visoki*. 5. Word order. 6. Nouns — professions. 7. *muž — žena* 29

PETA LEKCIJA (V) 34
    1. Demonstrative pronouns — singular. 2. *čiji, koji*. 3. *da* in an interrogative-negative sentence. 4. The word order of adverbs. 5. *molim* 37

PRVO DOPUNSKO ŠTIVO 41
    Exercises 43

ŠESTA LEKCIJA (VI) 45
    1. The definite adjective. 2. *jedan*. 3. The cases of nouns. 4. The prepositional singular of nouns 48

SEDMA LEKCIJA (VII) 52
    1. Feminine nouns in a consonant. 2. The nominative plural of nouns and possessive pronouns. 3. The movable *a* with masculine nouns. 4. The present tense of the verb *jesam* (II). 5. Verbal enclitics 55

OSMA LEKCIJA (VIII) 60
    1. Some definite adjectives used predicatevily — *mali, veliki*. 2. Adjectives in *-ni*. 3. The nominative plural of adjectives and some pronouns. 4. The prepositional singular of feminine adjectives and some pronouns. 5. The vocative singular of masculine and neuter nouns. 6. Word order 62

DEVETA LEKCIJA (IX) 68
    1. The plural of monosyllabic masculine nouns. 2. The prepositional singular of masculine and neuter adjectives and some pronouns. 4. Capital letters. 71

DESETA LEKCIJA (X) 75
    1. Declension of nouns — classes. 2. The noun stem. 3. The genitive singular of nouns. 4. The use of the genitive. 5. Masculine nouns in *o (l)*. 6. The genitive singular of adjectives and pronouns. — Notes 78

DRUGO DOPUNSKO ŠTIVO 84
    Exercises 86

JEDANAESTA LEKCIJA (XI) 88
    1. The infinitive. 3. Personal endings. 2. The infinitive and present stems. 4. Formation of the present tense. 5. Adjectives in *-ski, -čki, -ški* 90

DVANAESTA LEKCIJA (XII) 95
    1. Classes of verbs. 2. Class VI verbs. 3. Cardinal numbers *dva, tri, četiri* and *oba*. 4. Adjectival adverbs. 96

TRINAESTA LEKCIJA (XIII) 101
    1. The accusative singular of nouns. 2. The accusative singular of definite adjectives and some pronouns. 3. The vocative singular of feminine nouns in *-ica*. 4. Class V verbs. — Notes 103

ČETRNAESTA LEKCIJA (XIV) 109
    1. Class I verbs — Group three. 2. Class IV verbs — Group one. 3. The present tense instead of the present perfect. 4. Personal pronouns and their declension. 5. Forms of some personal proncuns and their usage. 6. Pronominal enclitics and their position. 7. *Ko* and *šta*. — Notes 111

PETNAESTA LEKCIJA (XV) 118
    1. The genitive plural of nouns. 2. The genitive plural of adjectives and pronouns. 3. The accusative plural of nouns, adjectives and pronouns. 4. *mnogo* and *koliko* followed by the genitive. 5. *ima — nema*. 6. Cardinal numbers — 0 to 20. — Notes 120

ŠESNAESTA LEKCIJA (XVI) 126
    1. Reflexive verbs. 2. *ići*. 3. *na* and *u* with the accusative and the prepositional. 4. Class IIa verbs. 5. The genitive plural of some masculine nouns — *mesec, sat, minut*. 6. *sat — čas*. 7. Cardinal numbers 20 to 99. 8. *deca* 128

TREĆE DOPUNSKO ŠTIVO 135
    Exercises 136

SEDAMNAESTA LEKCIJA (XVII) 139
    1. The instrumental case — singular. 2. The instrumental of adjectives and pronouns. 3. The instrumental case — plural. 4. The use of the instrumental. 5. *kola*. 6. Class IVb verbs. 7. *da* + *the present tense* instead of the infinitive. 140

OSAMNAESTA LEKCIJA (XVIII) 146
    1. The imperative (I). 2. The dative singular. 3. The use of the dative. 4. The possessive dative. 5. The possessive pronoun *svoj*. 6. *braća*. 7. Collective numerals. 8. Collective numeral adjectives. 9. Class IIb verbs. — Notes 147

DEVETNAESTA LEKCIJA (XIX) 154
    1. Class Ib verbs. 2. Verbal aspect (I). 3. The verb *hteti*. 4. Indirect commands. 5. The verb *sesti*. 6. The dative in impersonal constructions. 7. The genitive indicating quantity. 8. Disappearance of the consonants *t* and *d* 155

DVADESETA LEKCIJA 160
    1. Verbal aspect (II). 2. Class III verbs. 3. The vocative singular of feminine nouns. 4. The vocative singular of masculine nouns in *-k, -g, -h, -c*. 5. *što* as a conjunction. 6. *što* meaning *zašto*. 7. *da* + *the present* in modal questions. 8. The preposition *pred*. 9. *evo, eto, eno* with the genitive. — Notes 161

DVADESET PRVA LEKCIJA (XXI) 166
    1. The active past participle. 2. Formation of the perfect tense and its use. 3. Enclitics — the word order. 4. Ordinal numbers (I) 167

DVADESET DRUGA LEKCIJA (XXII) 174
    1. Ordinal numbers (II). 2. The names of the months. 3. Dates. 4. *ići* and its compounds 175

DVADESET TREĆA LEKCIJA (XXIII) 179
    1. The dative and prepositional — plural. 2. The vocative plural. 3. The declension of nouns in the plural (Table). 4. The declension od adjectives and *moj* in the plural (Table). 5. Compound cardinal numbers from 100 on. 6. Double negation. 7. *Bilo je* — *Nije bilo* 180

ČETVRTO DOPUNSKO ŠTIVO 185
    Exercises 186

DVADESET ČETVRTA LEKCIJA (XXIV) 187
    1. The verb *hteti* (II). 2. The future tense 188

DVADESET PETA LEKCIJA (XXV) 192
    1. *da li* in indirect questions. 2. Indirect quotes. 3. *zar* in questions 194

PETO DOPUNSKO ŠTIVO 197
    Exercises 198
    Short revision of grammar 199
    Key to the exercises 203
    Serbo-Croatian-English vocabulary 209
    English-Serbo-Croatian vocabulary 222
Greetings and some classroom expressions 231
Alphabetical order of the comments 233

INTRODUCTION

There are three main languages spoken in Yugoslavia: Serbo-Croatian, Slovenian and Macedonian besides the languages of other non-South-Slav nationalities (Albanian, Hungarian, etc.). These three languages are Slavonic languages.

Serbo-Croatian is spoken throughout Yugoslavia with the exception of Slovenia, where Slovenian is the national language, and Macedonia, where Macedonian is spoken. Although there are some differences in the form of Serbo-Croatian used in the various regions, people from different parts of the country can understand one another.

The Serbo-Croatian language has three dialects: the *shto*-dialect, the *kaj*-dialect and the *cha*-dialect, *što*, *kaj* and *ča* being three forms of the interrogative pronoun "what". Most people speak the shto-dialect, which was chosen as the literary language in the nineteenth century, as a result of the work of the great Serbian philologist and language reformer, *Vuk Stefanović Karadžić*. In Croatia *Ljudevit Gaj* adopted Karadžić's shto-dialect and introduced it as the literary language.

In the shto-dialect itself, there are three variants illustrated by the three ways of pronouncing and spelling the same word:

    a. lep cvet (a nice flower)
    b. lijep cvijet
    c. lip cvit

The difference stems from the fact that the old Slavonic *e* (the *jat*, written ъ), has remained long in certain words, while in others it has become short. Instead of *e* some people say *je* or *ije*. Those who say *e* (cvet) are called *Ekavci*, and live mainly in the east, north-east and south-east of Yugoslavia. The people of south-western parts are called *Ijekavci*, because they use the form *ije* (cvijet), while the people living in western Bosnia and parts of Dalmatia and Slavonia are called *Ikavci*, because they say *i* (cvit). (See Dialect Map)

Both *ekavski* and *ijekavski* are used in literature.

The spelling of Serbo-Croatian does not present any great difficulties, because there is one symbol for each sound. Serbo-Croatian is thus one of the easiest languages to learn to write.

Vuk Stefanović Karadžić (1787—1864)
Ljudevit Gaj (1809—1872)

THE ALPHABET

Two alphabets are used for writing Serbo-Croatian: the Cyrillic and the Latin. The Cyrillic, used mainly in Serbia, Vojvodina and Montenegro, is similar to the Russian alphabet. In Bosnia-Herzegovina, both the Cyrillic and Latin alphabets are in use. People in Croatia and Slovenia use the Latin one.

There are thirty sounds in the language. In the Cyrillic alphabet, there is one symbol for each sound, that is, there are as many letters as sounds (30), making it completely phonetic. This system was introduced by Vuk Stefanović Karadžić who followed the rule: *write as you speak, and read as you write*. The Latin alphabet is also phonetic, but some double letters: *lj, nj, dž* are pronounced as one sound.

There are no diphthongs in Serbo-Croatian.
The order of the letters differs in the Cyrillic and Latin alphabets.

LATINICA - THE LATIN ALPHABET

Letters		Phonetic symbol	Pronounced as in	Examples
A	a	ah	f*a*ther	jâ
B	b	b	*b*ed	bȁba
C	c	ts	lo*ts*	dèca
Č	č	ch (hard)	*ch*eck	čȅk
Ć	ć	ch (soft)		ćȅbe
D	d	d	*d*ay	dân
Dž	dž	dʒ (hard)	*j*oy	džȅz
Đ	đ	dʒ (soft)		đâk
E	e	e	m*e*n	dȅda
F	f	f	*f*ish	kàfa
G	g	g	*g*ood	gdȅ
H	h	h	*h*is	hlȅb
I	i	i	*h*e	vî
J	j	j	*y*ou	jáje
K	k	k	*k*ind	kö
L	l	l	*l*ook	lêd
Lj	lj	lj	mil*li*on	pölje
M	m	m	*m*oon	mȁma
N	n	n	*n*ot	nad
Nj	nj	nj	o*ni*on	könj
O	o	o	d*oo*r	ȍko
P	p	p	*p*en	pèro
R	r	r	*r*oom	rȁk
S	s	s	*s*on	sîn
Š	š	sh	*sh*e	šȁh
T	t	t	*t*op	tȍp
U	u	u	r*u*le	jûn
V	v	v	*v*ery	vô
Z	z	z	*z*oo	zûb
Ž	ž	ʒ	lei*s*ure	žèna
X				

ĆIRILICA - THE CYRILLIC ALPHABET

Letters		Phonetic symbol	Pronounced as in	Examples
А	а	ah	father	jâ
Б	б	b	bed	бȁба
В	в	v	very	вô
Г	г	g	good	гдȅ
Д	д	d	day	дȅда
Ђ	ђ	dʒ (soft)	joy	ђак
Е	е	e	men	дȅда
Ж	ж	ʒ	leisure	жȁба
З	з	z	zoo	за
И	и	i	he	вȋ
Ј	ј	j	you	jáje
К	к	k	kind	кȍ
Л	л	l	look	лêд
Љ	љ	lj	million	жȅља
М	м	m	moon	мȁма
Н	н	n	not	дâн
Њ	њ	nj	onion	кȍњ
О	о	o	door	òко
П	п	p	pen	пȍд
Р	р	r	room	рȁк
С	с	s	son	сȋн
Т	т	t	top	тȍп
Ћ	ћ	ch (soft)	check	ћȅбе
У	у	u	rule	јŷн
Ф	ф	f	fish	кȁфа
Х	х	h	his	хлȅб
Ц	ц	ts	lots	дȅца
Ч	ч	ch (hard)	chalk	чȁј
Џ	џ	dʒ (hard)	joy	џȇз
Ш	ш	sh	she	шȁх

XI

THE ACCENT

Serbo-Croatian has four accents which occur on vowels. They can be long or short, with rising or falling tones. Thus a rising accent can be either long-rising (´) or short-rising (`), and a falling accent can be either long-falling (ˆ) or short-falling (˝).

1. The *long-rising* accent (´) is long, the tone of the voice rising very high before the beginning of the next syllable:

    rúka (hand)   vráta (door)   písmo (letter)

2. The *short-rising* accent (`) is short, the tone of the voice rising slightly:

    žèna (woman)   pèro (pen)   vòda (water)

3. The *long-falling* accent (ˆ) is long, the tone of the voice falling sharply:

    sîn (son)   zûb (tooth)   râd (work)

4. The *short-falling* accent (˝) is very short, the tone of the voice falling abruptly:

    spört (sport)   brät (brother)   hlěb (bread)

5. A word can have only one of the four accents.

a. *Monosyllabic* words always have a falling accent, long of short:

    sîn (son)   râd (work)   brät (brother)   hlěb (bread)

b. *Disyllabic* words may have any of the four accents on the first syllable, and none on the second:

    písmo (letter)   pîvo (beer)   žèna (woman)   söba (room)

c. *Polysyllabic* words may have any of the four accents on any syllable, but none on the final, which is never accented. The intermmediate syllables may have only a short- or a long-rising accent:

    repùblika (republic)   Beògrad (Belgrade)   gospòdin (gentleman)
    čokoláda (chocolate)   trídesēt (thirty)   Amerikánac (American)

6. Unaccented syllables are either short or long. A long syllable is marked by vowel length (-) which occurs only after the accented syllable. There may be several lengths in one word.

    jänuār (January)   dvádesēt (twenty)   Jugòslāvija (Yugoslavia)

7. There are some words which are not accented. These are: prepositions, conjunctions, the negative particle *ne* and enclitics.

VOWELS

There are five vowels in the Serbo-Croatian language: *a, e, i, o, u*, which are always very clear and are always pronounced. The consonant *r* can also be used as a vowel. All vowels including *r* can be either long or short, but their length does not affect their quality. Neither is their pronunciation affected by their position in the word or by the stress of the word.

There are no diphthongs in Serbo-Croatian.

1. a

a. The short *a* is similar to the first element of the English diphthong *au* as in "out", and is fully open.

    brȁt (brother)   pȁrk (park)   kàfa (coffee)   kàda (when)

b. The long *a* is closest to *a* as in "father".

    dân (day)   grâd (city)   vráta (door)   gláva (head)

2. e

a. The short *e* is similar to *e* as in "men", but rather more closed.

    pȅsma (song)   mȅsto (place)   žèna (woman)   pèro (pen)

b. The long *e* is more open than in "men".

    svêt (people)   lêd (ice)   déte (child)   réka (river)

3. i

a. The short *i* is clear and shorter than in "give". The mouth is rather open, the lips drawn back a little, the tongue approaching the palate.

    fȉlm (film)   sȉr (cheese)   ìzlaz (exit)   žìvot (life)

b. The long *i* is prolonged as in "eat".

    sîn (son)   zîd (wall)   zíma (winter)   klíma (climate)

4. o

a. The short *o* is similar to *o* as in "not", but the lips are slightly closed and rounded.

    spȍrt (sport)   sȍba (room)   vòda (water)   nòga (leg)

b. The long *o* is prolonged as in "door".

    stô (table)   brôd (ship)   tórba (bag)   prózor (window)

5. u

a. The short *u* is similar to *u* as in "put". The lips are rounded and pushed forward.

    jùtro (morning)   ùvo (ear)   ùlaz (entrance)   mùzika (music)

b. The long *u* is prolonged as in "pool".

    drûg (friend)   kljûč (key)   rúka (hand)   lúka (port)

6. **r** as a vowel

The consonant *r* can be a vowel in the following cases:

a. between two consonants:

    vr̀t (garden)   pr̂st (finger)   tr̂g (square)   kr̂v (blood)

b. at the beginning of a word before a consonant:

    r̀da (rust)   r̀đav (bad)

CONSONANTS

There are 25 consonants in Serbo-Croatian. Consonants, particularly the final consonants, are pronounced much less energetically than the English ones, and are always pronounced. There are no silent consonants.

1. d and t

The *d* (*d*an) and t (*t*op) are dental sounds. They are pronounced with the tip of the tongue touching the back of the upper teeth, not the ridge back of the teeth as in English. These sounds do not have such a puff of breath after them as they do in English. Put your hand before your mouth when saying the English words: tall or dig. In this way you get a softer sound, which is Serbo-Croatian *t* and *d*.

    tàta (dad)   tȏp (gun)   dân (day)   dànas (today)

2. b, p, k, g

These consonants are less emphatic than in English and have no aspiration which is heard when pronouncing these consonants in English.

The sounds *h* and *p* are produced by closing the upper and lower lips.

    brôd (boat)   pìlōt (pilot)   kàpa (cap)   grâd (city)
    bòja (colour)   pèro (pen)   kùća (house)   glâva (head)

3. h

h is produced by touching the back part of the roof of the mouth. It is much stronger than in English, because it is a glottal sound.

    hlȅb (bread)   hòtel (hotel)   hìljəda (thousand)

4. ć and đ

The *ć* is softer than "ch" in "archer". Its sound is between the "ch" of "chalk" and "tu" of "tune". The sound *đ* is between the "dʒ" of "bridge" and "de" of "dew". To pronounce these two consonants the teeth must be brought close together and the lips are slightly opened. The blade of the tongue must touch the frontal palate (gum).

    ćìlim (carpet)   ćérka (daughter)   vȍđa (leader)   Đôrđe (George)

5. č and dž

To produce č and dž the blade of the tongue is pressed hard against the ridge back of the teeth. These sounds are harder than ć and đ.

    čȁj (tea)   čȁša (glass)   džȅp (pocket)   džȉn (giant)

6. lj and nj

The *lj* and *nj* are similar to the English sounds as in "mil*li*on" and "*n*ews".

    ljúbav (love)   kljûč (key)   kȍnj (horse)   knjȉga (book)

7. r

The *r* is not like the English one. It is almost identical with the Russian *r* or similar to the Scotish "r", but not as strong. It is trilled with the tip of the tongue against the teeth ridge, just behind the upper teeth, and the mouth is more closed than in pronouncing the English "r".

    réka (river)   spȍrt (sport)   rȉba (fish)

READING DRILL

ä		à		â	
brat	(brother)	kafa	(coffee)	ja	(I)
park	(park)	kada	(when)	dva	(two)
pas	(dog)	sadā	(now)	dan	(day)
maj	(May)	danas	(today)	sat	(clock)
čaj	(tea)	staklo	(glass)	rad	(work)

á		è		ȅ	
glava	(head)	ček	(check)	žena	(woman)
vrata	(door)	hleb	(bread)	deca	(children)
plata	(salary)	leto	(summer)	sestra	(sister)
hvala	(thanks)	mesto	(place)	selo	(village)
trava	(grass)	deda	(grandpa)	pero	(pen)

ê		é		ȉ	
led	(ice)	dete	(child)	film	(film)
med	(honey)	vreme	(time)	kiša	(rain)
pet	(five)	mleko	(milk)	riba	(fish)
svet	(people)	cena	(price)	slika	(picture)
vek	(century)	reka	(river)	sir	(cheese)

ì		î		í	
izlaz	(exit)	mi	(we)	zima	(winter)
izlog	(shopwindow)	vi	(you)	klima	(climate)
život	(life)	sin	(son)	pismo	(letter)
izbor	(choice)	zid	(wall)	vino	(wine)
igra	(dance)	mir	(peace)	svila	(silk)

ȍ		ò		ô	
ko	(who)	ona	(she)	so	(salt)
konj	(horse)	noga	(leg)	sto	(table)
oko	(eye)	kosa	(hair)	most	(bridge)
kola	(car)	voda	(water)	brod	(ship)
sport	(sport)	boja	(colour)	more	(sea)

ó		ù		ú	
moda	(fashion)	uvo	(ear)	juče	(yesterday)
torba	(bag)	jutro	(morning)	suprug	(husband)
podne	(noon)	sutra	(tomorrow)	student	(student)
ovde	(here)	kuća	(house)	muzēj	(museum)
prozor	(window)	šuma	(forest)	ulaz	(entrance)

û		ú	
jun	(June)	klupa	(bench)
jul	(July)	ruka	(hand)
zub	(tooth)	luka	(port)
drug	(friend)	ručak	(lunch)
put	(way, road)	ruža	(rose)

PRVA LEKCIJA

1.

Marko: Dobar dan. Ja sam Mȃrko Márković.
Vi ste...?
Robert: Róbert Rös.
Marko: Ko ste vi?
Rita: Ja sam Rìta Rös.
Marko: A vi?
Kora: Ja sam Kóra.
Džim: A ja sam Džim.

2.

Kora: Vi ste Robert?
Robert: Da. A vi?
Kora: Ja sam Kora.

3.

Džim: Vi ste Kora?
Rita: Ne. Ja sam Rita.
Džim: A ja sam Džim.

1

4.

Ovo je Marko.
Marko je Jugosloven.

Ovo je Vera.
Vera je Jugoslovenka.

Marko je Jugosloven, a Vera je Jugoslovenka.

To je Robert.
On je Amerikanac.

To je Rita.
Ona je Amerikanka.

Robert je Amerikanac, a Rita je Amerikanka.

5.

Vera:	Ko je ovo?		*Vera:*	Ko je to?
Marko:	To je Džim.		*Marko:*	To je Kora.
Vera:	Šta je Džim?		*Vera:*	Šta je Kora?
Marko:	On je Englez.		*Marko:*	Ona je Engleskinja.

Džim je Englez, a Kora je Engleskinja.

6.

Marko:	Ja sam Jugosloven, a vi ste Englez. Ko je Jugosloven?		*Марко:*	Ја сам Југословен, а ви сте Енглез. Ко је Југословен?
Džim:	Vi ste Jugosloven.		*Џим:*	Ви сте Југословен.
Vera:	Ja sam Jugoslovenka. Šta ste vi?		*Вера:*	Ја сам Југословенка. Шта сте ви?
Kora:	Ja sam Engleskinja.		*Кора:*	Ја сам Енглескиња.
Vera:	Ko je Amerikanka?		*Вера:*	Ко је Американка?
Kora:	Rita.		*Кора:*	Рита.

1

7.

Vera:	Ko je to?
Marko:	To je Rita. Ona je Amerikanka.
	Rita! .... Ovo je Rita.
	Rita, ovo je Vera.
Vera:	Milo mi je.
Rita:	Drago mi je.

8.

Kora:	Dobar dan.
Marko:	Dobar dan, Kora. Ovo je Džim.
Kora:	Milo mi je.

ZAPAMTITE:

> *Milo mi je.*
> *Drago mi je.*

VEŽBE — DRILLS

1.
R: Ja sam Robert Ros.
M: Milo mi je. Ja sam Marko Marković.

2.
R: Ja sam Rita Ros.
V: Drago mi je. A ja sam Vera Marković.

3.
M: Ko sam ja?
R: Vi ste Marko Marković.

4.
M: Ko ste vi?
R: Ja sam Rita Ros.

5.
A: Ja sam Jugosloven. Šta ste vi?
M: Ja sam Englez.

6.
K: Ja sam Jugoslovenka. Šta ste vi?
V: Ja sam Engleskinja.

7.
M: Vi ste Amerikanac?
R: Da. Ja sam Amerikanac.

8.
V: Vi ste Amerikanka?
K: Ne. Ja sam Engleskinja.

9.
V: Rita je Amerikanka. A šta je Kora?
M: Ona je Engleskinja.

10.
V: Robert je Amerikanac. A šta je Džim?
M: On je Englez.

1

STRUKTURE — STRUCTURES

1.	I am		You are		You are ..... ?	
	Ja sam	Marko. Vera. Jugosloven. Jugoslovenka.	Vi ste	Robert. Rita Amerikanac. Amerikanka.	Vi ste	Džim? Kora? Englez? Engleskinja?

2.	..... is ....., and ..... is ...... He is ....., and she is					
	Marko On	je	Jugosloven,	a	Vera ona	je	Jugoslovenka.
	Džim On		Englez,		Kora ona		Engleskinja.

3.	This is			That is		
	Ovo	je	Marko. Vera.	To	je	Robert. Rita.

4.	Who	is	this that?	It	is	.....
	Ko	je	ovo? to?	To	je	Marko. Vera.

5.	Who	are	you?	Who	am	I?	Who	is	he-she?
	Ko	ste	vi?	Ko	sam	ja?	Ko	je	on-ona?
	What	is	.....?						
	Šta	je	Marko (Vera)?						

OBJAŠNJENJA — COMMENTS

1. Absence of the article

There is no definite or indefinite article in the Serbo-Croatian language. The noun *student* may mean either **a** student or **the** student, according to the context.

2. The noun

There are three genders in Serbo-Croatian. All nouns belong to one of the three genders: masculine, feminine and neuter. The gender of most nouns can be recognized by its final letter in the nominative singular form.

a. Masculine nouns. Most masculine nouns end in a consonant:

stùdēnt (student)   Jugoslòvēn (a Yugoslav man)   Jòvan
Bòjan   Márković   Sàvić   Beògrad   Zágreb

They may also end in **-o** or **-e**. Most of these are personal names for men, or words of foreign origin:

Mârko   Zvónko   Đôrđe   Pâvle   râdio   àuto (car)

b. Feminine nouns. Most feminine nouns end in **-a**:

žèna (woman)   Jugoslòvēnka (a Yugoslav woman)   Vèra   Púla

Masculine		Feminine	
-consonant	stùdēnt	-a	žèna
-o -e	Mârko, Đôrđe		

Nouns denoting things may be of any of the three genders, because gender in Serbo-Croatian is a grammatical category.

3. The personal pronoun JA

The personal pronoun **jâ** (I) is capitalized only at the beginning of the sentence, but not within a sentence as is the case in English:

Ja sam Jugosloven.   I am a Yugoslav (man).
Šta sam **ja**?   What am I?

4. SAM, STE, JE

sam (am), **ste** (are — you) and **je** (is) are the shorter forms of the verb **jesam** (the present of the verb "to be") and are used as copula with nouns, adjectives, etc. They are unstressed words.

1

Subject	Copula	Noun	Subject	Copula	Noun
Jâ	sam	Mârko.	Ôn	je	Ènglēz.
Vî	ste	Džĭm.	Kö	je	Věra?

5. Question formation

One of the ways of question formation is by using rising intonation of a statement:

Vi ste Marko?   You are Marko?
On je Jugosloven?   He is Yugoslav?

6. Introductory OVO, TO

The introductory **òvo** (this) and **tô** (that) indicates something not previously mentioned, about which some statement is to be made. It is always used as the introductory subject whatever the gender of the noun:

Ovo je Marko. **To** je Vera.   This is Marko. That is Vera.

The answer to the question: **Ko je ovo?** or **Ko je to?** is usually: **To je,** — to meaning "it" or "that".

Ko je ovo?
(Who is this?)   *To* je . . . . .
Ko je to?
(Who is that?)   (It is . . . . . That is . . . . .)

Instead of **ko** some other words may be used to follow the same pattern:

Šta je to?   What is that?

7. KO and ŠTA

kö, CS **tkö** (who) and **štǎ**, CS **štö** (what) are always singular; **ko** is masculine.

Ko je Marko (Vera)?   Who is Marko (Vera)?
Šta je Marko (Vera)?   What is Marko (Vera)?

8. a

a (and, but) is used:

(i) with different subjects to point out a contrast:

Marko je Jugosloven, **a**   Marko is a Yugoslav man, and
Vera je Jugoslovenka.   Vera is a Yugoslav woman.

CS = Croatian-Serbian

(ii) to introduce a new subject:

    Vi ste Rita?   You are Rita?
    Da. **A** vi?   Yes. And you?

VEŽBANJA — EXERCISES

I Odgovorite na ova pitanja (Give answers to these questions):

a. 1. Ko je ovo? (Picture No. 4)
    2. Šta je Marko?
    3. Šta je Vera?
    4. Ko je Amerikanac?
    5. A ko je Amerikanka?
    6. Šta je Kora, a šta je Džim?

b. 1. Ko sam ja?
    2. Šta sam ja?
    3. Šta ste vi?
    4. Vi ste Jugosloven?
    5. Vi ste Amerikanka?

II Umetnite odgovarajuće lične zamenice (Fill in the appropriate personal pronouns):

        ja   vi   on   ona

1. Ovo je Robert. ... je Amerikanac.
2. ... sam Jugoslovenka.
3. Šta je Kora? ... je Engleskinja.
4. Ko ste ...? ... sam Rita Ros.
5. To je Marko Marković. ... je Jugosloven.

III Odgovorite kao u primeru (Answer as in the example):

    Primer   A: Ko je Jugosloven?
                    C: *Marko*
                    B: *Marko je Jugosloven.*

1. A: Ko je Englez?   C: *Džim*
2. A: Ko je Amerikanac?   C: *Robert*
3. A: A ko je Amerikanka?   C: *Rita*
4. A: A ko je Jugoslovenka?   C: *Vera*
5. A: A ko je Engleskinja?   C: *Kora*

IV Popunite ove rečenice (Complete these sentences):

1. Marko je Jugosloven, a Vera je ...
2. Džim je Englez, a Kora je ...
3. Rita je Amerikanka, a Robert je ...

V Umetnite izostavljene reči *(Put in the missing words)*:
1. Ko ... ovo? ... je Vera Marković
2. To je Marko. ... je Jugosloven.
3. Vi ... Robert? Da. Ja ... Robert.
4. ... je Kora? ... je Engleskinja.
5. Ja ... Vera Marković.
6. ... je to? To je Marko.
7. Vi ste Rita? .... Ja sam Kora.
8. Vi ste Englez, ... Kora je Engleskinja.

VI Prepišite tekst broj šest *(Copy the text number six)*.

VII Vežba za izgovor *(Pronunciation drill)*:
1. Kȍ‿je Vȅra?
2. Štȁ‿je Vȅra?
3. Mȉlo‿mi‿je.
4. Òna‿je Jugoslòvēnka.
5. Òvō‿je Amerìkānka.
6. Tô‿je Mârko.
7. Jâ‿sam Mârko.
8. Vî‿ste Mârko?
9. Drâgo‿mi‿je.

VIII Prevedite na srpskohrvatski *(Translate into Serbo-Croatian)*:
1. Who is this? — It's Marko Marković. — What is he? — He is a Yugoslav. — And what's Rita? — She's American.
2. I'm Cora. You are Robert? — Yes, I'm Robert. — You are English? — No, I'm American. You are English? — Yes, I am English.

DRUGA LEKCIJA

1.
Marko:	Ja sam profesor, a vi ste student. Šta sam ja?
Kora:	Vi ste profesor.
Marko:	Šta ste vi?
Kora:	Ja sam student.
Marko:	Jeste li i vi student, Rita?
Rita:	Jesam.
Marko:	Je li Vera student?
Rita:	Nije.

2.
Vera:	Ja nisam vaš profesor.
Džim:	Ko je moj profesor?
Vera:	Moj suprug je vaš profesor. Rita, jesam li ja vaš profesor?
Rita:	Niste.

3.
Žan:	Dobar dan.
Marko:	Dobar dan.
Žan:	Jeste li vi profesor Marković?
Marko:	Jesam.
Žan:	Ja sam Žân Dìlong.
Marko:	A, vi ste Žan Dilong. Milo mi je.
Žan:	Ovo je Nàtaša, moja supruga, a ovo je moja sestra Màdlēn.
Marko:	Drago mi je. A ovo je moja supruga.
Vera:	Jeste li vi Rus?
Žan:	Nisam. Ja sam Francuz.

2

Vera: Da li je vaša supruga Francuskinja?
Žan: Nije. Nataša je Ruskinja.
Nataša: Ovo je moj brat Bóris.
Marko: Vi niste Francuz. Vi ste Rus?
Boris: Da.
Vera: Da li ste i vi student?
Boris: Ne. Ja sam novinar.

4.

Džim: Dobar dan, Nataša. Kako ste?
Nataša: Hvala, dobro. Kako ste vi?
Džim: Dobro. Kako je vaš suprug?
Nataša: I on je dobro.

Џим: Добар дан, Наташа. Како сте?
Наташа: Хвала, добро. Како сте ви?
Џим: Добро. Како је ваш супруг?
Наташа: И он је добро.

5.
Kora: Kako ste, Boris?
Boris: Dobro. A vi?
Kora: Dobro (sam).

ZAPAMTITE:

> **A:** *Kako ste?*
> **B:** *Hvala, dobro.*

VEŽBE — DRILLS

1.
N: Jeste li vi Rita?
R: Jesam.
N: Ja sam Nataša.

2.
A: Jeste li vi Francuz?
B: Nisam. Ja sam Rus.
A: A ja sam Englez.

3.
K: Vi niste Jugoslovenka?
M: Nisam. Ja sam Francuskinja.
K: A ja sam Engleskinja.

4.
A: Boris nije Francuz.
B: Šta je on?
V: On je Rus.

5.
K: Da li je vaš profesor Vera Marković?
R: Nije. Moj profesor je Marko Marković.

6.
A: Da li je vaš brat novinar?
N: Jeste.
A: Da li je i vaša sestra?
N: Nije. Moja sestra je student.

7.
A: Šta ste vi?
B: Ja sam student. A vi?
A: I ja sam student.

8.
R: Kako ste?
Ž: Hvala, dobro.
R: Kako je vaša sestra?
Ž: Dobro je.

STRUKTURE — STRUCTURES

1.	Jesam	li	ja	student?	Jeste.	(Am I a student? Yes, you are.)
	Jeste		vi	?	Jesam.	(Are you a student? Yes, I am.)
	Je		on	?	Jeste.	(Is he a student? Yes, he is.)
	Je		ona	?	Jeste.	(Is she a student? Yes, she is.)

2.	Da li	sam	ja	profesor?	Niste.	(Am I a p...? No, you are not.)
		ste	vi	?	Nisam.	(Are you a p...? No, I am not.)
		je	on	?	Nije.	(Is he a p...? No, he is not.)
		je	ona	?	Nije.	(Is she a p...? No, she is not.)

3.	Ja nisam	novinar.	= Nisam	novinar.	(I am not a journalist.)
	Vi niste		= Niste		(You are not a ...)
	On nije		= Nije		(He is not a ...)
	Ona nije		= Nije		(She is not a ...)

4.	Kako	je		Marko?	Dobro.	(Fine.)
				Vera?	Hvala, dobro.	(Fine, thanks.)
			vaš	brat?	Dobro je.	(He's fine.)
			vaša	sestra?		(She's fine.)
		ste?	—	—	Dobro sam.	(I'm fine.)

OBJAŠNJENJA — COMMENTS

1. The verb JESAM (I)

a. jesam is a defective verb having only the present tense forms, but no infinitive. It can be both a principal and an auxiliary verb. The verb **jesam** corresponds to the present tense of the English verb "to be".

b. In this lesson the verb "jesam" is explained only for the first and third person singular and the second person plural (**vi ste**), the latter being also used as a polite form of address to a single person. The complete present tense of this verb will be explained in *Lesson VII*.

2. Long and short forms of JESAM

The present tense of the verb **jesam** has two forms, a long or full form, and a short form:

AFFIRMATIVE

	Short form	Long form
Sing.:	1. (jâ) sam	jèsam — I am
	2.	. . . . .
	3. (ôn) je	jĕst(e) — he is
	(òna) je	jĕst(e) — she is
Plur.:	1.	. . . . .
	2. (vî) ste	jèste — you are

3. Formation of Interrogative

a. In questions the long forms of the verb **jesam** stand at the beginning of the sentence followed by the interrogative particle **li**, the subject following this particle. The third person singular is an exception to the rule, because its short form **je** is used.

Jèsam	li	jâ	stùdēnt?	Am I	a student?
Jèste		vî		Are you	
Jè		ôn		Is he	
Jē		òna		Is she	

b. Another way of forming questions is by introducing the question marker **da li** followed by the short forms of the verb **jesam** and the subject. The question marker is considered as a single unit.

Da li	sam	jâ	stùdēnt?	Am I	a student?
	ste	vî		Are you	
	je	ôn		Is he	
	je	òra		Is she	

4. Negation of JESAM

a. The negation of the present tense of **jesam** is formed by putting the negative prefix **-ni** before the short forms, and is written as one word.

jâ nísam or nísam   I am not   ôn nìje or nìje   he is not
vî níste or níste   you are not   òna nìje or nìje   she is not

15

2

b. The negative of the verb **jesam** is used both in a negative statement and as a short negative answer to a question. The personal pronouns are usually omitted.

Ja **nisam** Jugosloven.	I am not Yugoslav.
Jeste li (vi) Jugosloven?	Are you Yugoslav?
Nisam.	No, I am not.

5. The use of long and short forms of JESAM

a. The **long** forms of the verb **jesam** are stressed words in the sentence. They are used in questions at the beginning of the sentence preceding the interrogative particle **li,** and in short answers to questions. The third person singular (**je** — is) is an exception, because its short form is used in questions, and is a stressed word in this case; but its long form is used in short answers to questions.

Jeste li vi Englez?	Are you English?
Jesam.	Yes, I am.
Je li Boris Rus? **Jest(e).**	Is Boris Russian? Yes, he is.

b. The **short** forms of **jesam** are unstressed words and are called *verbal enclitics*. Enclitics never begin the sentence and always follow a stressed word at the beginning of a sentence or clause. When short forms are the only enclitics in the sentence, they have second place in word order, usually following a noun or a pronoun.

The short forms of **jesam** or verbal enclitics are used:
(1) in positive statements

Ja **sam** Jugosloven.	I am Yugoslav.
Žan **je** Francuz.	Jean is French.

(2) in questions following the question marker **da li (li** is also an enclitic and can never be the first word of a sentence.) In this case short forms of **jesam** have third place in word order.

Da li **ste** vi Rus?	Are you Russian?
Da li **je** on Francuz?	Is he French?

The short forms also follow the question word (**ko** — who, **šta** — what, **kako** — how, etc.) if the latter is the initial word of the sentence. The personal pronoun is omitted if the subject is clear.

Ko je Robert? (Who is Robert?)	**Kako ste?** (How are you?)

(3) in reply to the question if the reply contains any other word or words:

Kako ste? Dobro **sam.**	How are you? I'm fine.
Kako je vaš brat? Dobro **je.**	How's your brother? He's fine.

6. The conjunction *i* in positive statements

The conjunction **i** (and, see Lesson 3) may be used in positive statements in the sense of **also,** and is followed by an accented word, usually the subject. Remember that verbal enclitics can never be placed after the conjunctions **i** (also) or **a** (and, but).

The conjunction **i** (also) is widely used in idiomatic Serbo-Croatian.

On je student.   He's a student.
I ona je student.   She's a student too. (So is she.)
Ona je profesor.   She's a professor.
I Marko je profesor.   Marko's also a professor. (So is Marko.)

VEŽBANJA — EXERCISES

I Odgovorite na ova pitanja (*Give answers to these questions*):

a. 1. Šta je Marko Marković?
2. Je li Vera Marković profesor?
3. Šta je Rita?
4. Da li je Boris student?
5. Da li je Žan Rus?
6. Da li je Madlen Ruskinja?

b. 1. Jesam li ja Amerikanac?
2. Šta sam ja?
3. Jeste li vi Francuz (Francuskinja)?
4. Da li je vaša sestra novinar?
5. Jeste li vi novinar?
6. Da li je vaš suprug (supruga) Rus (Ruskinja)?
7. Kako ste?
8. Kako je vaša sestra (vaš brat)?

II Stavite ove rečenice u upitni oblik (*Change these sentences into questions*):

Primer **A:** On je Jugosloven.
         B: *Je li* on Jugosloven?
             Da li je on Jugosloven?

1. Vera je Jugoslovenka.   2. Vi ste Marko Marković.
3. Boris je novinar.   4. Ja sam student.
5. Marko je profesor.   6. Vi ste novinar.

III Kažite da ..... *(Say that* .....*)*:

Primer **A:** Kažite da Nataša nije profesor.
       B: *Nataša nije profesor.*

1. Kažite da Vera nije Ruskinja.
2. Kažite da niste Francuskinja.
3. Kažite da Boris nije Francuz.
4. Kažite da ja nisam student.
5. Kažite da niste profesor.
6. Kažite da ja nisam Jugosloven.

IV Odgovorite na ova pitanja kratko i odrično *(Give short negative answers to these questions)*:

Primer **A:** Jesam li ja student?
       B: *Niste.*

1. Jesam li ja Ruskinja?
2. Da li je Kora Francuskinja?
3. Jeste li vi Jugosloven?
4. Da li je Žan novinar?
5. Jeste li vi novinar?
6. Da li sam ja Englez?

V Popunite ove rečenice dužim ili kraćim oblikom glagola JESAM
(Complete these sentences either with the long or the short forms of the verb jesam*)*:

1. Šta ... ja? Vi ... profesor.
2. Da li ... vi profesor? Nisam.
3. Da li ... Boris vaš brat? Nije.
4. ... li vi novinar? Jesam.
5. ... li ja Jugosloven? Jeste.
6. Kako ... vaš brat? Hvala, dobro.
7. ... li Kora student? Jeste.
8. Da li ... i vi student? Jesam.

VI Postavite pitanje kao u primeru *(Make questions as in the example)*:

Primer **A:** Rita je student. *Robert* ...
       B: *Da li je i Robert student?*

1. Marko je profesor. *Vera* ...
2. Ja sam student. *Vi* ...
3. Vi ste Amerikanac. *Ja* ...
4. On je novinar. *Ona* ...
5. Ja sam Jugoslovenka. *Vi* ...

2

VII Ovo su odgovori na pitanja. Sastavite pitanja koja počinju rečima u zagradi
(These are answers to questions. Make questions beginning with the words in brackets):

Primer **A:** On je profesor. *(Ko?)*
       B: *Ko* je Marko Marković?

1. Nataša je student *(Ko?)*
2. Ona je Ruskinja. *(Šta?)*
3. Ja sam Francuz. *(Šta?)*
4. To je moja supruga. *(Ko?)*
5. Vi ste Jugoslovenka. *(Šta?)*
6. Hvala, dobro. *(Kako?)*

VIII Vežba za izgovor *(Pronunciation drill):*

1. Jèste‿li Jugoslòvēnka? Jèsam.
2. Òna‿je Fràncūskinja.
3. Òna‿je mòja sèstra.
4. Mòja sèstra‿je stùdēnt.
5. Mòja sùpruga‿je pròfesor.
6. Štā‿je vāš brāt?
7. Vāš brāt‿je nòvinār.
8. Kăko‿ste?
9. Kăko‿je vāš brāt?
10. Nísam Amerikánac.

IX Prevedite *(Translate):*

1. **A:** My sister is a student. **B:** And you? **A:** I'm a student, too. — 2. **Nataša:** I'm not French. **Vera:** What are you? **Nataša:** I'm Russian. — 3. **A:** Is Boris Russian? **B:** Yes, he is. **A:** And Jean? **B:** Jean is French. **A:** And what's Madleine? **B:** She's French, too. — 4. **A:** Are you an instructor? **B:** Yes, I am. And you? **A:** I'm a journalist. — 5. **A:** You aren't a student? **B:** No, I am not. — 6. **A:** How's your sister? **B:** She's fine, thanks.

TREĆA LEKCIJA

1.
Službenik: Vaše ime?
Žan: Dilong. Žan Dilong.
Službenik: ... da ... de ... di ...
Kako je vaše prezime?
Žan: Dilong. Du — long.
Službenik: Dulong. Ovo je vaše pismo.
Vaš pasoš, molim.
Žan: Izvolite ...
Službenik: Izvolte vaše pismo i pasoš.

2.
Nataša: Dobro jutro.
Marko: Dobro jutro, Nataša. Ovo je vaše pismo ... Ovo je moje ... I ovo je vaše. Izvolte.
Nataša: Hvala.

3.
Bojan: Ja sam Bojan Marković, profesorov sin.
Pavle: A, vi ste Markovićev sin. Milo mi je. Jeste li (vi) student?
Bojan: Nisam. Ja sam lekar.
Ko je Bojan? On je Markov i Verin sin.
Da li je njihov sin student?
Nije. On je lekar.

4.

Pavle: Jeste li vi Bojanova sestra?
Branka: Jesam.
Pavle: Kako je vaše ime?
Branka: Branka.

Čija je sestra Branka? Bojanova.
Čiji je brat Bojan? Brankin.
Njen brat je lekar.
Branka je Markova i Verina ćerka.
Njihova ćerka je sekretarica.

5.

Ovo je Đorđe Marković.
On je Markov brat.
Njegov brat je mehaničar.
Ko je Đorđev brat?
Marko je njegov brat.

Ово је Ђорђе Марковић.
Он је Марков брат.
Његов брат је механичар.
Ко је Ђорђев брат?
Марко је његов брат.

3

ZAPAMTITE:

> Kako je vaše ime?

VEŽBE — DRILLS

1.

A: Da li je ovo Verino pismo?
B: Nije.
A: Čije je?
B: Markovo.

2.

R: Čiji je brat Đorđe?
N: Markov.
R: Da li je i Bojan njegov brat?
N: Nije. Bojan je njegov sin.

3.

K: Ko je profesorov sin?
N: Bojan.
K: Šta je on?
N: Lekar.

4.

A: Ko je to?
B: To je profesorova ćerka.
A: Šta je njegova ćerka?
B: Ona je sekretarica.

5.

P: Je li ovo Branka Marković?
K: Jeste.
P: Da li je ona Verina sestra?
K: Nije. To je njena ćerka.

6.

A: Da li je Vera Đorđeva supruga?
B: Nije.
A: Čija je ona supruga?
B: Markova.

7.

A: Ko je Žanov i Korin profesor?
B: Njihov profesor je Marko Marković.

STRUKTURE — STRUCTURES

| 1. | Ovo | je | Markov
Đorđev | —
—
a
o | brat.
sestra.
pismo. | This is | Marko's
George's | brother.
sister.
letter. |

| 2. | Čiji
Čija
Čije | je | on sin?
ona ćerka?
ovo pismo? | Verin.
Verina.
Verino. | Whose ..... is | he?
she?
this? | Vera's |

| 3. | Njihov | —
a
o | sin
ćerka
prezime | je | lekar.
student.
Marković. | Their ... is .... |

| | Njegov
Njen
or
Njezin | —
—
a
o | brat
sestra
ime | nije | mehaničar.
novinar
Đorđe.
Branka. | His-her ..... isn't . ... |

| 4. | Ovo
Čije | je | moje pismo,
moj sin,
ovo pismo? | a to je | vaše.
njen.
Moje. | ..... my letter .... yours.
..... my son ..... hers.
..... Mine. |

OBJAŠNJENJA — COMMENTS

1. Neuter nouns

Neuter nouns end in **-o** or **-e:**

pìsmo (letter)   pèro (pen)   Sàrajevo   Pânčevo   Vâljevo
ȉme (name)   prézime (surname)   Sköplje   Cètīnje   Cêlje

Neuter nouns refer mostly to things except when denoting young beings, human or animal:

déte (child)   ùnuče (grandchild)   prâse (pig)   măče (pussy)

2. Possessive adjectives in -ov (-ev) and -in

In Serbo-Croatian possession is usually expressed by possessive adjectives and possessive pronouns.

a. Possessive adjectives may be formed from proper names (**Marko, Vera, Marković**), or nouns denoting persons (**profesor, sestra**). The endings indicate "belonging to" and correspond to the possessives in English. These adjectives can be formed only from names or nouns which have no determiners, that is, if they are not qualified by an adjective or another noun.

b. M a s c u l i n e nouns ending in a consonant have the ending **-ov;** the ending **-ev** follows a soft (palatal) consonant such as: **ć, đ, j, š.** (About other soft consonants see *Lesson VI*)

Marko — Mark**ov** (Mark's)　　　　profesor — profesor**ov** (professor's)
Đorđe — Đorđ**ev** (Đorđe's)　　　　Marković — Marković**ev** (Marković's)

c. F e m i n i n e nouns in **-a** have the ending **-in**, which is added to the noun stem. The noun stem is formed by dropping the final **-a** from the noun:

Vera, Ver+**in**=**Verin** (Vera's)
sestra, sestr+in=**sestrin** (sister's)

d. Possessive adjectives in **-ov(-ev)** and **-in** agree with the noun in gender, case and number:

Mark**ov** sin　　　　Mark**ova** ćer**ka**　　　　Mark**ovo** pism**o**
Ver**in** sin　　　　Ver**ina** ćer**ka**　　　　Ver**ino** pism**o**

e. The same agreement applies to possessive pronouns:

mo**j** (va**š**) sin　　　moj**a** (vaš**a**) sestr**a**　　　moj**e** (vaš**e**) pism**o**

Possessive pronouns (**moj, njen,** etc.) may be translated into English either by possessive adjectives or possessive pronouns:

Ovo je **moje** pismo, a to je **vaše**.　　　　This is **my** letter, and that is **yours**.

3. Dual (common) gender

A large number of nouns have dual (common) gender. They are grammatically masculine, but may refer to both male and female.

On je **lekar** (**student**).　　　　He is a physician (student).
I ona je **lekar** (**student**).　　　　She is also a physician (student).

4. Surnames in -ić

Most Serbo-Croatian surnames end in *-ić*, and are formed by adding *-ić*.

a. to father's or mother's first name:

Ivan — Ivan**ić**　　　　Ruža — Ruž**ić**
Dušan — Dušan**ić**　　　　Zora — Zor**ić**

b. to the possessive adjective of father's name:

(Marko) Mark**ov** — Markov**ić**　　　　(Jovan) Jovan**ov** — Jovanov**ić**

5. izvolite

The word **izvolite**, which may be shortened to **izvolte** in colloquial Serbo-Croatian, is used when offering or handing somebody something, and corresponds to English: Here you are, or Please ..., to French: s'il vous plait.

VEŽBANJA — EXERCISES

I Odgovorite na ova pitanja *(Give answers to these questions)*:

1. Kako je vaše ime i prezime?
2. Kako je Žanovo prezime?
3. Da li je Đorđe Verin suprug?
4. Čija je ona supruga?
5. Čiji je brat Đorđe?
6. Šta je Markov brat?
7. Šta je Markov i Verin sin?
8. Čiji je brat Bojan?
9. Da li je Branka Đorđeva ćerka?
10. Čija je ona ćerka?
11. A čija je sestra?
12. Da li je Branka lekar?

II Odgovorite kratko kao u primeru *(Give short answers as in the example)*:

Primer **A:** Čiji je sin Bojan? *(Marko)*
        B: *Markov.*

1. Čiji je ovo pasoš? *(Boris)*
2. Čiji je brat Bojan? *(Branka)*
3. Čija je sestra sekretarica? *(Bojan)*
4. Čije je prezime Dilong? *(Žan)*
5. Čija je supruga Vera? *(Marko)*
6. Čiji je brat Marko? *(Đorđe)*
7. Čije je ovo pismo? *(Nataša)*
8. Čija je ćerka sekretarica? *(Marko i Vera)*

III Popunite rečenice sa NJEGOV **ili** NJEN *(Complete the sentences with njegov or njen)*:

Primer **A:** Šta je Đorđev brat?
        C: *profesor*
        B: *Njegov* brat je profesor.
  ili **A:** Šta je Natašin brat?
        C: *novinar*
        B: *Njen* brat je novinar.

1. **A:** Šta je Markov brat   **C:** *mehaničar*
2. **A:** Šta je Brankin brat?   **C:** *lekar*
3. **A:** Šta je Verina ćerka?   **C:** *sekretarica*
4. **A:** Kako je Žanovo prezime? **C:** *Dulong*
5. **A:** Ko je Verin sin?   **C:** *Bojan*
6. **A:** Ko je Borisova sestra?   **C:** *Nataša*

3

IV Stavite MOJ ili VAŠ *(Put in* moj *or* vaš):

Primer **A:** On je ... student *(vi)*
        B: On je *vaš* student.

1. Marko je ... profesor. *(vi)*
2. Ovo je ... pasoš. *(ja)*
3. To je ... ćerka. *(ja)*
4. Branka nije ... sestra. *(vi)*
5. To je ... pismo. *(ja)*
6. Ovo nije ... pasoš. *(vi)*
7. Kako je ... prezime? *(vi)*

V Sastavite pitanja koja počinju sa *(Make questions beginning with)*:

     čiji?   čija?   čije?

Primer **A:** Bojan je Brankin *brat*.
        B: *Čiji* je brat Bojan?

1. Bojan je profesorov *sin*.
2. Branka je Bojanova *sestra*.
3. Nataša je Žanova *supruga*.
4. To je Natašino *pismo*.
5. Marko je Verin *suprug*.
6. Branka je profesorova *ćerka*.

VI Vežba za izgovor *(Pronunciation drill)*

1. Bòjan‿je lèkār.
2. Òvo‿je Bòjanova sèstra.
3. Njègova sèstra‿je sekretàrica.
4. Čìja‿je òna sèstra? Bòjanova.
6. Čìjī‿je sùprug mehàničār?
7. Mòja sùpruga‿je pròfesōr.
8. Kò‿je Vèrin brȁt?
9. Štȁ‿je njȉhov brȁt?
10. Kȁko‿je vàše ȉme?
11. Đôrđe‿je njên sîn.
12. Tô‿je njên pâsoš.

VII Prevedite *(Translate)*

1. Is this Marko? — No. It's his brother. — What is Marko's brother? — He's a mechanic.
2. Who is Marko's and Vera's daughter? — Branka is their daughter. — What's her job (What is she)? — She's a secretary.
3. Whose letter is that? — This is my letter, and that one is yours. Here you are.
4. What's your name? — My name is .... — Are you a physician? — No, I am not.

ČETVRTA LEKCIJA

1.
Moje je ime Náda. Ja sam Verina sestra.
Jòvan je moj muž. On je pilot.
Jovan nije lep, ali je simpatičan.
On je veseo čovek.
On je dobar muž i dobar pilot.

2.
Ja sam Nadin muž. Ja sam pilot, a moja
žena je pevačica.
Nada nije lepa, ali je vrlo simpatična
i vesela žena.
Ona nije dobra domaćica, ali je vrlo dobra
pevačica.

A: Da li je Jovan pevač?   **B:** Nije. On je pilot.
A: Kakav je pilot?   **B:** On je dobar pilot.
A: Kakva je Nada pevačica?   **B:** Vrlo dobra.
A: Kakva je domaćica?   **B:** Loša!

3.
Ovo je naše dete. Njegovo je ime Buco.
Naše je dete lepo i dobro, ali je debelo.

A: Kakvo je Jovanovo i Nadino dete?
B: Lepo i dobro, ali je debelo.

4

4.
Ovo je naš pas. On je jak pas, ali nije debeo.

A: Kakav je Jovanov i Nadin pas?
B: On je jak, ali nije debeo.

5.
Vera je Nadina sestra. Ona je visoka i lepa žena, ali je mršava.
Verin muž je visok i lep čovek.

A: Da li je Verin muž debeo ili mršav?
B: On je mršav.
A: Jeste li vi visoki i mršavi?

5.
Вера је Надина сестра. Она је висока и лепа жена, али је мршава.
Верин муж је висок и леп човек.

A: Да ли је Верин муж дебео или мршав?
B: Он је мршав.
A: Јесте ли високи и мршави?

VEŽBE — DRILLS

1.
A: Verin je muž visok.
B: Kakav je Verin muž?
A: On je visok.

2.
S: Markova je žena visoka.
N: Kakva je Markova žena?
S: Visoka.

3.
A: Buco je lepo dete.
B: Kakvo je Nadino dete?
A: Ono je lepo, ali je debelo.

4.
S: Moje je dete mršavo. Da li je i vaše?
N: Nije. Moje je debelo.

5.
A: Da li je njihov pas jak i debeo?
B: On je jak, ali nije debeo.

6.
S: On je veseo čovek.
N: Da li je i njegova žena vesela?
S: I ona je vesela.

7.
A: Da li je njen muž lep?
B: Nije lep, ali je simpatičan.

8.
S: Vi ste mršavi. Je li i vaš brat mršav?
N: Nije.

STRUKTURE — STRUCTURES

1.	On	je	lep	- (dobar, veseo)	He is handsome (good, gay).
	Ona		a (dobra, vesela)		She
	Ono		o (dobro, veselo)		It

2.	On	je	lep dobar veseo	čovek	He is a handsome man. good gay
	Ona	je	lepa dobra vesela	žena	She is a pretty woman. good gay
	Ono	je	lepo dobro veselo	dete	It is a pretty child. good gay

3.	Kakav Kakva Kakvo	je	on ona njeno	pilot? pevačica? dete?		Dobar. Dobra. Dobro.	What is he like as a pilot? she singer? her child like?
4.	Je	li	on debeo ona debela ono debelo		ili	mršav ? mršava? mršavo?	Is he fat or thin? she it
5.	On Ona	nije	debeo, debela	ali je		jak. jaka.	He is not fat, but is strong. She

OBJAŠNJENJA — COMMENTS

1. The adjective

a. Adjectives are inflected in Serbo-Croatian for number, gender and case, and agree with the nouns they modify.

b. Most descriptive adjectives have two forms: i n d e f i n i t e and d e f i n i t e. Some adjectives may have only an indefinite, and some only a definite form. Possessive adjectives in **-ov (-ev)** and **-in** (**Markov, Đorđev, Verin**) have only the indefinite form.

2. Indefinite adjectives and possessive pronouns

a. M a s c u l i n e indefinite adjectives end in a consonant (**lep**), or in **-o** which is derived from **l** (**debeo**); this **o** is preceded by another vowel.
Masculine possessive pronouns (adjectives) end in a consonant (**moj, vaš, njegov**).

b. F e m i n i n e indefinite adjectives and possessive pronouns have the ending **-a: lepa, debela; moja, njena.**

c. N e u t e r indefinite adjectives and possessive pronouns have the ending **-o: lepo, debelo; njeno, njegovo,** or **-e** when ending in a soft (palatal) consonant **-š, -ć, -č, -ž, -đ, -lj, -nj, -j: loše, smeđe; moje, vaše.**

d. Many indefinite masculine adjectives may have an **a,** called the movable or mobile **a,** between the final two consonants in the nominative singular: dobar, simpatičan. The movable **a** does not appear between the following groups of consonants: **st, št, zd, žd.** The movable **a** is dropped in the feminine and neuter: **dobra, simpatična** (f), **dobro, simpatično** (n).

Masculine	Feminine	Neuter	
a consonant, -o	-a	-o	-e
lêp, dòbar, dèbeo lòš	lépa, dòbra, dèbela, lòša	lépo, dòbro, dèbelo	lòše

e. Most masculine monosyllabic indefinite adjectives with a long-falling accent (^) change that accent into a long-rising one (') in the feminine and neuter, because they are longer by one syllable: **lêp, lépa, lépo.**

3. The use of indefinite adjectives

When the adjective has both forms, its indefinite form is usually used predicatively, and is the complement after the verb **jesam** (the present of the verb "to be").

On je *lep (dobar)*.   He is handsome (good).

4. Vi ste visoki

When **vi** (you) is used as a polite form of address to a single person, the adjective is masculine plural (the ending **-i**) although the subject (noun or pronoun) is singular or feminine.

Vi ste **visoki** (**dobri**).   You are tall (good).

5. Word order

a. If the first element in the clause has two or more words making a grammatical unit, the verbal enclitics can be put after the first word.

Instead of saying: *we can say*:

Moje ime **je** Nada.   Moje **je** ime Nada.
Nadin muž **je** pilot.   Nadin **je** muž pilot.
Vaše dete **je** dobro.   Vaše **je** dete dobro.

b. In a subordinate clause the verbal enclitic follows the conjunction introducing the clause, except when the conjunction is **i** (and) or **a** (but, and), because these conjunctions are not stressed words.

Ja sam pilot, **a** ona **je** pevačica.   I'm a pilot, and she's a singer.

but:

On nije lep, **ali je** simpatičan.   He isn't handsome, but he's nice.

6. Nouns — professions

a. Some professions have, stricktly speaking, only the masculine form of the noun, but in colloquial usage, a feminine ending is often added:

On } je **profesor** (**lekar**).   He } is a professor - teacher (physician).
Ona }   She }

but

Ona je profesor**ka** (lekar**ka**).

b. Some professions may have both a masculine and feminine form.

> On je **pevač**, a ona je **pevačica**.　　He is a singer, and she is a singer.

c. Nationalities have both a masculine and feminine form.

> On je **Jugosloven**.　　　　He is Yugoslav (man).
> Ona je **Jugoslovenka**.　　She is Yugoslav (woman).

7. muž — žena

The words **muž** (husband) and **žena** (wife) are used informally, while **suprug** and **supruga** are more formal.

VEŽBANJA — EXERCISES

I Odgovorite na ova pitanja (*Give answers to these questions*):

a.
1. Čija je sestra Nada?
2. Ko je Jovan?
3. Kakav je on pilot?
4. Je li Jovan lep čovek?
5. Da li je Nada lepa žena?
6. Kakvo je njihovo dete?
7. Kakva je Nada pevačica?
8. Je li dobra domaćica?
9. Kakav je njihov pas?
10. Da li je Nadina sestra debela ili mršava?

b.
1. Da li je vaš brat visok?
2. Jeste li vi visoki?
4. Jeste li vi pevač?
5. Šta je vaš brat (vaša sestra)?

II Popunite ove rečenice rečima u zagradi (*Complete these sentences with the words in brackets using the correct form*):

1. (*Jovanov*) ... žena nije ... (*dobar*) domaćica.
2. (*Njihov*) ... dete je ... (*lep*), ali nije ... (*dobar*).
3. (*Njegov*) ... sestra nije ... (*debeo*).
4. (*Njen*) ... je ime vrlo ... (*lep*).
5. Nada je ... (*loš*) domaćica.
6. (*Kakav*) ... je ona pevačica? Vrlo ... (*dobar*).
7. Jeste li vi ... (*visok*)?
8. (*Naš*) ... brat je ... (*mršav*).
9. (*Naš*) ... je dete vrlo ... (*veseo*).
10. (*Njihov*) ... ćerka je vrlo ... (*simpatičan*).

III Uradite ovo vežbanje kao u primeru *(Do this exercise as in the example)*:

Primer **A:** Marko je mršav. *(Vera)*
        B: *Da li je i Vera mršava?*

1. Robert je visok. *(Rita)*
2. Njegov brat je debeo. *(njegova sestra)*
3. On je dobar. *(njegovo dete)*
4. Marko je simpatičan. *(njegova supruga)*
5. Jovan je veseo. *(Nada)*

IV Postavite pitanje kao u primeru *(Make questions as in the example)*:

Primer **A:** On je dobar pilot.
        C: *Jovan*
        B: *Kakav je Jovan pilot?*

1. Ona je dobra pevačica   *(Nada)*
2. Njegova žena je vesela.   *(Jovanova)*
3. Njihov pas je jak.   *(Nadin i Jovanov)*
4. Njihovo dete je dobro.   *(Nadino i Jovanovo)*
5. Njezina sestra je visoka.   *(Nadina)*

V Prepišite tekst broj 2 ćirilicom *(Copy text Number 2 in Cyrillic)*.

VI Vežba za izgovor *(Pronunciation drill)*:

1. Vāš brȁt‿je vrlo vĕseo.
2. Vāš pȁs‿je dȍbar.
3. Nȁš pȁs‿je mršav.
4. Vĕra‿je mršava.
5. Jòvan‿je vìsok čòvek.
6. Kàkav‿je Jòvan pìlot?
7. Kàkva‿je òna domàćica? Dòbra.
8. Òna‿je simpàtična.
9. Òvo‿je mòja žèna.
10. Òna‿je dòbra pevàčica.
11. Òna‿je visòka i debèla.
12. Nísam lépa.
13. Náda‿je jáka.
14. Nádino‿je déte lépo.
15. Njên mûž‿je lêp.
16. Ôn‿je jâk.

VII Prevedite *(Translate)*:

1. Nada is Jovan's wife and Vera's sister. She is not pretty, but is very nice. She is a very good singer. Her husband is a pilot. He is tall. He is also a very nice man. Their child is good. — Is it thin or fat? — It is fat.

2. My son is tall and very thin, but my daughter is very fat. What's your daughter like? — She's tall, but isn't fat. — Are you tall and thin?

PETA LEKCIJA

1.
Ova torba je plava.
Branka: Gde je moja torba?
Mladić: Da l' je ovo vaša?
Branka: Nije. Ta je smeđa, a moja je plava.
Mladić: Možda je ova?
Branka: Jeste. Ta je. Hvala.

2.
Ovde je Markova knjiga.
Rita: Ovde je vaša knjiga.
Marko: Hvala. A gde je moja torba?
Rita: Kakva je?
Marko: Smeđa.
Rita: Ovde je. Izvolite.
Marko: Hvala.

3.
Tu je Korina sveska.
Kora: Da l' je tu moja sveska?
Džim: Tu je.
Kora: Da l' je tu i moje pero?
Džim: Tu je i vaše pero.
Kora: Dobro je. Hvala.

4.
Ono je Verin mantil.
Rita:	Čiji je ono mantil?
Nada:	Koji?
Rita:	Onaj onde.
Nada:	Verin.
Rita:	Vrlo je lep.
Nada:	Ali je skup.

5.

Žan:	Čija je ta kapa?		Жан:	Чија је та капа?
Nataša:	Možda je Verina ili Brankina.		Наташа:	Можда је Верина или Бранкина.
Žan:	Branka, da nije ovo vaša kapa?		Жан:	Бранка, да није ово ваша капа?
Branka:	Koja?		Бранка:	Која?
Žan:	Ova ovde.		Жан:	Ова овде.
Branka:	Nije.		Бранка:	Није.
Žan:	Da l' je vaša, Vera?		Жан:	Да л' је ваша, Вера?
Vera:	A, da, moja je. Hvala.		Вера:	А, да, моја је. Хвала.
Žan:	Molim.		Жан:	Молим.

6.
Jovan:	Molim vas moj kišobran.
Devojka:	Izvolte.
Jovan:	To nije **moj** kišobran.
Devojka:	Izvinite . . . Da l' je ovaj?
Jovan:	Nije.
Devojka:	Možda je ovaj?
Jovan:	Da, taj je. Hvala.
Devojka:	Molim.

5

ZAPAMTITE:

> **A:** *Molim vas (moj kišobran).*
> **B:** *Izvolte.*
> **A:** *Hvala.*
> **B:** *Molim.*

VEŽBE — DRILLS

1.
A: Koji je vaš mantil?
B: Ovaj ovde.
A: A koja je vaša torba?
B: Ona onde.

2.
A: Onaj mladić je student.
B: Koji je mladić student?
A: Onaj onde.

3.
A: Da l' je to pero dobro?
B: Nije. Loše je.
A: A to plavo?
B: To je dobro, ali je skupo.

4.
A: Gde je Vera?
B: Ovde je.
A: A Branka?
B: I ona je ovde.

5.
A: Da l' je ovo vaš mantil?
B: Nije. Taj je plav, a moj je smeđ.
A: Možda je ovaj?
B: Jeste. Taj je. Hvala.
A: Molim.

6.
A: Gde je moj kišobran?
B: Kakav je?
A: Plav.
B: Tu je. Izvolte.
A: Hvala.
B: Molim.

7.
A: Ovo nije moja kapa.
B: Da nije ova ovde?
A: Da, ta je moja. Hvala.

8.
A: Ovo nije moje pero.
B: Da nije ovo vaše?
A: Da, to je moje. Hvala.

STRUKTURE — STRUCTURES

1.	this	that	that (over there)	
	ovaj	taj	onaj kišobran	umbrella
	ova	ta	ona torba	bag
	ovo	to	ono pero	pen

2.	This	.....	is expensive,	but	that one	isn't
	Ovaj	kišobran	je skup -,	a	taj	nije.
	Ova	torba	a,		ta	
	Ovo	pero	o		to	

3.	Which	is	your	.....	?	This one	here
	Koji	je	vaš -	kišobran?		Ovaj	ovde.
	Koja		a	torba ?		Ova	
	Koje		e	pero ?		Ovo	

4.	My	.....	is here.	**OR**	Here	is	my	.....
	Moj -	kišobran	je ovde.		Ovde	je	moj -	kišobran.
	a	torba					a	torba.
	e	pero					e	pero.

5.	Where	is	my	..... ?	Here	it	is.
	Gde	je	moj -	kišobran?	Ovde		je.
			a	torba?	Tu		
			e	pero?	Onde		

6.	This	is not	my	......	Could it be	yours?
	Ovo	nije	moj -	kišobran.	Da nije	vaš - ?
			a	torba.		a ?
			e	pero.		e ?

OBJAŠNJENJA — COMMENTS

1. Demonstrative pronouns/adjectives

The demonstrative pronouns or pronominal adjectives are:

m	òv	āj	t	âj	òn	āj
f	òv	ā	t	â	òn	ā
n	òv	ō	t	ô	òn	ō

- **-āj** is the ending for masculine singular nominative forms
- **-ā** is the ending for feminine forms
- **-ō** is the ending for neuter forms

5

a. òvāj, òvā, òvō (this) refers to something or someone nearest to a particular person or to the speaker.

tâj, tâ, tô (that) refers to something or someone nearest a second person or the person spoken to, not very far from the speaker.

ònāj, ònā, ònō (that over there) refers to something or someone at a considerable distance from both.

b. Demonstratives agree with the noun in number and gender. Most of them are used as adjectives: **ova** knjiga — this book.

c. The demonstrative pronoun may be used independently as a subject if it refers to a preceding noun. In English the pronoun "one — ones" is used:

    Ovo pero je loše, a **to** je dobro.   This pen is bad, but **that one** is good.

NOTE

the difference between:

    Ovo je dobro pero.   This is a good pen.
    Ovo pero je dobro.   This pen is good.

2. ČIJI, KOJI

The interrogative pronouns:

    čìjī   čìjā   čìjē? — whose?
    kòjī   kòjā   kòjē? — which?

agree with the noun in number and gender. They have this form only in the nominative singular and the nominative plural, the final vowel being long.

    Čìjē je ovo pero?   Whose pen is this?
    Kòjī je vaš kišobran?   Which is your umbrella?

3. DA in an interrogative-negative sentence

The interrogative-negative form of the verb is formed by placing the word **da** before a negative statement: **da nije...?** It expresses doubt and can be translated by: **can, could.** The pronoun is usually omitted.

    Ovo nije moj kišobran.   This isn't my umbrella.
    Da nije vaš?   Could it be yours?
    To nije njegovo pero.   That isn't his pen.
    Da nije njeno?   Could it be hers?

4. The word order of adverbs

a. When **óvde** (here) points to something, it can take first place in the sentence.

    Ovde je vaša knjiga.   Here is your book.

b. If the subject is omitted in reply to a question, **ovde** can also take the first place in the sentence.

Gde je Vera? **Ovde** je.   Where's Vera? Here she is.

5. molim

molim means "please". It is also used as a polite rejoinder to the word **hvala** (thanks), and this usage corresponds to the English: "Don't mention it", or "You're welcome", or to the German "bitte".

VEŽBANJA — EXERCISES

I Kažite da ... (*Say that ...*):

Primer **A:** Kažite da je ovaj mantil lep.
 B: *Ovaj je mantil lep.*

1. Kažite da je ovaj kišobran skup.
2. Kažite da je ta knjiga dobra.
3. Kažite da je ova devojka visoka.
4. Kažite da je ono pero dobro.
5. Kažite da je vaš mantil plav.
6. Kažite da je ovo vaša sveska.
7. Kažite da je to Brankina kapa.
8. Kažite da je onaj mladić visok.

II Popunite ove rečenice kao u primeru (*Complete these sentences as in the example*):

Primer **A:** Koje je vaše pero, (ovaj) ili (taj)? (Onaj) onde.
 B: Koje je vaše pero, *ovo* ili *to*? *Ono* onde.

1. Koja je vaša knjiga, (ovaj) ili (taj)? (Onaj) onde.
2. Koje je njeno dete, (ovaj) ili (taj)? (Onaj) onde.
3. Koji je vaš mantil, (ovaj) ili (taj)? (Onaj) onde.
4. Koja je njegova kapa, (ovaj) ili (taj)? (Onaj) onde.

III Popunite ove rečenice kao u primeru (*Complete these sentences as in the example*):

Primer **A:** Da li je tu moja knjiga? Tu ...
 B: Tu *je.*

1. Da l' je tu moja sestra? Tu ...
2. Gde je moj mantil? Onde ...
3. Jeste li tu, Branka? Tu ...
4. Je li tu Bojanovo pero? Ovde ...
5. Gde je Verin kišobran? Onde ...
6. Jeste li tu, Marko? Tu ...

IV Zamenite reč TORBA za MANTIL *(Substitute the word "mantil" for "torba", and make all the necessary changes)*:

A: Ovo je moja *torba*. A čija je ta?
B: Možda je Brankina.
A: Branka, da nije ovo vaša torba?
B: Koja?
A: Ova ovde.
B: Jeste, to je moja. Hvala.

V Zamenite reč KIŠOBRAN za PERO *(Substitute the word "kišobran" for "pero", and make all the necessary changes)*:

A: Dobro jutro.
B: Dobro jutro. Molim vas dobar *kišobran*.
A: Ovaj je vrlo dobar.
B: (Looks at the price) Skup je.
A: Ali je vrlo lep i dobar.
B: A taj?
A: I taj je dobar, a nije skup.
B: A taj nije lep. Hvala.

VI Naučite napamet tekst broj pet. *(Memorize the text number five)*.

VII Vežba za izgovor *(Pronunciation drill)*:

1. Kišobrān‿je smēđ.
2. Mȍžda‿je vāša kȁpa?
3. Gdȅ‿je vāša knjȉga?
4. Ònāj mlàdīć‿je stùdēnt.
5. Ònā dèvōjka‿je simpàtična.
6. Čìjē‿je òvō pèro?
7. Òvō‿je mòje pèro.
8. Kàkvō‿je ònō pèro? Dòbro.
9. Kòjī‿je njègov màntīl? Òvāj.
10. Óvde‿je tórba, a‿ónde‿je písmo.
11. Tórba‿je skúpa.
12. Písmo‿je plávo.
13. Tâj pâsoš‿je môj.
14. Môj‿je mûž tû.
15. Ôn‿je tû.

VIII Prevedite *(Translate)*:

1. A: Whose pen is this? B: Which pen? A: This one here. B: It may be mine (Perhaps it's mine). ... Yes, it's mine, but it's no good. Is yours any good? B: Yes, mine is good. Here you are. A: Thanks. B: You're welcome.

2. A: Whose is this umbrella? B: Which umbrella? A: The one over there. B: It may be Vera's. A: Vera, could that be your umbrella? Vera: No, it isn't.

PRVO DOPUNSKO ŠTIVO

1.

Nataša:	Halo. Jeste li vi, Vera?
Vera:	Jesam. Ko je tamo?
Nataša:	Ovde Nataša. Dobar dən.
Vera:	O, dobar dan, Nataša.
Nataša:	Kako ste?
Vera:	Hvala, dobro. Kako je Žan?
Nataša:	Dobro je. Da li je tu profesor?
Vera:	Tu je. Trenutak ... Marko!
Marko:	Molim?
Vera:	Telefon ... Nataša.
Marko:	Odmah ...

2.
Verina sestra Nada je udata. Ona je pevačica, a njen muž Jovan je pilot. Ovaj čovek je Jovanov brat Dejan. On je vrlo visok. Dejan je pevač i oženjen je. Njegova supruga nije Jugoslovenka. Ona je Francuskinja i vrlo je lepa žena. Ona je i dobra majka. Njihov sin je vrlo mršav. A ćerka? Ona je vrlo debela.

3.

Nataša:	Ko je onaj čovek?
Branka:	Koji čovek?
Nataša:	Onaj tamo.
Branka:	To je Jovanov brat Dejan.
Nataša:	Vrlo je visok. Šta je on?
Branka:	Pevač.
Nataša:	Je li oženjen?
Branka:	Jeste.
Nataša:	Da nije ona žena njegova supruga?
Branka:	Jeste, to je njegova supruga. Ona je Francuskinja.
Nataša:	Vrlo je lepa.

Prvo dopunsko štivo

Branka: Onaj je dečak njihov sin, a ona devojčica je njihova ćerka.
Nataša: Devojčica je vrlo debela.
Branka: Zaista je debela! A dečak je vrlo mršav.

ZAPAMTITE:

(*Tel.*)	Ovde Nataša.	Nataša here, Nataša speaking.
	Molim?	Yes? Yes, please?

VEŽBE — DRILLS

1.

A: Šta je Jovanov brat?
B: Jovanov brat je pevač.
Njegov brat je pevač
On je pevač.
Pevač.

2.

A: Šta je Verina sestra?
B: Verina sestra je pevačica.
Njena sestra je pevačica.
Ona je pevačica.
Pevačica.

3.

A: Šta je vaš brat?
B: Moj je brat student.
On je student.
Student.

4.

A: Ko je taj čovek?
B: Taj je čovek Jovanov brat.
To je Jovanov brat.
Jovanov brat.

5.

A: Ko je ona žena?
B: Ona žena je Dejanova supruga.
Ono je Dejanova supruga.
Dejanova supruga.

Prvo dopunsko štivo

VEŽBANJA — EXERCISES

I Odgovorite na ova pitanja *(Give answers to these questions)*:
1. Je li Nada Markova sestra?
2. Čija je sestra udata?
3. Čiji je brat oženjen?
4. Kako je njegovo ime?
5. Šta je Dejan?
6. Da li je Dejanova supruga Jugoslovenka?
7. Čiji je sin ovaj dečak?
8. Da li je dečakova sestra mršava?

II Kažite da ... *(Say that ...)*:

Primer **A:** Kažite da je moj brat pevač.
        B: *Vaš brat je pevač.*

1. Kažite da je vaš brat oženjen.
2. Kažite da je Nada udata.
3. Kažite da niste pevač.
4. Kažite da sam ja Brankin brat.
5. Kažite da je Dejanova supruga dobra majka.

III Odgovorite kratko *(Give short answers)*:

Primer **A:** Čiji je sin Bojan? *(Marko)*
        B: *Markov.*

1. Čiji je sin vrlo mršav? *(Dejan)*
2. Čiji je brat pevač? *(Jovan)*
3. Čija je supruga vrlo lepa? *(Jovan)*
4. Čija je majka dobra? *(Dečak i devojčica)*
5. Čije je ime Zòrana? *(Devojčica)*

IV Povežite ove rečenice pomoću veznika A ili ALI i izvršite sve promene gde je potrebno
(Join these sentences into a single sentence by using a *or* ali. *Make all the necessary changes)*:

Primer **A:** Vera je Jugoslovenka. Kora je Engleskinja.
    a   **B:** Vera je Jugoslovenka, *a* Kora je Engleskinja.
    b   **A:** Ona nije lepa. Ona je simpatična.
        B: Ona nije lepa, *ali* je simpatična.

1. Dejan je Jugosloven. Njegova žena je Francuskinja.
2. Ona je lepa. Ona je vrlo mršava.
3. Dejan je oženjen. Nada je udata.
4. Dejan je pevač. Njegov brat je pilot.
5. Taj dečak je visok. On je mršav.
6. Ovo pero je lepo. Ono je skupo.
7. Taj dečak je visok. On je mršav.

Prvo dopunsko štivo

V Stavite ove rečenice u upitni oblik. *(Make these sentences interrogative)*:
1. Taj dečak je dobar.
2. Vaša sestra je udata.
3. Vi ste pevač.
4. Njihov sin je oženjen.
5. Ja sam mršava.

VI Postavite pitanja koja počinju rečima KOJI? ili ČIJI?
(Make questions beginning with the words koji? *or* čiji?*)*
1. **A:** ..... ? **B:** Jovanov brat je oženjen.
2. **A:** ..... ? **B:** Onaj dečak je Dejanov sin.
3. **A:** ..... ? **B:** Dejanova ćerka je vrlo debela.
4. **A:** ..... ? **B:** Ova devojčica je Dejanova ćerka.
5. **A:** ..... ? **B:** Dejanova supruga je Francuskinja.
6. **A:** ..... ? **B:** To je moje pero.

VII Opišite
(a) Veru Marković i njenu porodicu,
(b) Jovana i njegovu porodicu.
Neka svaki student kaže po jednu rečenicu.
(Describe (a) Vera Marković and her family,
(b) Jovan and his family. Let each student make one sentence.)

VIII Stavite tekst broj dva u ijekavski govor — nalaze se četiri reči.
(Put Text No. 2 into the *ijekavski* variant — there are four words.)

IX Diktat. Koristite se tekstom broj dva za diktat.
(Dictation. Use Text No. 2 for the dictation).

ŠESTA LEKCIJA

1.
Markov auto je u garaži.
Njegov auto je cȓn.
Jedan je čovek u garaži.
To je Markov mehaničar.

Crni auto je u garaži.

Beli auto je na ulici.

2.
Jovanov auto je na ulici.
Njegov je auto bȇo.
Jedna je žena u autu.
To je Jovanova supruga Nada.

Cȓnī auto je u garaži, a bȇlī je na ulici.

A:	Gde je crni auto?	B:	On je u garaži.
A:	A gde je beli?	B:	Na ulici.
A:	Koji je auto na ulici?	B:	Beli.
A:	A koji je u garaži?	B:	Crni.

3.

Čovek:	Je li to Markov auto?
Jovan:	Koji?
Čovek:	Taj crni.
Jovan:	Da. To je njegov stāri auto.
Čovek:	A čiji je ovaj beli?
Jovan	Moj.
Čovek:	Vaš?
Jovan:	Da. To je moj nòvī auto.
Čovek:	Vrlo je lep.
Jovan:	I vrlo dobar.

Човек:	Је ли то Марков ауто?
Јован:	Који?
Човек:	Тај црни.
Јован:	Да. То је његов стари ауто.
Човек:	А чији је овај бели?
Јован:	Мој.
Човек:	Ваш?
Јован?	Да. То је мој нови ауто.
Човек:	Врло је леп.
Јован:	И врло је добар

Ovo je biblioteka.
Jedan je mladić u biblioteci.
I jedna devojka.

4.

Đorđe:	Ko je taj vìsokī mladić?
Marko:	To je moj student Robert. On je Ritin brat.
Đorđe:	A ko je ta lepa devojka? To nije Rita?
Marko:	Nije. To je Ana, moj novi student.
Đorđe:	Gde je Rita?
Marko:	U hotelu, a Robert je u biblioteci.

Ovo je Brankino preduzeće.
To je putnička agencija „Pūtnīk."
Branka je u agenciji.

5.

Boris:	Ko je onaj čovek?
Branka:	To je moj novi šef.
Boris:	Vaš šef? Veoma je mlad. Njegovo odelo je lepo i elegantno.
Branka:	On je vrlo elegantan čovek. On je i dobar šef.

ZAPAMTITE:

> *Koji je auto na ulici? Beli.*
> *A gde je crni auto? On je u garaži.*

VEŽBE — DRILLS

1.

A: Ovaj mantil je crn.
   Čiji je ovaj crni mantil?
B: Nije moj. Moj je smeđ.

2.

A: Ova torba je crna.
   Čija je ova crna torba?
B: Nije moja. Moja je smeđa.

3.

A: Ovo je moj novi auto.
   Koji je vaš?
B: Onaj beli.

4.

A: Ovo je moja nova kapa.
   Koja je vaša?
B: Ona bela.

5.

A: Ovo je Markovo novo odelo.
   Koje je vaše?
B: Ono belo.

6.

A: Koji je auto na ulici?
B: Beli.
A: A koji je u garaži?
B: Crni.

7.

A: Je li Rita u hotelu?
B: Jeste.
A: Da li je i Robert?
B: Nije. On je u biblioteci.

8.

A: Ko je taj visoki čovek?
B: To je Brankin novi šef.
A: A ko je ta visoka devojka?
B: To je moja nova sekretarica.

6

STRUKTURE — STRUCTURES

1.	The	is	black.	This	black	.....	is	nice.
	Kišobran	je	cȓn.	Ovaj	cȓnī	kišobran	je	lêp.
	Torba		cȓna.	Ova	cȓnā	torba		lépa.
	Pero		cȓno.	Ovo	cȓnō	pero		lépo.

2.	Ovo	je	Ritin hotel.	This is Rita's hotel.
	Rita		u hotelu.	Rita is in the hotel.
	Ovo		Brankino preduzeće.	This is Branka's firm.
	Branka		u preduzeću.	Branka is in her firm.
	Ovo		moja garaža.	This is my garage.
	Auto		u garaži.	The car is in the garage.
	Ovo		biblioteka.	This is the library.
	Ana		u biblioteci.	Ann is in the library.

OBJAŠNJENJA — COMMENTS

1. The definite adjective

a. There are two forms of adjectives: the indefinite and the definite. The masculine definite form has the ending **-i**. The final vowel in the ending is always long.

Ind. form: Mantil je **cȓn.** (The coat is black)
Def. form: Ovaj **cȓnī** mantil je lep. (This black coat ...)
Ind. form: Torba je **cȓna.** (The bag is black.)
Def. form: Ova **cȓnā** torba je lepa. (This black bag ...)
Ind. form: Odelo je **cȓno.** (The suit is black.)
Def. form: Ovo **cȓnō** odelo je lepo. (This black suit ...)

The difference between the indefinite and definite forms of adjectives is almost the same as the difference between the uses of the indefinite and definite articles in English.

b. Where the adjective precedes the noun, it may have either indefinite or definite form. The indefinite form is usually used as a predicative attribute. The definite form is used when it is preceded by a possessive or demonstrative pronoun:

On je **lep** čovek.   He's a handsome man.
Ko je onaj **lepi** čovek?   Who's that handsome man?

2. JEDAN

The numeral **jèdan** (m), **jèdna** (f), **jèdno** (n) — one — differs from the other numerals and is treated as a modifier with separate forms for each gender, that is, it agrees in gender and case with the noun. This numeral is often used where the indefinite article is used in English.

jedan čovek — one or a man
jedna žena — one or a woman
jedno dete — one or a child

3. The cases of nouns

Nouns are declined through cases. They change their forms as in German or Latin, their endings varying according to the function of the noun in the sentence.

There are seven cases in Serbo-Croatian used in both the singular and the plural:

1. *Nominative.* 2. *Genitive.* 3. *Dative.* 4. *Accusative.*
5. *Vocative.* 6. *Instrumental.* 7. *Prepositional.*

4. The prepositional singular of nouns

a. The prepositional case is also called the locative case, because it indicates place (location), or focus of activity. It is the only case that is never used without a preposition, that is, the noun is always preceded by a proposition.

The most frequent prepositions governing the prepositional case are: **u** (in, inside), **na** (on) and **o** (about).

Prepositions are normally pronounced as if they formed part of the word which follows them. They are usually unstressed words.

b. M a s c u l i n e and n e u t e r nouns ending in -o and -e have the ending -u in the prepositional singular. Neuter nouns drop the last letter before adding -u.

N. sg.: Ovo je Ritin hotel.   This is Rita's hotel.
P. sg.: Rita je u **hotelu**.   Rita is in the hotel.
N. sg.: Ovo je njeno preduzeće.   This is her firm.
P. sg.: Ona je u **preduzeću**.   She is in her firm.

c. F e m i n i n e nouns ending in -a have the ending -i in the prepositional singular. They drop the last letter (a) before adding the -i.

N. sg.: Ovo je ulica.   This is a street.
P. sg.: Marko je na **ulici**.   Marko is in the street.

Feminine nouns ending in -a which have the consonants -k, -g, -h before -a, change -k into -c and -g into -z before the vowel -i:

N. sg.: biblioteka   knjiga
P. sg.: u biblioteci   na knjizi

VEŽBANJA — EXERCISES

I Odgovorite na ova pitanja *(Give answers to these questions)*:

a. 1. Gde je Markov auto?
   2. Kakav je njegov auto?
   3. Gde je Markov mehaničar?
   4. Gde je beli auto?
   5. Koji je auto u garaži?
   6. Gde je Robert?
   7. Ko je Ana?
   8. Gde je Branka?
   9. Kakav je njen šef?
   10. Kakvo je njegovo odelo?

b. 1. Kakav je vaš auto, beo ili crn?
   2. Da li je nov ili star?
   3. Da li je u garaži ili na ulici?
   4. Koje je vaše preduzeće?
   5. Da li je vaš šef mlad?

II Popunite praznine odgovarajućim oblikom broja JEDAN
(Fill in the blanks with the correct form of the numeral "jedan"):

1. ..... auto. 2. ..... odelo. 3. ..... hotel.
4. ..... ulica. 5. ..... preduzeće. 6. ..... biblioteka.

III Stavite određeni ili neodređeni oblik prideva *(Put in the definite or the indefinite form of the adjective)*:

1. Čiji je ovaj ... *(lep)* auto? Jovanov.
2. Ona ... *(mlad)* žena je šefova supruga.
3. Ovo je njen ... *(star)* kišobran.
4. Koji je vaš auto? Taj ... *(smeđ)*.
5. Čija je ona ... *(plav)* torba? Brankina.
6. Ko je onaj ... *(elegantan)* čovek? Brankin šef.
7. Moje je odelo ... *(star)*, a njegovo je ... *(nov)*.
8. Koja je vaša kapa, ... *(beo)* ili ... *(crn)*? Ova ... *(beo)*.

IV Stavite odgovarajući padežni nastavak *(Put in the right case endings)*:

1. Branka nije u ... *(hotel)*.
2. Markovo pero je na ... *(knjiga)*.
3. Sestrin auto je na ... *(ulica)*, a moj je u ... *(garaža)*.
4. Mehaničarova kapa je u ... *(auto)*.
5. Njen suprug je u ... *(preduzeće)*.
6. Markov novi student je u ... *(biblioteka)*.

6

V Sastavite pitanja za date odgovore sa rečima u zagradi *(Make questions for the given answers using the words in brackets)*:

1. (Gde ... onaj ... visok ... student?) On je u biblioteci.
2. (Gde ... vaš ... crn ... torba?) U autu.
3. (Koji ... Bojanov ... nov ... mantil?) Ovaj ovde.
4. (Čiji ... ovaj ... smeđ ... odelo?) Markovo.
5. (Koji ... Verin ... nov ... kapa?) Ta bela.

VI Vežba za izgovor *(Pronunciation drill)*:

1. Gdȅ je vȁš šȅf?
2. Vȁša ȕlica je lȍša.
3. Vȁš kȉšobran je nȍv.
4. Ònāj čòvēk je u àutu.
5. Kòjī je njègov àuto?
6. Onā dèvōjka je elegàntna.
7. Garáža je óvde.
8. Preduzéće je ónde.
9. Náda je u bibliotéci.
10. Tȏrba je béla.
11. Odélo je lépo.
12. Ȏn je mlâd i lêp.
13. Njên mlâdī mȗž je lêp.

VII Prevedite *(Translate)*:

1. Is your car white or black? — It is black.
2. Is the white car in the garage? — No. It's in the street.
3. **A:** Whose is that suit (over there)? **B:** Which suit? **A:** The white one. **B:** It's Marko's. **A:** It's very nice.
4. My coat is brown. Whose is this black one? — Jovan's.
5. She is in the hotel, and her brother is in the library.
6. Is that girl your new student? — No, she isn't.

51

SEDMA LEKCIJA

1.

Marko: Mi smo u Jugoslaviji. Gde smo mi?
Rita: Mi smo u Jugoslaviji.
Džim: Ali svi nismo Jugosloveni.
Marko: Tako je. Vi niste Jugosloveni. Kora i Džim su Englezi, a Rita i Robert su Amerikanci.

1.

Марко: Ми смо у Југославији. Где смо ми?
Рита: Ми смо у Југославији.
Џим: Али сви нисмо Југословени.
Марко: Тако је. Ви нисте Југословени. Кора и Џим су Енглези, а Рита и Роберт су Американци.

Ovo je Jugoslavija.
Jugoslavija je republika.

2.

Đorđe: Jeste li vi Jugosloveni?
Robert: Nismo. Ja sam Amerikanac, a Rita je Amerikanka.
Rita: Naš je otac Amerikanac, a majka je Jugoslovenka.
Đorđe: A, tako. I sada ste u Jugoslaviji.
Robert: Da. Sad smo u Jugoslaviji.
Đorđe: Šta ste vi i vaša sestra?
Robert: Mi smo studenti.

3.

Đorđe: Jeste li **vi** Amerikanka?
Kora: Nisam. Ja sam Engleskinja.
Đorđe: Da li je vaš otac Englez?
Kora: Jeste.
Đorđe: A majka?
Kora: I ona je Engleskinja. Mi smo svi Englezi.
Đorđe: Gde su vaši roditelji?
Kora: Moji su roditelji u Londonu.

/Kora i Džim nisu sada u Londonu. Oni su sada u Beògradu. Ali danas Džim nije u Beogradu. On je danas u Zágrebu./

4.

/Žan i njegova sestra Madlen su Francuzi. I njihovi roditelji su Francuzi. Oni su u Parízu./
Nataša i njen brat nisu Francuzi. Oni su Rusi. Jesu li njihovi roditelji Rusi? Jesu. Da li su u Beogradu? Nisu. Oni su u Moskvi. I Boris je danas u Moskvi./

Ana je nov student.

ZAPAMTITE:

Koje si narodnosti?
Koje ste narodnosti?

5.

Nataša: Zdravo, Kora.
Kora: Zdravo. Kako si?
Nataša: Hvala, dobro. Ovo je Ana. Ona je nov student.
Kora: Jesi li ti Ruskinja?
Ana: Nisam.
Kora: Koje si narodnosti?
Ana: Ja sam Austrijanka.
Kora: A, ti si Austrijanka. A ja sam Engleskinja.

VEŽBE — DRILLS

1.
A: Marko je Jugosloven.
B: I Đorđe je Jugosloven.
A: Šta su Marko i Đorđe?
C: Oni su Jugosloveni.

2.
A: Vera je Jugoslovenka.
B: I Nada je Jugoslovenka.
A: Šta su Vera i Nada?
C: One su Jugoslovenke.

3.
A: Jesu li Kora i Džim Jugosloveni?
B: Nisu.
A: Šta su oni?
B: Oni su Englezi.

4.
A: Da li smo svi Jugosloveni?
B: Nismo.
A: Šta ste vi i Žan?
B: Mi smo Francuzi.

5.
A: Vi niste Englezi?
B: Nismo.
A: Jeste li Amerikanci?
B: Jesmo.

6.
A: Jesi li ti Francuskinja?
B: Nisam.
A: Koje si narodnosti?
B: Ja sam Austrijanka.

7.
A: Sad nismo u Londonu.
B: Gde ste sada?
A: Sad smo u Parizu.

8.
A: Oni su danas u Moskvi.
B: Jesu li oni danas u Moskvi?
A: Jesu.

9.
A: Jesu li one danas u Beogradu?
B: Nisu.
A: Gde su?
B: Danas su u Zagrebu.

10.
A: Da li su Ana i Rita Ruskinje?
B: Nisu.
A: Šta su one?
B: Ana je Austrijanka, a Rita je Amerikanka.

STRUKTURE — STRUCTURES

1.	N. sg.	Ovo	je	moj	student.	This is my student.
	N. pl.		su	moji	studenti.	These are my students.
	N. sg.	Ovo	je	moja	stvar.	This is my thing.
	N. pl.		su	moje	stvari.	These are my things.
	N. sg.	To	je	moja	torba.	That is my bag.
	N. pl.		su	moje	torbe.	Those are my bags.
	N. sg.	To	je	moje	pero.	That is my pen.
	N. pl.		su	moja	pera.	Those are my pens.

2. Mi	smo	sada	u Beogradu.	We are in B. now.
Oni	su	danas	u Zagrebu.	They are in Z. today.
Sada	smo	(mi)	u Beogradu.	Now we are in B.
Danas	su	(oni)	u Zagrebu.	Today they are in Z.

3. Ja	sam	Jugosloven	(Jugoslovenka)	I am Yugoslav.
Ti	si			You are Yugoslav.
On	je			He is Yugoslav,
Ona			Jugoslovenka	She is Yugoslav.
Mi	smo	Jugosloveni	(Jugoslovenke)	We are Yugoslavs.
Vi	ste			You are Yugoslavs.
Oni	su	Jugosloveni		They are Y. (m)
One			Jugoslovenke	They are Y. (f)

OBJAŠNJENJA — COMMENTS

1. Feminine nouns in a consonant

Most feminine nouns end in **-a** in the nominative singular, but there is also a certain number of feminine nouns ending in a consonant. Most of them are abstract nouns.

Most case endings of these nouns end in **-i**, such as in the prepositional singular and the nominative plural.

nôć (night)   **rêč** (word)   **pêć** (stove)   **stvâr** (thing)
ljúbav (love)   **národnōst** (nationality)

2. The nominative plural of nouns and possessive pronouns

a. Masculine and feminine nouns ending in a consonant and masculine possessive pronouns have the ending **-i** in the nominative plural: **stùdenti** (students), **stvâri** (things), **mòji** (my, mine), **njègovi** (his), **nâši** (our, ours).

b. Feminine and masculine nouns ending in **-a** and feminine possessive pronouns have the ending **-e** in the nominative plural: **žène** (women), **tâte** (daddies), **mòje** (my, mine), **njègove** (his).

c. Neuter nouns and neuter possessive pronouns have the ending **-a** in the nominative plural: **pèra** (pens), **mòja** (my, mine), **njègova** (his).

Nouns	Masculine	Feminine	Neuter
N. singular	stùdent	stvâr žèna	pèro
N. plural	stùdenti	stvari žène	pèra
Poss. pronouns			
N. plural	mòji tvòji njègovi njèni (or) njèzini nâši vâši njihovi	mòje tvòje njègove njènē (or) njèzine nâše vâše njihove	mòja tvòja njègova njènā (or) njèzina nâša vâša njihova

d. Masculine nouns ending in the consonants **-k, -g, -h**, change **-k** into **-c**, **-g** into **-z** and **-h** into **-s** before the plural ending **-i**.

N. sg.: službeni**k** (clerk)   supru**g** (husband)   ora**h** (walnut)
N. pl.: službeni**c**i   supru**z**i   ora**s**i

3. The movable "a" with masculine nouns

With masculine nouns ending in any consonant groups other than **-st, -št, -zd** and **-žd**, the **movable a** is inserted between the two last consonants in the nominative singular and the genitive plural. The **a** is dropped in the other cases.

N. sg.: Amerikánac (an American)   pȁs (dog)
P. sg.: Amerikáncu   psù
N. pl.: Amerikánci   psȉ

NOTE

Do not attempt to make the plural of the nouns: **brat, čovek, dete, ime, prezime**. The plural of: **sin, muž, šef** will be discussed in Lesson Nine.

4. The present tense of the verb JESAM (II)

a. We know that the present tense of the verb **jesam** (the present of the verb "to be") has two forms, a long or full form, and a short form:

		Affirmative		*Negative*	*Interrogative*					
		short	long							
1.	jȃ	sam	jèsam	nísam	jèsam	li	ja?	or	da li	sam ja?
2.	tȋ	si	jèsi	nísi	jèsi	li	ti?			si ti?
3.	ȏn						on?			on?
	òna	je	jèst(e)	nije	jȅ	li	ona?		je	ona?
	òno						ono?			ono?
1.	mȋ	smo	jèsmo	nísmo	jèsmo	li	mi?			smo mi?
2.	vȋ	ste	jèste	níste	jèste	li	vi?			ste vi?
3.	òni						oni?			oni?
	òne	su	jèsu	nísu	jèsu	li	one?		su	one?
	òna						ona?			ona?

For the formation of interrogative and negative forms see Lesson II.

b. In Serbo-Croatian there are two personal pronouns which mean "you" to address other people: **ti** and **vi**.

ti — as in French "tu" or in German "du" — is used in addressing a person to whom one is very close. It is generally used between members of one's immediate family, between children and students, and close friends.

vi is used as a polite form of address to a person we do not know well, or someone to whom we wish to show respect. In the **plural**, when addressing two or more persons, the pronoun **vi** is always used.

Kako **ste**? Dobro **sam**.	How are you? I'm fine.
Kako **ste**? Dobro **smo**.	How are you? We're fine.
Vi ste Jugoslovenka?	You are a Yugoslav (woman)?
Vi ste Jugoslovenke?	You are Yugoslavs (women)?

c. Serbo-Croatian has three different pronouns for the third person plural:

òni (they) is used for masculine and mixed genders;
òne (they) is used for feminine gender;
òna (they) is used for neuter gender.

Gde su Marko i Đorđe? **Oni** su u garaži.	Where are Marko and George? They are in the garage.
Šta su Robert i Rita? **Oni** su studenti.	What are Robert and Rita? They are students.
Šta su Vera i Nada? **One** su sestre.	What are Vera and Nada? They are sisters.
Gde su pisma? **Ona** su ovde.	Where are the letters? They are here.

d. The personal pronouns **ja** (I), **ti** (you), **mi** (we), and **vi** (you) have the same form for both masculine and feminine:

Mi smo Jugosloveni.	We are Yugoslavs (men).
Mi smo Jugoslovenke.	We are Yugoslavs (women).

5. Verbal enclitics

We know that short forms of the verb **jesam** are verbal enclitics (Lesson TWO). Here is a complete list of verbal enclitics of the verb **jesam**:

sam (am), **si** (are), **je** (is), **smo** (are), **ste** (are), **su** (are)

VEŽBANJA — EXERCISES

I Odgovorite na ova pitanja *(Give answers to these questions)*:

a. 1. Šta je Jugoslavija?
   2. Jesu li Markovi studenti Jugosloveni?
   3. Šta su Marko i Vera?
   4. A šta su Kora i Džim?
   5. Da li je Robertova majka Amerikanka?
   6. Gde su Beograd i Zagreb?
   7. Da li je Boris danas u Beogradu?
   8. Čiji su roditelji u Americi?
   9. Ko je danas u Zagrebu?
   10. Koje je narodnosti Ana?

b. 1. Jeste li vi Jugosloven (Jugoslovenka)?
2. Da li je vaš otac Jugosloven?
3. Jesu li vaši roditelji Amerikanci?
4. Gde su oni sada?
5. Da li je vaš brat sada u Beogradu?

II Umetnite odgovarajuće lične zamenice *(Fill in the correct personal pronouns)*:
1. A: Šta ste ... ? B: ... sam Austrijanka.
2. ... smo vaši novi studenti.
3. ... nisu Francuzi.
4. Šta su Vera i Branka? ... su Jugoslovenke.
5. Šta su Marko i Vera? ... su Jugosloveni.
6. Gde su njegova pera? ... su tamo.
7. Jeste li ... svi Amerikanci? Nismo.
8. ... smo sada u Jugoslaviji.

III Kažite da ... *(Say that ...)*:
Primer A: Kažite da ste Amerikanka.
B: *Ja sam Amerikanka.*
1. Kažite da ste Austrijanka.
2. Kažite da ste Amerikanci.
3. Kažite da niste Jugosloveni.
4. Kažite da su vaši roditelji u Moskvi.
5. Kažite da je vaša majka Francuskinja.
6. Kažite da sam ja Jugosloven.
7. Kažite da Rita i Robert nisu Englezi.
8. Kažite da ste sada svi u Jugoslaviji.

IV Stavite ove rečenice u oblik množine *(Give the plural form of the following sentences)*:
1. On je danas u Moskvi.
2. Sada sam u Zagrebu.
3. On je naš student.
4. Ti si Austrijanka.
5. Onde je njegovo pismo.
6. Ja sam Ruskinja, a on je Amerikanac.
7. Njena sestra je službenik.
8. Gde je vaše pero? Tu je.

V Stavite ove rečenice u upitni oblik i počnite (a) **sa** *da li*, (b) **sa dužim oblikom glagola** *jesam* (*Change these sentences into questions beginning with* (a) *"da li"*, (b) *the long form of the verb* jesam):
Primer A: Vi ste Jugosloven.
      a. B: *Da li* ste vi Jugosloven?
      b. C: *Jeste li* vi Jugosloven?

a. 1. Vi ste Englezi.
2. Ja sam Jugoslovenka.
3. Njihovi roditelji su u Londonu.
4. Mi smo Amerikanke.

b. 1. Ti si nov student.
2. Sada smo u Jugoslaviji.
3. Oni su danas u Zagrebu.
4. Vi ste novinari.

VI Stavite ove rečenice u odrični oblik *(Put these sentences into the negative form)*:

Primer **A:** Ja sam Jugosloven.
 B: *Ja nisam Jugosloven.*

1. Ja sam pilot. 2. Vi ste novinari. 3. Oni su sada u Americi.
4. Mi smo Verine ćerke. 5. Ti si pevač.

VII Vežba za izgovor *(Pronunciation drill)*:

1. Jugòslāvija je repùblika.
2. Jèsmo li u Jugòslāviji? Jèsmo.
3. Sàdā smo u Jugòslāviji.
4. Jèsu li òni dànas u Beògradu? Jèsu.
5. Jèsu li òne Englēskinje? Jèsu.
6. Òna je Austrìjānka.
7. Dànas ste u Beògradu.
8. Jèste li Jugoslòvēnke? Jèsmo.
9. Òni su sàdā u Bèogradu.
10. Njègovi su ròditelji simpàtični.
11. Nísam Amerikánac.
12. Nísmo Amerikánci.
13. Nísu u Zágrebu.
14. Jâ sam njêna mâjka.

VIII Prevedite *(Translate)*:

1. We are English, but we aren't in London now. We are in Beograd. Beograd is a pretty city *(grâd m)*. It is in Yugoslavia.
2. Are you students? — Yes, we are. — Are you French? — No, we aren't. We are Americans.
3. Where are Natalie and Boris? — They aren't in Beograd today. — Where are they? — They are in Moscow. — Are Cora and Ann in Beograd? — Yes, they are.

OSMA LEKCIJA

Ovo je Narodna biblioteka u Beogradu.
To je nova i lepa zgrada.
Ova je biblioteka u Skĕrlićevoj ulici.

1.

Boris:	Gde su vaši studenti, profesore?
Marko:	U Narodnoj biblioteci.
Boris:	Jesu li dobri vaši studenti?
Marko:	Vrlo dobri. To su vredni mladići i devojke.

Борис: Где су ваши студенти, професоре?
Марко: У Народној библиотеци.
Борис: Јесу ли добри ваши студенти?
Марко: Врло добри. То су вредни младићи и девојке.

2.

/Jovan i Robert su na ulici./

Robert: Jovane, kakve su ono kuće?
Jovan: To je jedno novo stambeno naselje.
Robert: Kuće su male, ali su lepe.
Jovan: Jeste, lepe su ... Markova je kuća u onoj ulici.
Robert: U kojoj?
Jovan: U onoj onde. Njegova je kuća u maloj, ali lepoj ulici.
Robert: Koja je to ulica?
Jovan: To je Tĕslina ulica.

Ovo je Markova kuća. Ona je u Teslinoj ulici. Njegova kuća nije velika, ali je lepa. Sobe nisu velike, ali su vrlo prijatne.

3.

Sada su Jovan i Nada u Markovoj kući. Marko i Jovan su u dnevnoj sobi. Na zidu su lepe i interesantne slike. Na jednoj slici je reka Dunav. Boje su lepe i tople na toj slici. To su Verine slike. Vera je slikar.

Vera i Nada nisu u dnevnoj sobi. One su u kuhinji.

4.

Nadin stan je u ovoj visokoj i staroj zgradi. Njen stan je veliki, a Verin nije. Verin stan je mali.

U stanu su lepe sobe. One su velike, ali je kupatilo malo.

Kupatila su mala u toj zgradi.

Ona su i vrlo stara.

Nadin je stan u Òhridskōj ulici.

8

VEŽBE — DRILLS

1.
A: Rita i Kora su Markovi studenti.
B: Kakvi su studenti?
A: Dobri i vredni.

2.
A: Kakve su ono zgrade?
B: To su stambene zgrade.
A: Male su.
B: Ali su vrlo lepe.

3.
A: U kojoj je ulici Markova kuća?
B: U Teslinoj.
A: Kakva je Teslina ulica?
B: Mala, ali lepa.

4.
A: U čijoj su kući Jovan i Nada?
B: U Markovoj kući.
A: Jesu li i njegovi studenti?
B: Nisu. Oni su u Narodnoj biblioteci.

5.
A: Da li je Nadin stan u novoj zgradi?
B: Nije. Njen stan je u vrlo staroj zgradi.

6.
A: Jovane i Marko, gde ste?
M: Ovde smo.
A: U kojoj ste sobi?
M: U dnevnoj.

7.
A: U ovoj je sobi moj brat, a u toj je moja sestra.
B: U kojoj je sobi vaša majka?
A: U onoj onde.

STRUKTURE — STRUCTURES

1.	Naš	mali	hotel	je	prijatan.	Our small hotel is .....
	Naši	mali	hoteli	su	prijatni.	Our small hotels are .....
	Onaj	veliki	hotel	je	lep.	That big hotel is .....
	Vaši	veliki	hoteli	su	lepi.	Your big hotels are .....

2.	Koji	je	student		Englez?	Which student is English?
	Koji	su	studenti		Englezi?	Which students are English?
	Čiji	su	studenti		dobri?	Whose students are good?

3.	On	i	njegov brat	su	vredni.	He and his brother are hardworking.
	Ona	i	njena sestra		vredne.	She and her sister are .....
	On	i	ona		vredni.	He and she are .....

4. Oni	su	u	Markovoj	sobi.	..... Marko's .....
Studenti			Narodnoj	biblioteci.	..... National .....
Njegova kuća	je		onoj maloj	ulici.	..... that small .....
Njihov stan			toj velikoj	kući.	..... that big .....

5. Na zidu	je	interesantna slika.	On the wall there is .....
U ovoj sobi	su	lepe slike.	In this room there are .....
U toj ulici	je	Narodna biblioteka.	In that street is .....
Onde		Narodni mùzēj.	The ..... is there.

6. Dobar dan,	Marko.	Good morning, Marko.
Dobro veče,	profesore.	Good evening, professor.
Kako ste,	Jovane?	How are you, Jovan?

OBJAŠNJENJA — COMMENTS

1. Some definite adjectives used predicatively

As a rule the definite form of adjectives is not used predicatively unless they have only that form.

Markov stan je **mali**.   Marko's apartment is small.
Nadin stan je **veliki**. Nada's apartment is big.

2. Adjectives in -ni

Adjectives ending in -ni in the nominative singular have only the definite form:

národnī (národnā, národnō)   people's, national
stàmbenī (stàmbenā, stàmbenō)   housing-, residential

3. The nominative plural of adjectives and some pronouns

a. Indefinite and definite adjectives and all the pronouns such as **kàkav** (what ... like), **kòjī** (which) and **čijī** (whose) have the same endings in the nominative plural as nouns: masculine -**i**, feminine -**e**, neuter -**a**.

Case	ind.	def.	ind.	def.	ind.	def.	indef.
N. sg.	lêp	lêpī	dòbar	dòbrī	bêo	bêlī	Mârkov
N. pl.	lépi	lêpī	dòbri	dòbrī	béli	bêlī	Mârkovi
N. sg.	lépa	lêpā	dòbra	dòbrā	béla	bêlā	Mârkova
N. pl.	lépe	lêpē	dòbre	dòbrē	béle	bêlē	Mârkove
N. sg.	lépo	lêpō	dòbro	dòbrō	bélo	bêlō	Mârkovo
N. pl.	lépa	lêpā	dòbra	dòbrā	béla	bêlā	Mârkova

8

Case	Masc.	Fem.	Neut.	Masc.	Fem.	Neut.
N. sg.	kòjī	kòjā	kòjē	čìjī	čìjā	čìjē
N. pl.	kòjī	kòjē	kòjā	čìjī	čìjē	čìjā
N. sg.	kàkav	kàkva	kàkvo			
N. pl.	kàkvi	kàkve	kàkva			

b. In the plural there is no difference in form between indefinite and definite adjectives; the difference may be that of accent and always of length of the final vowel.

c. We know that adjectives agree in number and gender with the nouns they modify. But in a noun phrase which contains both a masculine and feminine noun, the adjective is always masculine plural:

Kora i Ana su vredne. Cora and Ann are hardworking.
Robert i Ana su **vredni**. Robert and Ann are hardworking.

d. Masculine interrogative (relative) pronouns ending in -i in the nominative singular, and descriptive adjectives which have only the definite form, do not change their ending for the nominative plural.

Koji je student Robert? Which student is Robert?
Koji su studenti u Zagrebu? Which students are in Zagreb?
To je **mali** hotel. It is a small hotel.
To su **mali** hoteli. They are small hotels.

4. The prepositional singular of feminine adjectives and some pronouns

Indefinite and definite feminine adjectives and possessive, demonstrative and interrogative pronouns have the ending **-oj** in the prepositional singular. The **-oj** is added to the stem. The stem is formed by dropping the final **-a** of the feminine form: (lepa) **lep-**, (moja) **moj-**, (koja) **koj-**, (ova) **ov-**. The prepositional singular:

Naša kuća je u **maloj**, ali **lepoj** ulici. Our house is in a small, but nice street.
U **kojoj** (**čijoj**) kući? In which (whose) house?
Njen stan je u **ovoj** (**toj**) zgradi. Her apartment is in this (that) building.

5. The vocative singular of masculine and neuter nouns

The vocative case is used for addressing or calling someone. It is never preceded by prepositions. There is often a shift or change of stress in the vocative.

64

a. With Class I masculine nouns ending in **-o** or **-e** (personal names) and Class II masculine nouns in **-a** the vocative is the same as the nominative. The same rule may be applied to Class I neuter nouns.

    Dobro **jutro**, **Marko (Đorđe)**.   Good morning, Marko (Đorđe).
    Dobro **veče**, **Saša (deda)**.   Good evening, Sasha (grandpa).

b. Most Class I masculine nouns ending in a non-palatal (hard) consonant take the ending **-e,** and those nouns in a palatal (soft) consonant take the ending **-u** in the vocative singular.

    Nom. sg.: Jovan   brat   Marković   roditelj   mladić
    Voc. sg.: Jovan**e**!   brat**e**!   Marković**u**!   roditelj**u**!   mladić**u**!

c. Class I masculine nouns in **-r** (**-or**, **-ar**) denoting an occupation take the ending **-e** or **-u**, or may have both endings:

    Nom. sg.: profesor   doktor   novinar   konobar (waiter)
    Voc. sg.: profesore!   doktore!   novinaru!   konobaru!
    Nom. sg.: poštar (postman)
    Voc. sg.: poštar**u** *or* poštar**e**!

d. Most Class I masculine nouns ending in the consonant **-z** take the ending **-u**:

    Nom. sg.: Englez   Francuz
    Voc. sg.: Englezu!   Francuzu!

e. Foreign personal names usually retain the nominative form in the vocative, but may also take the ending **-e** or **-u**:

    Nom. sg.: Robert   Žan
    Voc. sg.: Robert! *or*, Robert**e**!   Žan! *or*, Žan**e**!

f. In colloquial Serbo-Croatian there is a tendency for personal names and kinship to be used in the nominative form in the vocative, rather than a separate vocative form:

    Nom.: Marković   *Voc.*: Marković**u**! *or* Marković!

6. Word order

Localisation of a known object may be expressed in this way:

    Slika je na zidu.   The picture is on the wall.

Here, both English and Serbo-Croatian display the same word order. But, if existence or presence of an object (or a person) in a particular situation is expressed, English uses "there is — are", and Serbo--Croatian displays inversion of the word order, that is, the verb is followed by the subject:

    Na zidu je **slika.**   There is a picture on the wall.

VEŽBANJA — EXERCISES

I Odgovorite na ova pitanja *(Give answers to these questions)*:
a. 1. Ko je u biblioteci?
2. U kojoj su biblioteci?
3. Šta su Ana, Rita i Džim?
4. Kakvi su oni studenti?
5. Kakve su kuće u naselju?
6. Gde je Markova kuća?
7. U kojoj je ulici?
8. Kakve su sobe u njegovoj kući?
9. U kojoj su sobi Marko i Jovan?
10. Čije su slike na zidu?
11. U kakvoj je zgradi Nadin stan?
12. Kakva su kupatila u toj zgradi?

b. 1. U kojoj je ulici vaš stan?
2. Da li je u ovoj zgradi?
3. Jesu li zgrade lepe u toj ulici?
4. Kakav je vaš stan, mali ili veliki?
5. Da li je kupatilo veliko?

II Kažite da ... *(Say that ...)*

Primer **A:** Kažite da su Verine slike lepe.
  B: *Verine su slike lepe.*
1. Kažite da su naše biblioteke velike.
2. Kažite da su Markovi studenti vredni.
3. Kažite da su zgrade u vašoj ulici stare.
4. Kažite da su naselja nova.
5. Kažite da su njihovi kišobrani crni.

III Stavite ove rečenice u množinu *(Put these sentencee into the plural)*:
1. Naša je zgrada velika, ali je stara.
2. Njihova je kuhinja mala.
3. **A:** Kakvo je njihovo kupatilo? **B:** I ono je malo.
4. Markova je sestra službenik.
5. Moj pas je crn, a njegov je beo.
6. Da li je Brankino pismo u torbi? — Jeste.

IV Odgovorite kratko kao u primeru *(Give short answers as in the example)*:
Primer **A:** Kakve su sobe u Markovoj kući? *(Mali)*
  B: *Male.*
1. Kakve su zgrade u vašoj ulici? *(Veliki)*
2. Kakvi su Markovićevi studenti? *(Vrlo dobar)*
3. Kakve su njegove sestre? *(Vrlo simpatičan)*
4. Kakva su njihova preduzeća? *(Dobar)*

5. Kakve su Verine slike? *(Interesantan)*
6. Čiji su studenti ovde? *(Markov)*
7. Čija su ovo pisma? *(Verin)*
8. Kakve su ulice u naselju? *(Mali)*

V Stavite u odgovarajući padež *(Put the correct case endings)*:
1. **A:** U ... *(koja)* je ... *(ulica)* Narodna biblioteka?
   B: Ona je u ... *(Skerlićeva ulica)*.
2. Markovi studenti su u ... *(Narodna biblioteka)*.
3. Kako ste, ... *(Bojan)*? **Bojan:** Hvala, dobro.
4. **A:** Čiji je stan u ... *(ta zgrada)* **B:** Nadin.
5. **A:** U ... *(čija)* je ... *(kuća)* Vera? **B:** U ... *(Nadin)*.
6. **A:** Ko je u ... *(dnevna soba)*? **B:** Profesor i Jovan.
7. Do viđenja, ... *(Boris)*.
8. **A:** Ko je u ... *(njena kuhinja)*? **B:** Jovanova supruga.

VI Vežba za izgovor *(Pronunciation drill)*:
1. Gdȇ je vȃša sȍba?
2. Vȃša je sȍba vrlo prȉjātna.
3. Njȋhova je kȕća vȅlika.
4. Vȅra je slȉkār.
5. U sȍbi su Vȅrine slȉke.
6. Slȉke su vȅlike.
7. Òni su u kupàtilu.
8. Jèsu li òne u kùhinji? Jèsu.
9. Tȃj stȃn je lȇp.
10. Njȇn stȃn je mȃlī.
11. Odéla nísu lépa.
12. Tórbe nísu béle.

VII Opišite svoj stan. *(Describe your apartment)*

VIII Prevedite *(Translate)*:
1. Who is in the National Library? — The professors and their students. — Which students? — Jim, Ann and Cora. — Are they good students? — Yes, they are.
2. My apartment is in that old building over there. — Is your apartment big? — Yes, it is. The rooms are large and nice. The bathroom is also large, but the kitchen is small. What's your apartment like? — It's very small. — In which street is it? — In Francuska street.

DEVETA LEKCIJA

Ovo je Beograd.
Beograd je lep grad.

Ovo je Zagreb.
I Zagreb je lep grad.

Beograd i Zagreb su lepi gradovi.

1.
Sáva i Dunav su velike reke.
Zagreb je na reci Savi, a Beograd je na Savi i Dunavu.
I Bêč i Bùdimpešta su na Dunavu.
Koji su gradovi na Dunavu?
Beograd, Beč i Budimpešta.

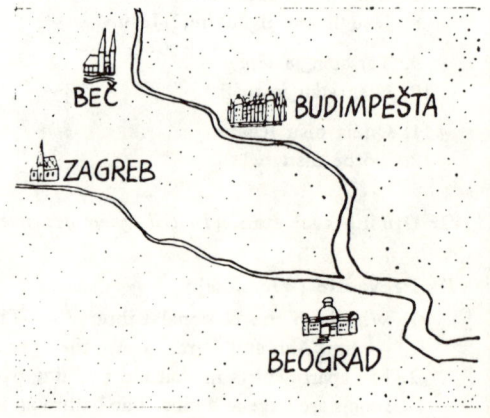

Ovi mostovi su na Savi.
Na Savi je jedan brod i jedan čamac.
U tom čamcu je čovek i njegov pas.

Na Dunavu su veliki brodovi.
Ovo je novi most na Dunavu.
Na ovom mostu su autobusi i automobili.

2.

Marko: To je vrlo stari most.
Džim: Vrlo je lep. Na kojoj je reci?
Marko: Na Drini.
Džim: U kojem je gradu?
Marko: U Višegradu.
Džim: Gde je Višegrad?
Marko: U Bosni.

Ovo je kameni most na Drini.
Ovaj most je u Višegradu.

3.
Kalemegdan je veliki i vrlo lep park.
Bojan i njegovi drugovi su u ovom lepom parku.
A u kojem su parku te devojke?
U Topčiderskom parku.
I ovaj je park vrlo lep.

Ovo je Kalemègdān.

9

4.
Verine drugarice su u pozorištu, a njihovi sinovi i ćerke su u bioskopu.
U kojem su pozorištu?
U Narodnom pozorištu.
A gde su njihovi sinovi i ćerke?
U jednom novom bioskopu.

Ovo je Narodno pozorište.

5.

Vera:	Na ovom zidu su interesantne slike.
Kora:	Ko je na toj slici?
Vera:	Vuk Karadžić.
Kora:	Ko je Vuk Karadžić?
Vera:	On je veliki jugoslovenski jezički reformator.

Вера:	На овом зиду су интересантне слике.
Кора:	Ко је на тој слици?
Вера:	Вук Караџић.
Кора:	Ко је Вук Караџић?
Вера:	Он је велики југословенски језички реформатор.

Ovo je Narodni muzej.

Vera i Kora su u Narodnom muzeju.

VEŽBE — DRILLS

1.
Ovi su gradovi u Jugoslaviji.
Koji su to gradovi?
To su Beograd i Zagreb.

2.
Stari most je na Savi.
Novi je na Dunavu.
Ti mostovi su u Beogradu.

3.
Ovo je Topčiderski park.
Ko je u ovom parku?
Bojan i njegovi drugovi.

4.
Ovo je lep kameni most.
U kojem je gradu?
U Višegradu.

5.
Ovi mladići su u parku.
Ko su ti mladići?
To su Markovi studenti.

6.
Ove devojke su na brodu.
Ko su te devojke?
Brankine drugarice.

7.
Ova je slika u Narodnom muzeju.
Ko je na toj slici?
Vuk Karadžić.

8.
Autobusi su na novom mostu.
Ko je u onom plavom autobusu?
Rita i njen brat.

STRUKTURE — STRUCTURES

1.	**Ovi (ti, oni)** parkovi **Ove (te, one)** devojke **Ova (ta, ona)** pera		su	veliki. visoke. dobra.	These (those)	parks ... girls ... pens ...

2.	Oni su	u	ovom (tom, onom) Markovom njegovom (njenom) mome (našem, vašem) jednom (novom)	hotelu. naselju. stanu. parku	... in	this (that) hotel residential part Marko's apartment his (her) ... my (our, your) ... a (new) park

3.	U	čijem kojem	su (oni)	stanu? muzeju pozorištu?		In	whose ... are they? which ...

9

OBJAŠNJENJA — COMMENTS

1. The plural of monosyllabic masculine nouns

a. Most masculine nouns of one syllable and some dissyllabic nouns have an extended plural. These nouns form their plural by inserting the syllable **-ov** between the noun in the singular and the plural ending **-i: grâd — grȁdovi** (city — cities). The **-ev** is inserted when a noun ends in a palatal consonant: **mûž — mȕževi** (husband — husbands).

b. Most masculine nouns of one syllable have the long-falling accent (^) in the nominative singular. Many of them have a stress shift and change this accent into the long-rising (´) or short-rising accent (`) in the other cases of the singular. This change very often occurs because these nouns are prolonged by one syllable:

N. sg.:	grâd	zîd	môst	brôd
P. sg.:	u grádu	na zídu	na mòstu	na bròdu

In the plural of many monosyllabic nouns, the long-falling accent (^) of the singular is replaced by the short-falling ('') or shortrising (`):

N. sg.:	grâd	pȁrk	zîd	brôd	drûg
N. pl.:	grȁdovi	pȁrkovi	zȉdovi	bròdovi	drȕgovi
N. sg.:	mûž	kljûč (key)			
N. pl.:	mȕževi	kljúčevi			

2. The prepositional singular of masculine and neuter definite adjectives and some pronouns

a. Masculine and neuter definite adjectives have the ending **-om** (**-em**) in the prepositional singular:

N. sg.:	nȍvī (m) nȍvō (n)	smȅđī (m) smȅđē (n)
P. sg.:	(u) nòv**om**	smȅđ**em**

b. Masculine and neuter demonstrative, interrogative and possessive pronouns and the number **jedan, jedno** (one) have the same ending for the prepositional singular:

N. sg.:	ovaj	ovo	taj	to	onaj	ono	jedan	jedno
P. sg.:	(u)	ovom	(u)	tom	(u)	onom	(u)	jednom
N. sg.:	moj	moje	vaš	vaše	njegov	njegovo		
P. sg.:	(u)	mojem (mom)	(u)	vašem	(u)	njegovom		
N. sg.:	koji	koje	čiji	čije				
P. sg.:	(u)	kojem	(u	čijem)				

3. The nominative plural of demonstrative pronouns

The nominative plural of demonstrative pronouns is as follows:

| N. sg.: | òvāj | òvā | òvō | tâj | tâ | tô | ònāj | ònā | ònō |
| N. pl.: | òvī | òvē | òvā | tî | tê | tâ | ònī | ònē | ònā |

4. Capital letters

In Serbo-Croatian capital letters are used at the beginning of a sentence, for proper names and in the first word of a title:

Marko Marković   Beograd   Jugoslavija
Narodno pozorište   Narodni muzej   Topčiderski park

The following are not capitalized: the names of the days, the names of the months, and ranks:

nedelja (Sunday)   maj (May)   doktor (doctor)

VEŽBANJA — EXERCISES

I Odgovorite na ova pitanja *(Give answers to these questions)*:

1. Gde su Beograd i Zagreb?
2. Koji je grad na Savi i Dunavu?
3. U kojem je gradu most na Drini?
4. Kakav je taj most?
5. Kakvi su parkovi Kalemegdan i Topčiderski park?
6. U kojem su parku devojke?
7. U kojem su pozorištu Verine drugarice?
8. Ko je u bioskopu?
9. Gde su Vera i Kora?
10. Ko je Vuk Karadžić?

II Uradite ovo vežbanje kao u primeru *(Do this exercise as in the example)*:

Primer   **A:** Ovaj park je lep.
           C: *I ovi*
           B: *I ovi parkovi su lepi.*

1. **A:** Ovaj grad je veliki.   **C:** *I ovi ...*
2. **A:** Onaj most je vrlo star.   **C:** *I oni ...*
3. **A:** Taj muzej je mali.   **C:** *I ti ...*
4. **A:** Ovo pozorište je dobro.   **C:** *I ova ...*
5. **A:** Ta zgrada je lepa.   **C:** *I te ...*
6. **A:** Ona devojka je vaš student.   **C:** *I one ...*
7. **A:** Ova slika je interesantna.   **C:** *I ove ...*
8. **A:** Njegov drug je u bioskopu.   **C:** *I njeni ...*

III Uradite ovo vežbanje kao u primeru (Do this exercise as in the example):

    Primer **A:** Gde je Đorđe?
                C: *Markov stan*
                B: On je u Markovom stanu.

1. **A:** Gde je njena ćerka?   **C:** *novi bioskop*
2. **A:** Gde je Branka?   **C:** *Narodno pozorište*
3. **A:** Gde su Bojanovi drugovi?   **C:** *ovaj lepi park*
4. **A:** Gde su Markovi studenti?   **C:** *onaj plavi autobus*
5. **A:** Gde je taj plavi autobus?   **C:** *novi most*
6. **A:** Gde je Zagreb?   **C:** *reka Sava*
7. **A:** A gde je Beograd?   **C:** *reka Sava i Dunav*
8. **A:** Gde su naši studenti?   **C:** *Narodna biblioteka*

IV Sastavite rečenice sa ovim rečima (Make sentences with the following words):

1. Robert i Marko ... u ... Topčiderski park.
2. Bojan i njegovi ... drug ... u ... mali čamac.
3. Ovi ... lep ... grad ... u ... Jugoslavija.
4. Oni ... na ... jedan jugoslovenski brod.
5. Ovi ... brod ... na ... Dunav.
6. Ti ... most ... star, ali ... vrlo lep.
7. Njeni ... sin ... u ... novi bioskop.
8. Njegovi ... student ... u ... ovaj smeđi auto.

V Popunite rečenice ovim rečima (Complete the sentences with the following words):

    brodovi   gradovi   parkovi   drugovi   sinovi

1. Koji su ... na Dunavu? Beograd, Beč i Budimpešta.
2. Na Dunavu su veliki ... .
3. Bojan i njegovi ... su u jednom lepom parku.
4. Kalemegdan i Tašmajdan su lepi ... .
5. Njeni ... su u jednom novom bioskopu.

VI Vežba za izgovor (Pronunciation drill)

1. Bèogrād je u Jugòslāviji.
2. Òvo su vìsoki mòstovi.
3. Òvāj mùzēj je interesàntan.
4. Òvī mùzēji su u Bèogradu.
5. Òvo su jugoslòvēnskī mùzēji.
6. Mòja drugàrica je na jèdnom jugoslòvēnskom bròdu.
7. Jèdan àuto je na òvōm mòstu.
8. Zágreb je na réci Sávi.
9. Národno pózorišta je lépo.
10. Náda je u čámcu.

VII Prevedite (*Translate*):

1. These boats are on the river Danube. Ann and Branka are on a boat. Which boat is it? — It's a Yugoslav boat.
2. This is a very nice stone bridge. In which city is it? — It's in Višegrad.
3. These are Vera's friends. They are in the National Theatre. Their husbands aren't at the theatre. They are at the cinema. And where's Vera? — She's in the National Museum.

DESETA LEKCIJA

Ovo je Trg Republike.
Na Trgu Republike su zgrade Narodnog pozorišta i Narodnog muzeja.
Na Trgu je i jedan veliki spomenik.

Ovo je Studentski trg, a to je Ulica Vuka Karadžića.
Ovde je zgrada Univerziteta.
Ona je na uglu Studentskog trga i Ulice Vuka Karadžića.

Ovi su trgovi u Beogradu.

/Na ulici su studenti profesora Markovića i profesorova ćerka Branka./

Zvonko: Zdravo, Branka.
Branka: O, zdravo, Zvónko. Kako si?
Zvonko: Dobro.
Branka: Ovo je inžcnjer Zvonko Pavić iz Zagreba. Ovo su strani studenti.
Zvonko: Vi ste stranci? Drago mi je. Odakle ste?
Ana: Ja sam iz Austrije.
Zvonko: Austrije? Austrija je lepa zemlja. Iz kog ste mesta?
Ana: Iz Beča.

10

Kora: Mi smo studenti jugoslovenske književnosti.
Zvonko: A vi?
Rita: Ja sam student srpskohrvatskog jezika.
Robert: A ja sam student istorije.
Kora: Mi smo svi studenti profesora Markovića.

Branka: Rita i Robert su Amerikanci. Oni su iz Njùjorka.
Robert: Naša je majka Jugoslovenka.
Zvonko: Zaista? Iz kog je mesta?
Robert: Iz Dùbrōvnīka.
Zvonko: I moj je otac iz Dubrovnika. To je divan grad.
Robert: Dubrovnik je na lepom Jadranskom moru.
Zvonko: Da li je porodica vaše majke u Dubrovniku?
Robert: Jeste. Moj deda i ujak.
Zvonko: Jeste li vi iz Francuske?
Džim: Nisam. Kora i ja smo iz Engleske.
Zvonko: Jeste li iz Londona?
Džim: Jesmo.

Кора: Ми смо студенти југословенске књижевности.
Звонко: А ви?
Рита: Ја сам студент српскохрватског језика.
Роберт: А ја сам студент историје.
Кора: Ми смо сви студенти професора Марковића.

Zvonko: Brankinog tate?
Kora: Da. On je naš profesor srpskohrvatskog jezika.

Dubrovnik

ZAPAMTITE:

Odakle ste?	Iz Beograda.
	Londona.
	Austrije.

VEŽBE — DRILLS

1.
Gde je Narodno pozorište?
Na Trgu Republike.
A Narodni muzej?
I on je na tom trgu.

2.
Profesor Marković je iz Jugoslavije.
Iz koga je mesta?
Iz Beograda.

3.
Odakle ste?
Ja sam iz Zagreba.
A odakle ste vi?
Iz Londona.

4.
Zvonkov je otac iz Dubrovnika.
Čiji je otac iz Dubrovnika?
Zvonka Pavića.

5.
Ovaj čovek je Nadin muž.
Ko je taj čovek?
On je muž moje sestre Nade.

6.
Ovo je Đorđeva kuća.
Čija je to kuća?
Moga brata Đorđa.

7.
To je Karadžićeva ulica.
Koja je to ulica?
To je Ulica Vuka Karadžića.

8.
Ko je Marko Marković?
On je profesor srpskohrvatskog
jezika.

9.
Je li Džim student istorije?
Nije. On je student jugoslovenske
književnosti.

10

STRUKTURE — STRUCTURES

		Nominative				Genitive	
1.	m	Beograd	On	je	iz	Beograda.	He is from Beograd
	n	Sarajevo	Ona			Sarajeva.	She Sarajevo
	f	Engleska	On			Engleske.	He England
		A: Odakle ste?		B:	Iz	Beograda.	Where are your from? ...

		Nominative		Genitive	
2.	m	muzej	Zgrada	muzeja	The building of ...
	n	pozorište		pozorišta	
	f	biblioteka		biblioteke.	
	m	Narodni m.	Zgrada	Narodnog muzeja	
	n	Narodno p.		Narodnog pozorišta	
	f	Narodna b.		Narodne biblioteke	

3.	m	Ovo je sin		Marka Markovića.	... M. M's son
				moga brata	... my brother's...
	f			Vere Marković	... V. M's ...
				moje sestre	... my sister's...

OBJAŠNJENJA — COMMENTS

1. Declension of nouns — classes

According to their case endings, nouns are divided into three classes.

CLASS I nouns are:

a. m a s c u l i n e ending in a consonant, -o or -e:

    bràt (brother)   Mârko   Đôrđe

b. n e u t e r ending in -o or -e:

    pèro (pen)   písmo (letter)   pózorište (theatre)

Here belong the nouns ending in -e which have an extended stem in some cases:

    déte (child)   ìme (name)   vréme (time, weather)

CLASS II nouns are:

a. f e m i n i n e ending in -a:

    knjìga (book)   žèna (women)   Vĕra

b. masculine ending in **-a:**

    dèda (grandpa)   tàta (daddy)   Nìkola (Nickolas)

CLASS III nouns are feminine ending in a consonant or **-o** (1). Most case endings of these nouns end in **-i:**

    stvâr (thing)   književnōst (literature)   sô (salt)

2. The noun stem

    The noun stem is that part of a noun that remains constant. The noun ending is the part that varies.

    A noun is declined by adding case endings to the noun stem. The noun stem is formed by dropping the ending of the genitive singular. /The genitive singular of most nouns is indicated in the word list./

N. sg.:	Đôrđe	pèro	žèna
Noun stem:	Đôrđ-	per-	žen-

    With many masculine and feminine nouns ending in a consonant, the noun stem is the same as that of the nominative singular:

    bràt (brother)   drûg (friend)   književnōst (literature)

3. The genitive singular of nouns

a. The endings for the genitive singular of nouns are: **-a** for Class I, **-e** for Class II and **-i** for Class III nouns. The genitive ending **-e** is always long with Class II feminine nouns.

Class I

N. sg.:	bràt	Mârko	Đôrđe	pèro	pòzorište
G. sg.:	bràta	Mârka	Đôrđa	pèra	pòzorišta

Class II		*Class III*	
N. sg.: žèna	dèda	književnōst	stvâr
G. sg.: žène	dède	književnosti	stvâri

b. There is a shift and change of stress in many Class I disyllabic masculine nouns with the short-rising accent (ˋ) on the first, and the length on the second syllable. The accent shifts to the middle syllable and changes into the long-rising one (ˊ) in all the cases except the vocative singular.

Nom. sg.	*Gen. sg.*	*Nom. pl.*	
Èngléz	Engléza	Englézi	Englishman
Fràncûz	Francúza	Francúzi	Frenchman
dèčāk	dečáka	dečáci	boy

4. The use of the genitive

a. The genitive case is widely used in Serbo-Croatian, both with and without a preposition. Without a preposition, it shows a relationship of possession, belonging to somebody or something, or something defined. It corresponds either to the English "of a (the)" phrase denoting inanimate objects, or to the **'s** possessive denoting animate objects.

student **istorije**	a history student (a student of history)
zgrada **Univerziteta**	the University building (the building of the University)
Ovo je Trg **Republike**.	This is Republic Square.

b. In Serbo-Croatian possession is usually expressed by possessive pronouns or possessive adjectives in -**ov** (-**ev**) or -**in: Markovi** studenti (Marko's students). But the genitive must be used when there is a modifier: studenti **Marka Markovića** (Marko Marković's students).

porodica **moje majke**	my mother's family
Ulica **Vuka Karadžića**	Vuk Karadžić Street

c. The genitive is used with many prepositions. Here are some of them: **iz** (from), **od** (from, of), **do** (to, till).

On je **iz** Zagreba.	He's from Zagreb.
Od Beograda **do** Zagreba	From Beograd to Zagreb

5. Masculine nouns in -o(l)

a. Masculine nouns in -**o** formerly ended in -**l**, but with the development of the language, the **l** was changed into **o**. Most masculine nouns in -**o** are preceded by the movable **a** (**ugao** — corner), and a small number by a consonant (**sto** — table) or -**e** (**deo** — part) in the nominative singular.

b. Many of these nouns have the long plural form, inserting -**ov** or -**ev**. (With these nouns the movable **a** does not appear in the genitive plural):

N. sg.:	stô (table)	ùgao (corner)
G. sg.:	stòla	ùgla
N. pl.:	stòlovi	ùglovi

6. The genitive singular of adjectives and pronouns

a. The genitive singular ending is -**og(a)** or -**eg(a)** for masculine and neuter definite adjectives, possessive, demonstrative and interrogative pronouns. The final vowel **a** is often dropped in colloquial Serbo--Croatian.

b. The genitive singular ending is -**a** for masculine and neuter indefinite adjectives and some possessive pronouns, but it is seldom used nowadays. Instead the form of definite adjectives is used.

c. The genitive singular ending is **-e** for feminine adjectives and all the pronouns.

	Nominative singular			Genitive singular	
	m	n	f	m and n	f
Ind. adj.:	lêp	lépo	lépa	lépa	lépe
Def. adj.:	lêpī	lêpō	lêpā	lêpōg(a)	lêpē
Poss. pr.:	môj	mòje	mòja	mòjeg(a) = mog(a)	mòje
	nâš	nâše	nâša	nâšeg(a)	nâše
	njègov	njègovo	njègova	njègova = njègovog(a)	njègove
Dem. pr.:	òvāj	òvō	òvā	òvog(a)	òvē
	tâj	tô	tâ	tòg(a)	tē
Intr. pr.:	kòjē	kòjē	kòjā	kôg(a) kòjeg(a)	kòjē

NOTES

1. The adjectives and pronouns modifying masculine nouns in **-a** are masculine in the singular: **moj dobri** deda (my good granpa).

2. When a woman's name and surname are used, the surname is not declined, i. e. it remains unchanged.

    Ovo je sin Vere **Marković.**   This is Vera Marković's son.

3. Names of countries ending in **-ska** or **-čka: Engleska** (England), **Nemačka** (Germany) are feminine adjective forms and are therefore declined as definite adjectives (**u Engleskoj** — in England).

VEŽBANJA — EXERCISES

I Odgovorite na ova pitanja *(Give answers to these questions)*:

a. 1. Na kojem je trgu Narodno pozorište u Beogradu?
2. A na kojem je trgu zgrada Univerziteta?
3. Ko je na ulici?
4. Čija je ćerka Branka?
5. Odakle je Zvonko?
6. Odakle je Ana?
7. Iz kog su mesta Rita i Robert?
8. Odakle je njihova majka?
9. Kakav je grad Dubrovnik?
10. Čiji je otac iz Dubrovnika?
11. Iz koje su zemlje Kora i Džim?
12. Je li Robert student književnosti?

b. 1. Jeste li vi stranac?
2. Odakle ste?
3. Iz koga ste mesta?
4. Odakle je vaš otac (vaša majka)?
5. Jeste li student istorije?

II Uradite ove rečenice kao u primeru *(Do the following sentences as in the example):*
a. *Primer* **A.** Ovo je Markov brat.
          B: Molim? Čiji je to brat?
          C: *Marko Marković*
          A: To je brat *Marka Markovića*.

1. **A:** Ovo je Bojanov drug.   **B:** Molim? Čiji je to drug?
   C: *Bojan Marković*.
2. **A:** Ovo je ženin ujak.   **B:** Molim? Čiji je to ujak?
   C: *Moja žena*.
3. **A:** Ovo je ujakova kuća.   **B:** Molim? Čija je to kuća?
   C: *Moj ujak*.
4. **A:** Ovo je ćerkin auto.   **B:** Molim? Čiji je to auto?
   C: *Naša ćerka*.
5. **A:** To je Brankin šef.   **B:** Molim? Čiji je to šef?
   C: *Branka Marković*.
6. **A:** To je Zvonkov otac.   **B:** Molim? Čiji je to otac?
   C: *Zvonko Pavić*.
7. **A:** To su sestrini sinovi.   **B:** Molim? Čiji su to sinovi?
   C: *Moja sestra Nada*.
8. **A:** To je dedina slika.   **B:** Molim? Čija je to slika?
   C: *Moj deda*.

b. *Primer* **A:** Njen brat je profesor.
          B: Šta je Nadin brat?
          C: *književnost*
          A: On je profesor *književnosti*.

1. **A:** Moj brat je student.   **B:** Šta je vaš brat?
   C: *jugoslovenska književnost*.
2. **A:** Njegov drug je student.   **B:** Šta je Robertov drug?
   C: *istorija*
3. **A:** Njen otac je profesor.   **B:** Šta je Brankin otac?
   C: *srpskohrvatski jezik*
4. **A:** Njegova sestra je profesor.   **B:** Šta je Markova sestra?
   C: *ruski jezik*

c. *Primer* **A:** Kakva je ovo zgrada?
          C: *Univerzitet*
          B: To je zgrada *Univerziteta*.

1. **A:** Kakva je ovo zgrada?   **C:** *Narodna biblioteka*.
2. **A:** A kakva je to zgrada?   **C:** *Narodno pozorište*.
3. **A:** Koji je ovo trg?   **C:** *Republika*.
4. **A:** Koja je ovo ulica?   **C:** *Vuk Karadžić*.

III Stavite reči u zagradi u odgovarajući padež *(Put the words in brackets into the correct case endings)*:

1. **A:** Odakle ste? **B:** Ja sam iz ... *(Beograd)*.
2. **A:** Odakle je Ana? **B:** Ona je iz ... *(Austrija)*.
3. **A:** A odakle je Zvonko? **B:** On je iz ... *(Zagreb)*.
4. **A:** A odakle je njegov otac? **B:** On je iz ... *(Dubrovnik)*.
5. **A:** Odakle je Boris? **B:** Iz ... *(Moskva)*.
6. **A:** Odakle su Robert i Rita? **B:** Iz ... *(Amerika)*.

IV Sastavite pitanja za ove odgovore i upotrebite reči u zagradi *(Make questions for these answers using the words in brackets)*:

1. Oni su iz Amerike. *(Robert i Rita)*
2. On je iz Moskve. *(Boris)*
3. Njihova je majka iz Dubrovnika. *(mesto)*
4. Dubrovnik je divan grad. *(Kakav)*
5. Na Trgu Republike. *(Narodno pozorište)*
6. On je profesor srpskohrvatskog jezika. *(Marko Marković)*

V Vežba za izgovor *(Pronunciation drill)*

1. Róbert‿je stránac.
2. Zvónko‿je iz‿Zágreba.
3. Njègov òtac‿je inžènjēr.
4. Njègova‿je pòrodica iz‿Dùbrōvnīka.
5. Àna‿je iz‿Àustrije.
6. Òdaklē‿ste? Iz‿Èŋglēskē.
7. Òdaklē‿je òvāj mlàdić? Iz‿Fràncūskē.
8. Iz‿kòjē‿ste zèmljē? Iz‿Àmerikē.
9. Òna‿je stùdent ìstōrijē.
10. Òni‿su stùdenti srpskohr̀vātskōg jèzika.
11. Môre‿je dîvno.
12. Ôn‿je na‿môru.
13. Bêč‿je lêp grâd.

VI Prevedite *(Translate)*:

Where are Robert and Rita from? — From America. — From which place are they? — From New-York. — Is their mother from New-York, too? — No. She is from Dubrovnik. Dubrovnik is a lovely place on the Adriatic Sea. — Is their mother's family in Dubrovnik? — Yes. Their granpa and uncle.

DRUGO DOPUNSKO ŠTIVO

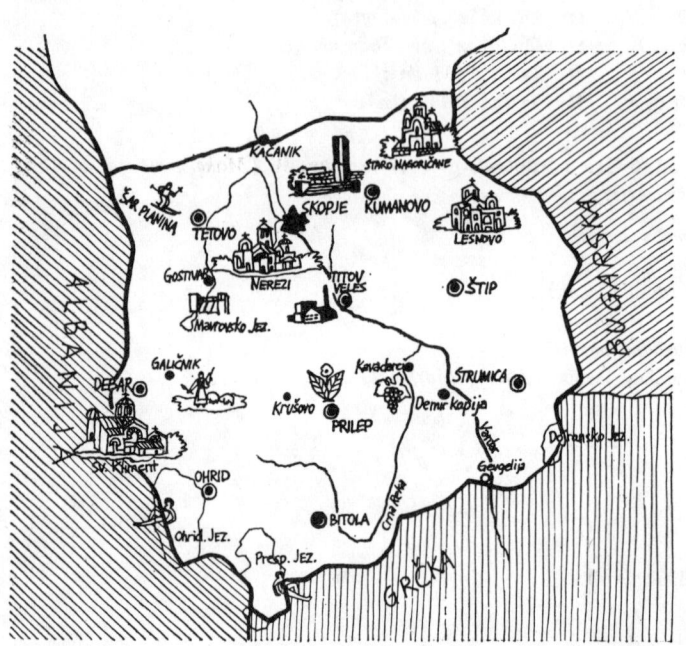

1.
Danas je nedelja. Vreme je vrlo lepo. Danas smo na izletu u Makedoniji. Glavni grad republike Makedonije je Skõplje

Sada smo u gradu Òhridu. Ohrid je na Ohridskom jezeru. Ovo jezero je vrlo veliko. Kad je lepo vreme, ono je divne plave boje, kao more. Kakve je boje kad je rđavo vreme? Ono je sive boje. Na jezeru su veliki i mali čamci, a i mali brodovi.

2.
Ohrid je divno, staro mesto. Stare ulice su uske i interesantne. Nove su široke. Sada smo u jednoj uskoj ulici. Ovde je crkva Svete Sofije, a tamo je crkva Svetog Klimenta. Obe su crkve vrlo stare i vrlo lepe.

Drugo dopunsko štivo

3.
NA TELEFONU

. . . . . .	Ovde hotel Pàlas, Ohrid. Trenutak, molim . . .
Marko:	Zdravo, Vera.
Vera:	O, zdravo, Marko.
Marko:	Jeste li svi dobro?
Vera:	Jesmo. Kako je u Ohridu?
Marko:	Veoma lepo. A i vreme je lepo.
Vera:	Jesu li studenti zadovoljni?
Marko:	Veoma su zadovoljni.
Vera:	Drago mi je.
Marko:	Kakvo je vreme u Beogradu?
Vera:	Rđavo. Danas je vrlo hladno.
Marko:	A ovde je toplo. Jesu li Bojan i Branka kod kuće?
Vera:	Nisu. Bojan je u bioskopu, a Branka u pozorištu.
Marko:	Do viđenja, Vera.
Vera:	Do viđenja, Marko.

ZAPAMTITE:

> *Kakvo je vreme?*
> *Kakve je boje?*
> *Koje je boje?*

NOTES

The question **Kakve je boje?** or **Koje je boje?** (What colour?) and its answer (plave — blue) is in the genitive case, and there is no agreement with the preceding noun.

Kakve je boje sto?
reka?   Plave.
jezero?

Drugo dopunsko štivo

VEŽBE — DRILLS

1.
Ohridsko jezero je plavo.
Kakve je boje Ohridsko jezero?
Ono je plave boje.

2.
Ta crkva je bela.
Kakve je boje ta crkva?
Bele.

3.
Kakvo je vreme danas?
Danas je lepo vreme.
(Lepo.)

4.
Da li je lepo vreme u Beogradu?
Nije. Danas je rđavo vreme.
(Nije. Rđavo je.)

5.
Koji dan danas?
Danas je nedelja.
(Nedelja.)

VEŽBANJA — EXERCISES

I Odgovorite na ova pitanja *(Give answers to these questions)*:

1. U kojoj su republici studenti i njihov profesor?
2. Koji je glavni grad Makedonije?
3. Jesu li studenti sada u Skoplju?
4. Gde su?
5. Gde je Ohrid?
6. Da li je Ohridsko jezero malo?
7. Kakve je boje?
8. Kakvo je mesto Ohrid?
9. Kakve su ulice u Ohridu?
10. Jesu li sve ulice uske?
11. U kojem je hotelu Marko?
12. Kakvo je vreme danas?

II Popunite ove rečenice *(Complete these sentences)*:

1. „Palas" i „Jezero" su ... *(dobar hotel)*.
2. Ohrid i Skoplje su ... *(lep grad)*.
3. Sveta Sofija i Sveti Kliment su ... *(lepa crkva)*.
4. Sava i Dunav su ... *(velika reka)*.
5. „Dubrovnik" i „Ohrid" su ... *(veliki brod)*.

Drugo dopunsko štivo

III Stavite odgovarajući oblik padeža *(Put the correct case endings)*:

1. Danas su studenti ... *(Marko Marković)* u ... *(Ohrid)*.
2. Ohrid je na ... *(Ohridsko jezero)*.
3. ... *(Kakva)* je ... *(boja)* to jezero? ... *(Plava)*.
4. Jesu li studenti sada u ... *(hotel)*? Nisu.
5. Gde su sada? U ... *(jedna stara crkva)*.
6. U ... *(koja)*? U ... *(crkva)* *(Sveti Kliment)*.

IV Popunite ove rečenice i stavite odgovarajući padež *(Complete these sentences and provide the correct case endings)*:

Primer **A:** Branka je u Narodnom pozorištu. U ... *(koji)* ...?
       B: *U kojem je pozorištu Branka?*

1. Marko je u hotel „Palasu".
   U ... *(koji)* ...?
2. Telefon je u Markovoj sobi.
   U ... *(čiji)* ...?
3. Studenti su u crkvi Svete Sofije.
   U ... *(koji)* ...?
4. Ana i Rita su na Ohridskom jezeru.
   Na ... *(koji)* ...?
5. Studenti su u glavnom gradu Makedonije.
   U ... *(koji)* ...?

V Postavite pitanja za sledeće odgovore *(Make questions for the following answers)*:

1. Danas je nedelja.
2. Markovi studenti su u Makedoniji.
3. Skoplje je glavni grad Makedonije.
4. Danas je veoma toplo.
5. Jadransko more je plave boje.

VI Popunite ove rečenice glagolom JESAM *(Complete these sentences with the verb jesam)*:

Primer **A:** Gde je Ana? Ovde ...
       B: Ovde *je*.

1. Gde je vaš otac? Tu ...
2. Nataša, gde si? Ovde ...
3. Branka i Bojane, gde ste? Ovde ...
4. Gde su Markovi studenti? Tu ...
5. Gde ste, Jovane? Ovde ...

VII Naučite tekst broj dva napamet *(Memorize Text No. 2)*

VIII Prepišite tekst broj dva ćirilicom *(Copy Text No. 2 in Cyrillic characters)*

IX Diktat *(Dictation)*

    Profesor Marković i njegovi studenti su na izletu u Ohridu. Kako je u Ohridu? Veoma lepo. Studenti su vrlo zadovoljni. Danas je lep dan i veoma je toplo.
        Ohrid je staro mesto. Ono je na Ohridskom jezeru. To jezero je vrlo veliko i plave je boje. **Kad je vreme rđavo, ono je sivo.**

JEDANAESTA LEKCIJA

1.

/Studenti uče srpskohrvatski. Oni su na času srpskohrvatskog jezika./

Marko:	Ja govorim srpskohrvatski i engleski. Da li sada govorim engleski?
Ana	Ne govorite.
Marko:	Koji jezik sada govorim?
Ana:	Vi govorite srpskohrvatski.
Marko:	Govorite li vi srpskohrvatski i engleski?
Ana:	Govorim engleski, a učim srpskohrvatski.
Marko:	Moj maternji jezik je srpskohrvatski. Koji je vaš?
Ana:	Nemački.
Marko:	Nataša, koji strani jezik govorite?
Nataša:	Govorim francuski i engleski.
Ana:	Ti govoriš i ruski.
Nataša:	Govorim, ali je ruski moj maternji jezik.
Marko:	Govorite li sada ruski?
Nataša:	Ne govorim!
Marko:	Govorite li svi ruski?
Svi:	Ne govorimo.
Marko:	Sem Nataše. Koji jezik svi učite?
Svi:	Učimo srpskohrvatski.

2.

Putnik:	Gde radi vaš suprug?
Vera:	On radi na fakultetu.
Putnik:	Šta je on?
Vera:	Profesor srpskohrvatskog jezika.
Putnik:	Radite li i vi na fakultetu?
Vera:	Ne radim. Ja radim u jednoj školi.
Putnik:	Šta ste vi?
Vera:	Ja sam nastavnik crtanja. A vi?
Putnik:	Ja sam advokat.

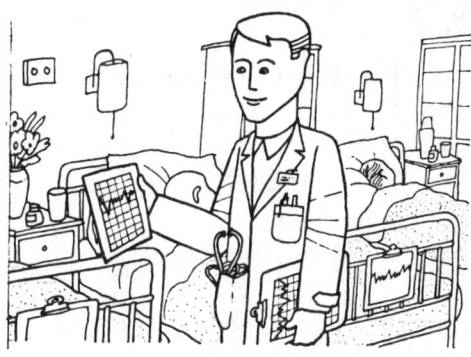

Bojan je lekar. On radi u bolnici.

VEŽBE — DRILLS

1.

A: Govorite li engleski?
B: Govorim.
A: Govorite li sada?
B: Ne govorim.

2.

B: Govoriš li ruski, Ana?
A: Ne govorim.
B: Govori li tvoj brat?
A: Govori.

3.

A: Da li sada govorim ruski?
B: Ne govorite.
A: Koji jezik govorim?
B: Govorite srpskohrvatski.

4.

A: Da li oni uče nemački?
B: Ne uče.
A: Koji jezik uče?
B: Oni uče srpskohrvatski.

5.

A: Govore li svi studenti ruski?
B: Ne govore.
A: Da li govore srpskohrvatski?
B: Govore.

6.

A: Šta radite?
B: Učimo.
A: Šta učite?
B: Učimo srpskohrvatski.

7.
A: Radi li ona na fakultetu?
B: Ne radi.
A: Gde radi?
B: Ona radi u jednoj školi.

8.
A: Gde radi Verin sin?
B: On radi u bolnici.
A: Šta je on?
B: On je lekar.

STRUKTURE — STRUCTURES

1.	(jâ)	gòvorīm	(mî)	gòvorīmo
	(tî)	gòvorīš	(vî)	gòvorīte
	(ôn)	gòvorī	(òni)	gòvorē
	(òna)		(òne)	

2.	(ja)	ne govorim	(mi)	ne govorimo
	(ti)	ne govoriš	(vi)	ne govorite
	(on)	ne govori	(oni)	ne govore
	(ona)		(one)	

3.		li	(ja)	*ili*	da li	(ja)	govorim?
	govorim	li	(ti)		da li	(ti)	govoriš?
	govoriš	li	(on)		da li	(on)	govori?
	govori	li	(ona)		da li	(ona)	govori?
	govori	li	(mi)		da li	(mi)	govorimo?
	govorimo	li	(vi)		da li	(vi)	govorite?
	govorite	li	(oni)		da li	(oni)	govore?
	govore	li	(one)		da li	(one)	

OBJAŠNJENJA — COMMENTS

1. The infinitive

a. The infinitive form of verbs ends either in **-ti** or **-ći**. The infinitive form of most verbs ends in **-ti**.

    rádi**ti** (to work, to do)   rè**ći** (to say, to tell)
    govòri**ti** (to speak)   i**ći** (to go)

b. Serbo-Croatian verbs consist of two parts: a stem, which is unvariable, and endings, which vary. Each verb has two stems, the infinitive and present stems. All the verbal forms are derived from these two stems.

3. Personal endings

The verb in the present tense changes its endings for each person, that is, each person has its corresponding ending, called the personal ending, except for the third person singular, which has the same form as the present stem.

Sg.:	1st	person	-m	Pl.:	1st	person	-mo
	2nd	,,	-š		2nd	,,	-te
	3rd		no ending		3rd	,,	-e, -u, -ju

2. The infinitive and present stems

a. The i n f i n i t i v e stem is formed by dropping the infinitive ending -ti in verbs ending in -ti:

    ráditi (to work)   the inf. stem: **radi-**

b. The p r e s e n t stem is formed by dropping the personal ending from the first person singular of the present tense:

    1st p. sg.: râdīm (I work)   the pres. stem: **radi-**

(The first person singular of the verb will be given whenever a new verb is introduced.)

4. Formation of the present tense

a. The present tense is formed by adding the personal endings to the present stem.

Affirmative

1. (jâ)	râdīm	(I work, or I am working)	1. (mî)	râdīmo	(we work)
2. (tî)	râdīš	(you work)	2. (vî)	râdīte	(you work)
3. (ôn) (òna)	râdī	(he works) (she works)	3. (òni) (òne)	râdē	(they work)

b. In contrast to English, the personal pronoun as subject of a verb is frequently omitted when the referent in question is perfectly clear; it is most often omitted in the first and second person singular and plural. This is possible since the verbal endings are usually sufficient to indicate the person, number and gender of the subject. Personal pronouns are used either to carry some degree of emphasis or to draw attention to the person.

A: Štȁ râdīte?   What are you doing?
B: Ùčīm.   I'm studying (learning).
A: Štȁ râdī Rȉta?   What's Rita doing?
B: Ùčī. *or:* Ona ùčī.   She's studying (learning).

c. There is only one verb form for expressing the present in Serbo-Croatian. **Radīm** can mean: I work or I am working.

d. The **interrogative** form of the present is made in two ways:

(1) by placing the verb at the beginning of the sentence followed by the interrogative particle **li** and the subject:

  Gòvoríte li (vî) ruski?   Do you speak Russian?

(2) by introducing the question marker **da li** followed by the verb and the subject:

  Da li (vî) **gòvoríte** ruski?   Do you speak Russian?

f. The **negative** form of the present tense is made by placing the negative particle **ne** before the verb. These two words are written separately, but are fused in pronunciation:

  Jâ **ne gòvorīm** ruski. (or)   I don't speak Russian.
  Ne gòvorīm ruski.

When the particle **ne** precedes a verb with a falling accent (`"` /`^`), the accent is transferred to the particle:

  pŭšīm — nè pušīm   I smoke — I don't smoke

4. Adjectives in -ski, -čki, -ški

  Adjectives in -ski, -čki, -ški are definite adjectives and are declined as such. They are mostly formed from the names of countries and are written with small initial letters:

  srpskohr̀vātski (Serbo-Croatian) ènglēski (English)
  nèmački   (German)   slòvenački (Slovenian)
  nòrvēški   (Norwegian)   hàški (of Hague)

VEŽBANJA — EXERCISES

I Odgovorite na ova pitanja *(Give answers to these questions)*:

a. 1. Ko je u učionici?
  2. Šta rade ti studenti?
  3. Govori li njihov profesor engleski?
  4. Koji jezik uči Ana?
  5. Koji je njen maternji jezik?
  6. Da li svi studenti govore ruski?
  7. Ko govori ruski?
  8. Da li je Vera profesor engleskog jezika?
  9. Gde radi Vera?
 10. Gde radi njen sin Bojan?

b. 1. Šta radite sada?
2. Radite li u preduzeću?
3. Koji je vaš maternji jezik?
4. Koji strani jezik govorite?
5. Koji jezik učite?

II Stavite glagole u odgovarajući oblik *(Give the right verb endings)*:

1. Ja ... srpskohrvatski.   *(govoriti)*
2. On ... u jednoj velikoj bolnici. *(raditi)*
3. Vi ... ruski i engleski.   *(govoriti)*
4. Oni ... francuski u školi.   *(učiti)*
5. Njegova sestra ne ... u bolnici. *(raditi)*
6. Moje sestre ne ... u ovom preduzeću. *(raditi)*
7. Mi ... u ovoj školi.   *(učiti)*
8. Ti ne ... francuski jezik.   *(učiti)*

III Zamenite LI za DA LI *(Replace li for da li)*:

Primer **A:** Uči *li* ona francuski?
        B: *Da li* ona uči francuski?

1. Radi *li* on u ovoj bolnici?
2. Govori *li* vaš otac nemački?
3. Uče *li* studenti u biblioteci?
4. Radite *li* na fakultetu?
5. Jesu *li* oni nastavnici ove škole?
6. Učiš *li* ruski?

IV Popunite ove rečenice kao u primeru *(Complete these sentences as in the example)*:

Primer **A:** Ja učim engleski, a vi ...
        B: Ja učim engleski, a vi *ne učite*.

1. Ja govorim ruski, a ti ...
2. Robert uči, a Rita ...
3. Vi učite nemački, a mi ...
4. Vi govorite francuski, a ovi studenti ...
5. Moj brat radi, a ja ...
6. Vaša majka govori engleski, a vi ...

V Odgovorite kratko u potvrdnom obliku *(Give short affirmative answers to these questions)*:

Primer **A:** Govorite li francuski?
        B: *Govorim.*

1. Govorite li sada srpskohrvatski?
2. Uče li oni engleski u školi?

3. Uči li Branka francuski?
4. Radite li danas u školi?
5. Učimo li sada srpskohrvatski?

VI Odgovorite kratko kao u primeru *(Give short answers as in the example)*:

Primer **A:** Radi li vaš otac u biblioteci?
       B: *Ne radi.*

1. Radi li Vera u pozorištu?
2. Radiš li u ovoj školi?
3. Govorimo li sada francuski?
4. Učite li svi nemački u školi?
5. Rade li vaši roditelji u ovom hotelu?
6. Govori li vaš nastavnik francuski?

VII Vežba za izgovor *(Pronunciation drill)*

1. Fràncūzī gòvorē fràncūskī.
2. Èmglēzi gòvorē èmglēskī.
3. Òvi stùdenti gòvorē nèmačkī.
4. Òni stùdenti ùčē fràncūskī.
5. Òna ùčī srpskohr̀vātskī.

6. Njêna mâjka râdī.
7. Njên mûž râdī u‿Pûtnīku.

VIII Prevedite:

1. Do you speak Russian? — No, I don't. — Does your brother speak (it)? — Yes, he does.
2. A young man and a girl are speaking Serbo-Croatian. — Are they Yugoslavs? — No, they aren't. They are English, but they speak Serbo-Croatian.
3. Does Vera work at the university (faculty)? — No, she doesn't. — Where does she work? — She works in a school.

DVANAESTA LEKCIJA

1.

Ovo je Brankina kancelarija. To je lepa i velika soba. U njoj su tri stola, dva pisaća i jedan mali sto, i četiri stolice. U sobi su dva prozora. Danas je toplo pa je jedan prozor otvoren, a drugi je zatvoren. Brankin pisaći sto je kod otvorenog prozora. Na stolu je telefon i nova pisaća mašina. Branka sedi i kuca.

Mali sto i dve fotelje su u jednom uglu sobe.

Na jednom zidu je vešalica. Na njoj vise dva kišna mantila i jedna kapa. Na drugom zidu vise dve slike i kalendar.

Tu su i dva muškarca: jedna je Brankin kolega Zòran, a drugi je njihov šef. Branka je Zoranova koleginica i oni rade u ovoj sobi. Sada Zoran prevodi jedno pismo i puši. I šef puši, a Branka ne puši.

2.

Nada: Zdravo, Branka. Kako si?
Branka: O, zdravo, Nado. Kako si ti?

12

Nada:	Dobro. Kakav je tvoj novi šef?
Branka:	Simpatičan, dobar i vrlo vredan. Dobro govori dva strana jezika, engleski i španski, a sada uči kineski.
Nada:	Fantastično! Zaista je vredan. A odakle je?
Branka:	Iz Bosne, ali već četiri godine živi u Beogradu.
Nada:	A tvoj novi kolega?
Branka:	Zoran slabo govori engleski, ali dobro prevodi. On je dobar radnik i kolega. Samo mnogo puši!

VEŽBE — DRILLS

1.
A: Da li ja pušim?
B: Pušite.
A: Pušim li sada?
B: Ne pušite.

2.
A: Živite li u Beogradu?
B: Ne živim.
A: Gde živite?
B: Ja živim u Zagrebu.

3.
A: Govori li vaš kolega ruski?
B: Govori, ali slabo.
A: Kako prevodi?
B: Prevodi dobro.

4.
A: Ko sedi u sobi?
B: Sedi jedna devojka.
A: Šta radi?
B: Kuca.

5.
A: Ko sedi u kancelariji?
B: Sede dva muškarca.
A: Ko su ta dva muškarca?
B: Moj šef i kolega.

6.
A: Šta visi na vešalici?
B: Vise dva kišna mantila.
A: Visi li i kišobran?
B: Ne visi.

STRUKTURE — STRUCTURES

1.		jedan	sto		jedno	pero		jedna	stolica
2.	dva	velika	stola	dva	velika	pera	dve	velike	stolice
	oba		stola	oba		pera	obe		stolice
	tri	velika	stola	tri	velika	pera	tri	velike	stolice
	vaša	četiri	stola	vaša	četiri	pera	vaše	četiri	stolice
	ova	četiri	stola	ova	četiri	pera	ove	četiri	stolice
3.	On prevodi **dobro**. or On **dobro** prevodi.								

OBJAŠNJENJA — COMMENTS

1. Classes of verbs

Verbs are divided into six classes with their subdivisions according to their infinitive stem.

Class	Infinitive	1p. sing.	3p. plur.	
Ia	trésti	trésēm	trésū	to shake
b	pèći	pèčēm	pèkū	to bake
c	jèsti	jĕdēm	jĕdū	to eat
IIa	pràti	pèrēm	pèrū	to wash
b	pìsati	pîšēm	pîšū	to write
III	krénuti	krênēm	krênū	to start off
IVa	pìti	pìjēm	pìjū	to drink
b	stanòvati	stànujēm	stànujū	to dwell
V	čìtati	čìtām	čìtajū	to read
VIa	ráditi	râdīm	râdē	to work (do)
b	žìveti	žìvīm	žìvē	to live
c	dr̀žati	dr̀žīm	dr̀žē	to hold

2. Class VI verbs

	Infin.	Inf. stem	Pres. stem	1p. sg.	3p. pl.	
a	ráditi	rádi-	râdī-	râdīm	râdē	to work
b	žìveti	žìve-	žìvī-	žìvīm	žìvē	to live
c	dr̀žati	dr̀ža-	dr̀žī-	dr̀žīm	dr̀žē	to hold

a. The present stem of Class VI verbs ends in long **ī**- (radī-, živī-, drži-). The infinitive stem ends: (a) in short **-i** (radi-), (b) in short **-e** (žive-) and (c) in short **-a** (drža-). All the three groups have the ending **-ē** (long e) in the third person plural. To form the third person plural drop the vowel **i** of the present stem and add **-e**.

b. The present tense endings for Class VI verbs are: **-īm, -īš, -ī, -īmo, -īte, -ē**.

c. Many simple verbs with the short-rising stress (ˋ) in the infinitive form such as **ùčiti** (to learn), **žèleti** (to wish) and **dr̀žati** (to hold) keep the same stress both in the singular and in the third person plural of the present tense. But in the 1st and 2nd person plural these verbs have either the long-rising (´) or short-rising stress (ˋ), that of the infinitive form, on the last syllable of the infinitive stem. The former is used in the east parts of the country, and the latter in the west.

    1p. pl.: učímo or ùčimo   želímo or žèlimo   držímo or dr̀žimo
    2p. pl.: učíte or ùčite   želíte or žèlite   držíte or dr̀žite

N O T E. The b group of Class VI verbs have only the rising stress.

3. Cardinal numerals DVA, TRI, ČETIRI and OBA

a. Of cardinal numerals only **jedan** (one) has forms for all three genders, and is declined as a definite adjective.

    jèdan čòvêk   **jèdna** žèna   **jèdno** pèro

b. The genitive singular is used after the form **dva** (two) and **oba** (both) with masculine and neuter nouns, while the form **dve** and **obe** are followed by feminine nouns in the nominative plural.

    dvâ čovèka (two men)   **dvâ** pèra (two pens)   **dvê** žène (two women)
    òba čovèka (both men)   **òba** pèra (both pens)   **òbe** žène (both women)

c. trî (three) and **čètiri** (four) have the same form for all three genders. The noun following them is in the genitive singular with masculine and neuter nouns, while feminine nouns are in the nominative plural.

    trî čovèka (three men)   **čètiri** pèra (four pens)   **trî** žène (three women)

The numerals **dva, tri, četiri** are seldom declined in contemporary Serbo-Croatian. The verb following them is in the plural.

d. Adjectives, possessive or demonstrative pronouns qualifying masculine and neuter nouns are in the old "dual" form (the ending is **-a**), that is the agreeing adjective or pronoun has the same ending as the noun — the genitive singular. The adjective is of indefinite form.

Dva **vìsokā** čoveka su ovde.	Two tall men are here.
Òva dva pozorišta su dobra.	These two theatres are good.
Mòja dva brata su studenti.	My two brothers are students.

4. Adjectival adverbs

The neuter singular of most descriptive adjectives may be used as adverbs. Sometimes there may be a difference in the accent between the adjective and adverb.

    n. adj.: dobro (good)   *adv.:* **dobro** (well)
             lepo (nice)   **lepo** (nicely)
             slabo (poor)   **slabo** (poorly)

VEŽBANJA — EXERCISES

I Odgovorite na ova pitanja *(Give answers to these questions)*:

a. 1. Kakva je Brankina kancelarija?
    2. Gde je Brankin pisaći sto?
    3. Šta visi na vešalici?
    4. Jesu li dve pisaće mašine na Brankinom stolu?
    5. Koji je prozor otvoren?

6. Šta sad radi Branka?
7. Da li Branka puši?
8. Ko puši u Brankinoj kancelariji?
9. Odakle je Brankin šef?
10. Koji jezik sada on uči?
11. Da li Zoran prevodi dobro?
12. Kakav je Brankin kolega?

b. 1. Govorite li kineski ili španski?
2. Govorite li dva strana jezika?
3. Šta visi na zidu vaše kancelarije?
4. Da li je sada prozor otvoren?
5. Kakav je vaš šef?
6. Sedite li sada na stolici ili na fotelji?
7. Pušite li mnogo?
8. U kome mestu žive vaši roditelji?

II Stavite odgovarajući oblik padeža *(Put the right case endings)*:

1. U kancelariji su tri ... *(sto)* i četiri ... *(stolice)*.
2. Dva ... *(fotelja)* su u ... *(jedan ugao)* sobe.
3. U sobi su dva ... *(pisaća mašina)*: jedna je na ... *(Brankin pisaći sto)*, a druga je na ... *(sto)* ... *(njen kolega Zoran)*.
4. Brankin sto je kod ... *(otvoren prozor)*.
5. Na ... *(vešalica)* vise dva ... *(kišni kaput)* i dva ... *(crni kišobran)*.
6. Brankin šef je iz ... *(Bosna)*. On živi u ... *(Beograd)* četiri ... *(godina)*.
7. Njen sin govori tri ... *(strani jezik)*.
8. Na zidu su dva ... *(lepa slika)*.

III Popunite rečenice u suprotnom značenju *(Complete these sentences by giving a contrast)*:

1. *Moj kolega* nije ovde, ali je ovde ... ...
2. On prevodi *dobro*, ali govori ...
3. Prozor *nije otvoren*. On je ...

IV Stavite glagole u odgovarajući oblik *(Give correct verb endings)*:

1. **A:** ... li vi? *(pušiti)*
   B: Ne ..., ali moj šef i kolega ... *(pušiti)*
   A: ... li mnogo? *(pušiti)*
   B: Vrlo mnogo!
2. Branka ... na stolici, a njene dve koleginice ... na fotelji. *(sedeti)*
3. Kalendar ... na zidu, a kišni mantili ... na vešalici. *(visiti)*
4. **A:** Šta ...? *(prevoditi)*
   B: ... jedno pismo. *(prevoditi)*

V Popunite rečenice ovim rečima *(Complete these sentences with the following words)*:

dobar   dobro   mnogo
novi   slabo

A: Kakav je vaš ... šef?
B: On je vrlo vredan čovek i ... šef. On ... govori engleski i španski.
A: A kako govori engleski vaš kolega?
B: On ... govori, ali ... prevodi.
A: Puši li?
B: Vrlo ...!

VI Postavite pitanja za ove odgovore *(Make questions for the following answers)*:

1. Njen šef je iz Bosne.
2. On živi u Beogradu četiri godine.
3. Ne puši. (Branka)
4. Brankin kolega. (mnogo puši)
5. On je dobar i vrlo vredan.
6. Ona sedi i kuca.
7. Nisu. Oni su zatvoreni.
8. Jedan je Brankin kolega, a drugi je njen šef.

VII Vežba za izgovor *(Pronunciation drill)*

1. Nâš šêf pùšī, a vâš ne pùšī.
2. Òna sèdī i prèvodī.
3. Òvaj slùžbenik gòvorī čètiri jèzika.
4. Òni gòvorē kìnēskī.
5. Čètiri čovèka su u kancelàriji.
6. Zvónko žívī u Zágrebu.
7. Bránkin kólega je u preduzéću.
8. Njêna dvâ sîna su mâla.

VIII Kakva je vaša kancelarija?

TRINAESTA LEKCIJA

1.
Studenti su u biblioteci i rade. Robert studira istoriju. On sada čita „Istoriju Jugoslavije". Rita studira srpskohrvatski jezik. Ona uči novu lekciju. Kora i Džim studiraju jugoslovensku književnost. Džim čita „Gospođicu". To je roman. Od koga je? Od Ive Andrića. On je veliki jugoslovenski pisac.

2.
Danas je nedelja. Ana i Džim su u parku i igraju tenis. Robert i drugi studenti igraju košarku. Košarka je Robertov omiljeni sport. Rita ne igra košarku. Ona gleda Roberta kako igra.

3.
Kora i druge devojke igraju „kolo". Šta je kolo? To je lepa narodna igra. Nataša ne igra kolo. Ona gleda Koru kako igra. Kako Kora igra? Vrlo dobro.

4.
Branka i Zvonko su u bioskopu. Oni gledaju jedan nov jugoslovenski film. Ko igra u tom filmu? Igra Brankin omiljeni glumac. Da li je dobar taj film? Vrlo dobar.

5.
Marko i Vera su kod kuće. Marko čita jednu knjigu na engleskom jeziku, a Vera svira klavir. Šta svira? Svira Šopena. Šopen i Betoven su njeni omiljeni kompozitori.

6.
Komšija:	Dobro veče, komšinice.
Vera:	Dobro veče, komšija. Izvolte?
Komšija:	Molim vas, da l' imate današnju „Politiku"?
Vera:	Imam ... Izvolite.
Komšija:	Hvala. Imate li možda jednu cigaretu? Nemam ...
Vera:	Imam i dve.
Komšija:	Mnogo vam hvala.
Vera:	Nema na čemu.
Komšija:	Laku noć, komšinice.
Vera:	Laku noć, komšija.

Ivo Andrić (1892—1976) prvi je jugoslovenski nobelovac. 1962. godine dobio je Nobelovu nagradu za književnost.

ZAPAMTITE:

A:	*Izvolite novine.*
B:	*Mnogo vam hvala.*
A:	*Nema na čemu.*

S:	*Od koga je ovoj roman?*
P:	*Od Ive Andrića.*

VEŽBE — DRILLS

1.
Studirate li?
Studiram.
Šta studirate?
Studiram istoriju.

2.
Studira li i vaš brat?
I on studira.
Šta on studira?
Jugoslovensku književnost.

3.
Učiš li?
Ne učim.
Šta radiš?
Sviram Šopena.

4.
Šta radite?
Čitam.
Šta čitate?
Jedan dobar roman.

5.
Gde su vaši studenti?
U parku.
Šta rade?
Igraju košarku.

6.
Kora igra kolo.
Igra li i Nataša?
Ne igra. Ona gleda Koru kako igra kolo.

7.
Da li Marko svira klavir?
Ne svira.
Svira li Vera?
Svira.

8.
Koju knjigu čitate?
Čitamo „Gospođicu".
Od koga je ta knjiga?
Od Ive Andrića.

STRUKTURE — STRUCTURES

1.	(ja)	glĕdām	1. (mi)	glĕdāmo	*glĕdati*
	(ti)	glĕdāš	2. (vi)	glĕdāte	(to look)
	(on) (ona)	glĕdā	3. (oni) (one)	glĕdajū	

2.	Ona	gleda	vašeg	studenta Roberta.
	Oni	imaju	dobrog i lepog	psa.
	On	čita	dobar	roman.
	One	igraju	narodno	kolo.
	On	ima	simpatičnu	ženu.
	Ona	čita	našu	istoriju.
	On	studira	jugoslovensku	književnost.

3.	Dobro veče,	komšinice.	Good evening, neighbour.
	Kako ste,	koleginice?	How are you, colleague?
	Šta radite,	drugarice?	What are you doing, comrade?

OBJAŠNJENJA — COMMENTS

1. The accusative singular of nouns

a. The accusative case functions primarily to indicate the goal of a verbal action, i. e. the direct object of a transitive verb. The accusative is also used after certain prepositions such as: **kroz** (through).

b. The accusative answers the question **koga?** (whom?) and **šta?** (what?). It also answers **kuda?** (where to? in which direction?), but this will be discussed in *Lesson 15*.

c. The accusative case of some nouns is the same as the nominative. These nouns are: masculine inanimate nouns, all neuter nouns and feminine nouns ending in a consonant:

On čita **roman.** (m)   He is reading a novel.
Ona čita **pismo.** (n)   She is reading a letter.
On studira **književnost.** (f)   He is studying literature.

d. The following nouns undergo a change. Masculine animate nouns have the ending -a like the genitive, while feminine nouns in -a have the ending -u:

Ona gleda **Marka.** (m)   She is looking at Marko.
On čita **knjigu.** (f)   He is reading a book.

Singular

Case	Masculine			Neuter	Feminine	
Nom.	Bojan	pas	sto	pismo	noć	žena
Gen.	Bojana	psa	stola	pisma	noći	žene
Acc.	Bojana	psa	sto	pismo	noć	ženu
Prep.	Bojanu	psu	stolu	pismu	noći	ženi

e. The accusative case is used after the following verbs learnt so far: **učiti, govoriti, pušiti, prevoditi, studirati, čitati, igrati, gledati, svirati, imati.**

Ona uči **novu lekciju** *(ruski jezik).*   She is learning the new lesson (the Russian language).
Ona prevodi **vaš roman** *(pismo).*   She is translating your novel (a letter).

2. The accusative singular of definite adjectives and some pronouns

a. Definite adjectives have the same endings as possessive (*moj*), demonstrative (*ovaj*) and interrogative (*koji, čiji*) pronouns. They are declined like these pronouns (pronominal declension), but the vowel length of their endings is long. In the accusative masculine definite adjectives and pronouns modifying masculine animate nouns have the ending -ōg (-ēg). When modifying inanimate masculine or neuter nouns they have the same form as in the nominative:

Ona ima **dobrog** brata.	She has a good brother.
Ona gleda **vašeg** brata.	She is looking at your brother.
On ima **dobro** pero.	He has a good pen.
Ona gleda **ruski** film.	She is watching a Russian film.

b. Feminine definite adjectives and pronouns have the ending **-u** in the accusative singular:

Ona studira jugoslovensk**u** književnos .	She is studying Yugoslav literature.
On gleda vaš**u** sestru.	He is looking at your sister.

3. **The vocative singular of feminine nouns in** -ica

Three-syllabic or polysyllabic feminine nouns ending in **-ica** take the ending ⌐ in the vocative singular:

Nom. sg.: kòmšinica (woman neighbour)	koléginica (w. colleague)
Voc. sg.: kòmšini**ce**!	kolégini**ce**!

4. **Class V verbs**

a.

Infinitive	Inf. stem	Pres. stem	1p. sg.	3p. pl.	
glĕdati	glĕda-	glĕdā-	glĕdām	glĕdajū	to look
ìgrati	ìgra-	ìgrā-	ìgrām	ìgrajū	to play

The Present Tense

Sing.:	1. glĕdām	*Plur.:*	glĕdāmo
	2. glĕdāš		glĕdāte
	3. glĕ ā		glĕdajū

The present stem of Class V verbs ends in long ā , and the infinitive stem ends in short a-. The third person plural takes the ending **-jū**.

b. A certain number of verbs having a disyllabic infinitive stem and falling stress (" or ⌐), keep this stress for all persons in the present tense: inf.: **glĕdati**, 1p. sg. **glĕdām**, etc. In some verbs, if the stress is on the middle syllable of the infinitive form, it shifts back one syllable in all the forms of the present tense, except in the third person plural where the stress is that of the infinitive form: inf.: **studírati**, 1p. sg.: **stùdirām**, etc., 3p. pl.: **studírājū**.

NOTES

1. The negative present form of **imą** (to have) is **nêmām** (I have not), **nêmāš** (you have not), etc., in which the negative prefix **ne** combines with the verb.
2. **studírati** meaning "to study" is usually used for the university student. But the equivalent of the English: I must **study** this evening is: Večeras moram da **učim** (**radim**).

3. Titles of books, plays, films, etc., are declined in Serbo-Croatian unless preceded by the nouns such as **knjiga** (book), **roman** (novel), **film** (film), etc.

Ona čita „Gospođic**u**".　　She is reading "Gospođica".
Ona čita **roman** „Gospođica".　　She is reading the novel "Gospođica".

4. The accusative of **kò** (who) has the same form as the genitive: **kòga**. The accusative of **štȁ** (what) is like the nominative.

5. **mȍlīm** is followed by the accusative: Molim vas **današnju** „Politiku" — Please (give me) today's "Politika".

6. **làkū nôć** (good-night) is in the accusative singular and is the shortened form of "Želim vam laku noć" — I wish you good night.

7. **Kòmšija** and **kòmšīnica** meaning neighbour are of Turkish origin and are often used colloquially.

VEŽBANJA — EXERCISES

I Odgovorite na ova pitanja (Answer these questions):

a. 1. Šta studira Robert?
2. Šta studiraju Kora i Džim?
3. Koju knjigu čita Robert?
4. Čita li Džim „Istoriju Jugoslavije"?
5. Koju knjigu on čita?
6. Od koga je roman „Gospođica"?
7. Koji studenti igraju tenis?
8. Koji je Robertov omiljeni sport?
9. Šta gledaju Zvonko i Branka u bioskopu?
10. Šta radi Vera?

b. 1. Studirate li jugoslovensku književnost?
2. Koju knjigu sada čitate?
3. Koji je vaš omiljeni pisac?
4. Imate li roman „Gospođica"?
5. Svirate li klavir?
6. Koji je vaš omiljeni kompozitor?
7. Koji je vaš omiljeni sport?
8. Igrate li kolo?

II Stavite glagole u odgovarajući oblik (Put the correct verb endings):

1. Ja ... (čitati) „Politiku".
2. Mi ... (čitati) novu lekciju.
3. Vi ... (studirati) jugoslovensku književnost.
4. Oni ... (studirati) francuski jezik i književnost.
5. Nataša ... (gledati) Koru kako ... (igrati).
6. Vi ... (igrati) vrlo dobro.
7. Oni ... (svirati) Betovena.
8. Rita ... (imati) dobrog brata.

III Stavite ove rečenice u množinu *(Put these sentences into the plural)*:

1. Ona svira Šopena.
2. Igraš li tenis? Ne igram.
3. Ovaj student igra košarku.
4. Ja imam dobar klavir.
5. Čitaš li „Politiku"? Ne čitam.
6. Šta ona radi? Gleda (jedan) stari film.

IV Uradite ovo vežbanje kao u primeru *(Do this exercise as in the example)*:

Primer **A:** Naš klavir je dobar. Mi imamo ...
        B: Mi imamo *dobar klavir*.

1. Naš je stan mali. Mi imamo ...
2. Njegovo je odelo lepo. On ima ...
3. Ovo je nova kapa. Ja imam ...
4. Njegov otac je vrlo dobar. On ima ...
5. Verina torba je plava. Vera ima ...
6. Markovo pero je crno. Marko ima ...
7. Njihov sin je simpatičan. Oni imaju ...
8. Ovo je Andrićeva „Gospođica". Ona prevodi ...

V Stavite odgovarajući padežni nastavak gde je potrebno
(Put the correct case endings where necessary):

1. Naša koleginica svira ... *(Betoven)*.
2. Oni gledaju ... *(Kora)* kako igra ... *(kolo)*.
3. On ima ... *(brat)*, ali nema ... *(sestra)*.
4. One su u ... *(pozorište)* i gledaju ... *(Hamlet)*.
5. Moj brat studira ... *(jugoslovenska književnost)*.
6. Da li je vaš komšija kod ... *(kuća)*? Nije.
7. Čitam ... *(jedan divan roman)*. — Od ... *(ko)* je?
8. Ona gleda ... *(Robert)* kako igra ... *(košarka)*.

VI Pitanja i odgovori *(Questions and answers)*:

Primer **A:** Upitajte kolegu da li ima pero?
        B: *Kolega, imate li pero?*
        K: *Imam* (or) *Nemam.*

Upitajte kolegu da li
1. ima cigaretu.
2. ima danas čas srpskohrvatskog jezika.
3. studira jugoslovensku istoriju.
4. igra košarku ili tenis.
5. svira klavir.
6. ima Andrićevu „Gospođicu".

13

VII Stavite ove dve rečenice u jednu rečenicu pomoću reči KAKO

(Join these two sentences into a single sentence by using the word kako):

Primer **A:** Rita gleda Roberta. Robert igra košarku.
       B: Rita gleda Roberta *kako igra košarku.*

1. Ona gleda Marka. Marko radi u garaži.
2. Oni gledaju Anu i Džima. Ana i Džim igraju tenis.
3. On gleda Veru. Vera svira klavir.
4. Mi gledamo devojku i mladića. Devojka i mladić igraju kolo.
5. Marko gleda mehaničara. Mehaničar radi.

VIII Sastavite šest rečenica, po dve potvrdne, upitne i odrične

(Make six sentences: two affirmative, two interrogative and two negative).

IX Vežba za izgovor *(Pronunciation drill)*

1. Rȉta ȋgrā kȍlo.
2. Glȅdāmo dȍbār fȋlm.
3. Vȅra glȅdā rȕski fȋlm.
4. Òvō‿je dòbra ȉgra.
5. Ȉmāte‿li dànašnjū Polìtiku? Ȉmām.
6. Òni sada čìtajū „Polìtiku".
7. Od‿kòga‿je òvāj ròmān? Od‿Àndrića.
8. Stùdīrām ìstōriju.
9. Òna ìmā klàvir.
10. Šòpēn‿je njègov òmiljenī kompòzītor.

X Prevedite *(Translate):*

1. Cora and the other girls are dancing the kolo. Natasha isn't dancing. She's watching Kora dance. — Do you dance the kolo? — Yes, I do.
2. What's Jim doing now? — He's reading the novel "Gospodica" by Ivo Andrić. — Who is Ivo Andrić? — He's a great Yugoslav writer.
3. Have you got a cigarette? — Yes, I have. Here you are. — Thanks a lot. — Don't mention it.

ČETRNAESTA LEKCIJA

1.

Nada:	Znate li Ritu i Roberta?
Žena:	Znam
Nada:	Vidite li ih u parku?
Žena:	Nju vidim, a njega ne vidim.
Nada:	Šta radi Rita?
Žena:	Sedi na klupi. Pored nje je jedan dečak, a pored dečaka je vel'ki pas.
Nada:	A, to je sigurno Dejanov sin Saša. On ima velikog psa.

2.

/Saša čita „Sport" i jede čokoladu, a Rita jede sladoled./

Rita:	Šta čitaš, Saša?
Saša:	Čitam o fudbalu. Volite li sport?
Rita:	Volim, naročito košarku. A ti?
Saša:	A ja volim fudbal. Igrate li šah?
Rita:	Molim? Ne razumem te.
Saša:	Ne razumete me? Šah je . . . chess.
Rita:	A, da, igram šah. Pa ti govoriš engleski!
Saša:	Vrlo slabo. Učim ga četiri meseca. A koliko vi učite naš jezik?
Rita:	Dva meseca.
Saša:	Pa vi već dobro govorite!

3.

U kući Marka Markovića

U jednoj sobi sede Marko i Bojan. Oni čitaju i piju čaj, a Bojan jede i sendvič. Marko čita knjigu, a Bojan časopis.
Vera je u dnevnoj sobi. Ona plete džemper i pije kafu. Pored nje sedi Nada. I Nada pije kafu, ali ne plete. Branka sedi pored prozora i šije haljinu.
Sada je Marko u dnevnoj sobi.

4.

Vera:	Šta tražiš, Marko?
Marko:	Pero. Kod koga je moje pero?
Vera:	Kod mene je. Izvini... Za koga je to pismo?
Marko:	Za mene. Od oca je... (*Telefon*)
Vera:	Halo. Molim? Ne čujem vas dobro... Da, kod kuće je. Trenutak... Marko!
Marko:	Ko me traži?
Vera:	Traži te jedan drug...
Marko:	Halo... O, vi ste, kolega... Moja knjiga?... Kod vas je? A ja je tražim već dva dana... Dobro. U redu... Do viđenja.

ZAPAMTITE:

A:	*Kod koga je moje pero?*
B:	*Kod mene (Kod Branke).*

VEŽBE — DRILLS

1.

A: Šta rade Marko i Bojan?
B: Piju čaj.
A: Da li jedu?
B: Bojan jede, a Marko ne jede.

2.

A: Vidite li Marka?
B: Ne vidim ga.
A: A vidite li Veru?
B: Vidim je.

3.
A: Halo ... Ne čujem vas dobro.
B: Čujete li me sada?
A: Sad vas dobro čujem.

4.
A: Znate li Bojana i Brənku Marković?
B: Njega znam, a nju ne znam.

5.
A: Znate li onog čoveka?
B: Ne znam. Znate li ga vi?
C: Znam ga. To je moj kolega.

6.
A: Rita sedi u parku.
B: Ko sedi pored nje?
A: Pored nje sedi jedan dečak.

7.
A: Da li je kod tebe moje pero?
B: Nije. Da nije kod Bojana?
A: Nije kod njega.

8.
A: Kod mene je vaša knjiga.
B: Kod vas? A ja je tražim već dva dana.

STRUKTURE — STRUCTURES

1.	(ja) jĕdēm čokoladu (ti) jĕdēš (on) (ona) jĕdē	1. 2. 3.	(mi) jĕdēmo (vi) jĕdēte (oni) (one) jĕdū	*jĕsti* (to eat)
2.	(ja) pìjēm kafu (ti) pìjēš (oni) (ona) pìjē	1. 2. 3.	(mi) pìjēmo (vi) pìjēte (oni) (one) pìjū	*pìti* (to drink)

3.	Everybody likes him—her.	Everyone knows us here.
a.	Svako *njega (nju)* voli. *Njega (nju)* svako voli. Svako voli *njega (nju)*.	Svako *nas* zna ovde. *Nas* svako zna ovde. Ovde svako zna *nas*. Ovde *nas* svako zna.
b.	Svako *ga (je)* voli. Svako *me* zna. On *vas (te)* ne zna. Ne znam *ih*.	Everyone likes him — her. Everyone knows me. He doesn't know you. I don't know them.
4.	Koliko *ste* u Jugoslaviji? Koliko *učite* srpskohrvatski?	How long have you been in Yugoslavia? How long have you been learning Serbo-Croatian?

OBJAŠNJENJA — COMMENTS

1. Class I verbs *(Group 3)*

a. Class I verbs are divided into three groups. In this lesson the verbs belonging to the third group will be discussed.

Infinitive	Inf. stem	Pres. stem	1p. sg.	3p. pl.	
jȅsti	jed-	jede-	jȅdēm	jȅdū	to eat
plèsti	plet-	plete	plètēm	plètū	to knit

b. Group 3 verbs have an irregular formation of the infinitive, taking an **s** before the infinitive ending -ti: jesti (to eat), plesti (to knit). This **s** is derived from **d** (jed-ti) and **t** (plet-ti), but with the development of the language the **d** and **t** dropped out. These dropped consonants appear in the present tense and some other forms: je**d**em (I eat), plet**em** (I knit). In this way we can say that the infinitive stem of Group 3 verbs ends in a consonant, mostly in **t** and **d**. The present stem ends in the vowel -**e**. All the three groups of Class I verbs have the ending -**ū** (long **u**) in the third person plural of the present tense.

c. The present tense endings are: -**ēm**, -**ēš**, -**ē**, -**ēmo**, -**ēte**, -**ū**.

The Present Tense
Singular

1. jȅdēm (I eat)   plètēm (I knit)
2. jȅdēš (you eat)   plètēš (you knit)
3. jȅdē (he, she eats)   plètē (he, she knits)

Plural

1. jȅdēmo (we eat)   plètēmo or pletémo (we knit)
2. jȅdēte (you eat)   plètēte or pletéte (you knit)
3. jȅdū (they eat)   plètū (they knit)

2. Class IV verbs *(Group 1)*

a. Class IV verbs are divided into two groups. In this lesson the verbs belonging to the first group will be discussed.

Infinitive	Inf. stem	Pres. stem	1p. sg.	3p. pl.	
pȉti	pi-	pije-	pȉjēm	pȉjū	to drink
čȕti	ču-	čuje-	čȕjēm	čȕjū	to hear

b. The verbs of Group 1 may have the vowels -**i** or -**u** before the infinitive ending -**ti**: piti (to drink), čuti (to hear). The present **stem** ends in -**je**, and the third person plural of the present tense has the ending -**u** (long **u**).

    Many Group 1 verbs consist of only two syllables, and most of them have the short-falling accent (ˋˋ).

c. The present tense endings are: **-jēm, -jēš, -jē, -jēmo, -jēte, -jū**.

The Present Tense

Sing.: 1. pìjēm (I drink) *Plur.*: pìjēmo (we drink)
        2. pìjēš   pìjēte
        3. pìjē   pìjū

3. The present tense instead of the present perfect

The English present perfect simple or continuous can be used to express an action or state which began in the past and is still going on at the present, while Serbo-Croatian requires the present construction for this process.

Koliko **ste** u Beogradu?   How long have you been in B.?
Koliko **učite** naš jezik?   How long have you been learning our language?

4. Personal pronouns and their declension

a. Personal pronouns for the first (**ja, mi**) and second persons (**ti, vi**) have their own declension. In the genitive, dative, prepositional and instrumental cases singular **ja** and **ti** have the same endings as Class II feminine nouns (*žena*).

b. Personal pronouns for the third person both singular (**on, ona, ono**) and plural (**oni, one, ona**) belong to the pronominal declension. In the singular there is no difference in the declension between masculine and neuter pronouns, except in the nominative case.

N.: jâ — I	tî — you	ôn — he òno — it	òna — she
G.: mène = me	tèbe = te	njèga = ga	njê = je
A.: mène = me	tèbe = te	njèga = ga	njû = je = ju
V.:	tî!		
N.: mî — we	vî — you	òni (m) òna (n)	òne (f) — they
G.: nâs	vâs	njîh = ih	njîh = ih
A.: nâs	vâs	njîh = ih	njîh = ih
V.:	vî!		

5. Forms of some personal pronouns and their usage

The genitive, dative and accusative of personal pronouns (except: **mi** and **vi**) have two forms, a long or stressed form, for example: **njega** (him), and a short or unstressed one: **ga** (him).

The long forms are used:

a. at the beginning of a sentence or clause
     Njega svako voli.   Everybody likes him.

b. for emphasis or contrast
     Vidim **nju**, ali ne vidim **njega**.   I see her, but I don't see him.

c. *after prepositions*

  Kod **njega** je pero.   He has the pen.

  Stressed forms of personal pronouns can take almost any position in the word order:

  Svako **njega** voli.   **Njega** svako voli.   Svako voli **njega**.

6. Pronominal enclitics and their position

  The short or unstressed forms of personal pronouns are called pronominal enclitics. They never begin a sentence or clause. The position of the pronominal enclitic is as follows:

a. As the direct object it precedes a verb in the present tense both in the affirmative and negative forms only when (1) the subject begins the sentence, or (2) the subject is dropped and some other word precedes the enclitic:

  Mi **ga** vidimo, a oni **ga** ne vide. We (can) see him, and they
               (can't) don't see him.
  Sad **ga** ne vidimo.   Now, we don't see him.

b. The pronominal enclitic follows the verb if the subject is dropped, that is, when the sentence begins with a verb:

  Vidimo **ga**.   We see him.
  Ne vidimo **ga**.   We don't see him.

c. In questions the pronominal enclitic follows the interrogative particle **li** or the question marker **da li**:

  Vidite li **ga**?   Do you see him?
  Da li **ga** vidite?   Do you see him?

d. The pronominal enclitic follows conjunctions except the conjunctions **a** (but, and) and **i** (and), which are followed by long or stressed forms:

  Mi ga vidimo, ali **ga** oni   We see him, but they don't (see
  ne vide.   him).
  Vas svako voli, a **njega**   Everybody likes you, but not him
  ne voli.   (but he is not liked).

7. KO and ŠTA

  The following are the forms of the interrogative pronouns **ko** (who) and **šta** = **što** (what) for the genitive, accusative and prepositional cases singular:

  N. sg.: kȍ   štȁ = štȍ
  G. sg.: kòga   čèga
  A. sg.: kòga   štȁ = štȍ
  Prep. sg.: kòme = kòmu = kòm čèmu

NOTES

1. **t** and **d** are dental consonants. The dental **t** is dropped before **-c**:

    N. sg.: ota: (father)   G. sg.: **oca** (from **otca**)

2. **kod** may be followed by the genitive of the noun or pronoun to indicate possession. It is a common idiomatic expression.

    Kod mene je vaša knjiga.   Your book is with me.

3. The verb **razumeti** — to understand — belongs to *Class V* verbs. Only a few verbs belonging to this class have short **e** (è) for the infinitive stem, and long **ē** for the present stem. The third person plural has the ending **-jū**.

    inf.: razùmeti   *1p. sg.:* razùmēm   *3p. pl.:* ràzumejū

4. Verbs with one syllable in the present tense always have long-falling accent (^), because the vowel in the present tense is long:

    inf.: znàti (to know)   *pres. tense:* znâm (I know)

VEŽBANJA — EXERCISES

I Odgovorite na ova pitanja (*Give answers to these questions*):

a. 1. Pogledajte sliku broj jedan.
   Koga vidite u parku?
2. Znate li tu devojku i dečaka?
3. Šta jede Saša?
4. Koji sport on voli?
5. Razume li Rita Sašu?
6. Govori li Saša engleski?
7. Koliko Rita uči srpskohrvatski?
8. Piju li kafu Marko i Bojan?
9. Šta radi Vera?
10. Gde sedi Branka?
11. Kod koga je Markovo pero?
12. Kod koga je njegova knjiga?

b. 1. Igrate li šah? 2. Volite li čokoladu? 3. Pijete li kafu? 4. Koliko učite naš jezik? 5. Govorite li srpskohrvatski?

II Stavite istaknute reči u množinu (*Put the indicated words into the plural*):

A: *Igraš li* šah?
B: Molim? *Ne razumem te.*
A: Šah je „chess". *Igraš li* šah?
B: Sad *te razumem. Igram.* Pa *ti govoriš* engleski!
A: Slabo ga *govorim.*
B: *Učiš li* engleski u školi?
A: *Učim.*

14

III Stavite odgovarajući oblik glagola *(Put the correct verb form)*:
1. Ovaj dečak ... *(jesti)* sladoled.
2. Ova dva druga ... *(piti)* kafu, a žena ... *(piti)* čaj.
3. Gde je Marko? ... *(tražiti)* ga dva studenta.
4. On dobro ne ... *(znati)* naš jezik pa nas slabo ... *(razumeti)*.
5. **A**: ... *(plesti)* (vi) džemper ili haljinu?
   B: ... *(plesti)* džemper.
6. One ... *(šiti)* bele haljine.

IV Zamenite istaknute imenice zamenicama *(Change the indicated nouns with personal pronouns)*:
1. Rita sedi u parku. Ko sedi pored *Rite*? Jedan mladić.
2. Saša sedi na klupi. Pored *Saše* je veliki pas.
3. Znate li Bojana i Branku Marković? *Bojana* znam, a *Branku* ne znam.
4. Znate li ove devojke? Znamo *te devojke*. To su naše koleginice.

V Popunite ove rečenice ličnim zamenicama *(Complete these sentences with personal pronouns)*:
   Primer **A**: Ko traži *Bojana*? Traži ... jedan čovek.
   B: Traži *ga* jedan čovek.
1. **A**: Ko traži *Veru*? **B**: Traži ... jedna drugarica.
2. **A**: Gde su *Robert i Rita*? Ne vidim ... .
   B: Ja ... vidim. Sede na onoj klupi.
3. **Mi** igramo košarku. Oni ... gledaju kako igramo.
4. **A**: Jeste li *vi* inženjer Pavić? **P**: Jesam.
   A: Traži ... jedan drug.
5. **A**: Čija je *ova knjiga*? **B**: Moja.
   A: Čitate li ... sada? **B**: Ne čitam.
6. **A**: Saša, gde *si*? **S**: Tu sam.
   A: Traži ... majka.
7. **A**: Znate li *one dečake*? **B**: Ne znam ... .
8. **Jovan** igra fudbal, a Nada ... gleda kako igra.

VI Postavite pitanja za sledeće odgovore *(Make questions for the following answers)*:
1. One piju kafu. (Šta ... Vera i Nada)
2. Vidim ženu i jednog dečaka. (Ko ... u parku)
3. Njen džemper je plave boje. (Kakav ... Verin)
4. Traži ga jedan student. (Ko ... Marko)
5. Kod mene su vaše cigarete. (Kod ko ...)

VII Ne gledajte u tekst broj 2. Sećate li se delova razgovora? Pomoći će vam neke reči
(Don't look at the text No 2. Do you remember parts of the conversation? Some words will help you):
Rita: Šta ... Saša?
Saša: Čitam ... ... li sport?
Rita: Volim, naročito .... A ...?
Saša: A ja ... . Igrate ... ...?
Rita: Da, ...

VIII Vežba za izgovor *(Pronunciation drill)*

1. Jèdēm slàdolēd.
2. Nȁš brȁt mnȍgo jèdē.
3. Pìjēm čȁj.
4. Vȁš brȁt pìjē čȁj.
5. Vȍlīm čȁj.
6. Vȅra šȉjē.
7. Òna plètē hàljinu.
8. Za‿kòga‿je òvā hàljina? Za‿tèbe.
9. Kòga ne‿razùmēš? Njèga.
10. Kàkva‿je kàfa? Dòbra.
11. Ôn‿te trâžī.
12. Njȕ Mârko trâžī, a‿ne vâs.
13. Znâtē‿li‿ga vî?
14. Znâm. Znâ‿ga i‿môj sîn.

IX Prevedite *(Translate)*

1. Vera is at home now and is sitting in the living-room. Her sister is sitting beside her. They are having (drinking) coffee. Are they eating? — No, they aren't. — What's Vera doing? — She's knitting a sweater.
2. There are two letters on the table. Who are they for? — One is for you, and the other is for me.
3. How long have you been in Beograd? — Only (**tek**) four days.
4. Do you know that young man? — No, I don't. Perhaps Bojan knows him.

PETNAESTA LEKCIJA

1.
Jugoslavija ima šest republika, i u njoj živi preko 20 miliona stanovnika.

U Jugoslaviji ima visokih planina i ravnica, velikih šuma, mnogo reka i jezera, Jadransko more i vrlo mnogo ostrva. Jugoslavija je zemlja divnih prirodnih lepota i divnih starih spomenika.

Beograd je glavni grad Jugoslavije i ima preko milion i po stanovnika. On leži na ušću reke Save u Dunav.

Beograd je moderan grad. On ima lepe zgrade i parkove. Ima i veliki broj muzeja, škola, fakulteta, pozorišta i bioskopa. U njemu ima i veliki broj fabrika, kao, na primer, fabrika šećera, fabrika piva, fabrika nameštaja, fabrika traktora, itd.

2.
Na Jadranskom moru ima vrlo mnogo ostrva. Ovo je malo, ali lepo mesto na jednom ostrvu. U ovom mestu nema mnogo hotela. U njemu je samo jedan hotel, divna šuma i velika plaža. Na ovom ostrvu nema automobila.

3.

Jedna grupa studenata sedi na terasi hotela. Oni slušaju pevačicu kako peva narodne pesme. Ova pevačica narodnih pesama lepo peva i ima veoma prijatan glas.

Grupa devojaka i mladića igra narodne igre.

4.

Na obali ima mnogo ljudi. Tu je i jedna grupa putnika. Putnici stoje pored stvari i čekaju brod. Svi putnici ne stoje. Pet žena sedi. Četiri žene sede na klupi, a jedna sedi na kamenu. One gledaju mladiće i devojke u moru. Na moru ima mnogo čamaca.

VEŽBE — DRILLS

1.
Koliko ima republika u Jugoslaviji?
U njoj ima šest republika.

2.
Koliko ima stanovnika u Jugoslaviji?
Ima preko 20 miliona.

3.
Ima li mnogo ljudi na obali?
Ima.
Ko su ti ljudi?
Putnici.

4.
Da li svi putnici stoje?
Ne stoje.
Ko sedi?
Pet žena sedi.

15

5.

Ima li velikih parkova u vašem mestu?
Nema. Imamo samo dva mala, ali lepa parka.

6.

Ima li dobrih hotela na tom ostrvu?
Ima dva dobra hotela.
Imaju li lepu plažu?
Oba hotela imaju vrlo lepe plaže.

7.

Koliko ima stolova na terasi?
Ima deset velikih stolova.
A koliko ima malih?
Samo dva mala stola.

8.

Ko sedi na terasi hotela?
Grupa studenata sedi.
Koliko studenata stoji?
Dva studenta stoje.

STRUKTURE — STRUCTURES

1.	(jedan)	visok	mlàdīć	(jedan)	veliki	pȁs
	dva	visoka	mladića	dva	velika	psȁ
	pet	visokih	mladíćā	šest	velikih	pásā
	(jedan)	beo	brôd	(jedan)	mali	stô
	tri	bela	brȍda	četiri	mala	stòlə
	sedam	belih	brȍdōvā	osam	malih	stòlōvā
	(jedna)	dobra	knjìga	(jedna)	lepa	dèvōjka
	tri	dobre	knjìge	dve	lepe	dèvōjke
	devet	dobrih	knjȋgā	deset	lepih	dèvojākā
	(jedna)	crna	tórba	(jedna)	mala	pēć
	tri	crne	tórbe	tri	male	pèći
	deset	crnih	tórbī	pet	malih	pèćī
	(jedno)	plavo	pèro	(jedno)	belo	pìsmo
	dva	plava	pèra	tri	bela	pìsma
	osam	plavih	pérā	šest	belih	pîsāmā

2.	Tri	velika	broda	**su**	na	Savi.	... are ...
	Sedam	velikih	brodova	**je**		Dunavu.	... are ...

3.	Ljudi	gledaju	**velike**	**brodove.**	(Acc. pl.)
	Oni	pevaju	**narodne**	**pesme.**	(Acc. pl.)

OBJAŠNJENJA — COMMENTS

1. The genitive plural of nouns

The genitive plural endings for nouns are:

Case	masculine class I	neuter class I	feminine class II	feminine class III
N. pl.	mladìći	pèra	žène	stvâri
G. pl.	mladíćā	pérā	žénā	stvárī
	-a	-a	-a	-ī

a. The two final syllables of the noun are always long in the genitive plural. Its length distinguishes it from the genitive singular of masculine and neuter nouns, where the last vowel is always short.

G. sg.:	mladìća	pèra
G. pl.:	mladíćā	pérā

With Class II feminine nouns attention should be paid to the nominative singular and the genitive plural:

N. sg.:	žèna	kùća
G. pl:	žénā	kûćā

With Class III nouns attention should be paid to the nominative and genitive plural: *N. pl.* stvâri, *G. pl.:* stvárī.

b. With some Class I masculine nouns the movable **a** reappears in the genitive plural:

N. sg.:	Amerikánac	písac
N. pl.:	Amerikánci	písci
G. pl.:	Amerìkānācā	pîsācā

c. Masculine nouns of foreign origin usually ending in a consonant group whose final consonant is **t** in the nominative singular, have **a** in between the consonants in the genitive plural:

N. sg.:	stùdent	dirìgent (orchestra conductor)
G. sg.:	stùdenta	dirìgenta
G. pl.:	stùdenātā	dirìgenātā

d. Most neuter nouns ending in a consonant group other than **-st, -št, -šć, -zd,** have the movable **a** only in the genitive plural:

N. sg.:	písmo	jùtro		mèsto
G. sg.:	písma	jùtra	**but**	mèsta
G. pl.:	pîsāmā	jùtārā		mêstā

e. Most Class II feminine nouns whose stem ends in a consonant group, often have the movable **a** in the genitive plural:

N. sg.:	dèvōjka	zèmlja	sèstra
G. sg.:	dèvōjkē	zèmljē	sèstrē
G. pl.:	dèvojākā	zemāljā	sestārā

Many Class II feminine nouns whose stem ends in a consonant group other than **-st, -št, -zd, -žd, -šć** take the ending **-i** for the genitive plural to avoid using the movable **a**:

N. sg.:	mâjka	Jugoslòvēnka	tórba
G. sg.:	mâjkē	Jugoslòvēnkē	tórbē
G. pl.:	mâjkī	Jugoslòvēnkī	tórbī

f. *The accent.* All nouns do not retain the same stress in the genitive plural. There is often a change of stress through the insertion of the movable **a** and the prolongation of the noun by one syllable, or for some other reasons.

In many monosyllabic Class I masculine nouns (with a short plural form), the short-rising accent (`) of the singular changes into either the long-falling (^) or the long-rising accent (´) in the genitive plural:

N. sg.:	Rùs	pàs	kònj (horse)
N. pl.:	Rùsi	psȉ	kònji
G. pl.:	Rûsā	pásā	kónjā

The short-falling (ˮ) or the short-rising accent (`) of many bisyllabic Class I neuter nouns remain in all the cases except the genitive plural, where it is changed into either the longfalling (^) or the long-rising accent (´):

N. sg.:	mèsto	kòlo	pèro
N. pl.:	mèsta	kòla	pèra
G. pl.:	mêstā	kôlā	pérā

The short-falling accent (ˮ) of most bisyllabic Class II feminine nouns having the movable **a** in the genitive plural, remains in all the cases of the singular and plural. But if these nouns have no movable **a** in the genitive plural, the short-falling accent (ˮ) is changed into the long-falling (^) or the long-rising one (´) in the genitive plural:

N. sg.:	pȅsma	mȁčka (cat)	kȕća	knjȉga
N. pl.:	pȅsme	mȁčke	kȕće	knjȉge
G. pl.:	pȅsāmā	mȁčākā	kûćā	knjîgā

2. The genitive plural of adjectives and pronouns

-ih is the genitive plural ending for all three genders of all adjectives and pronouns:

Case	Masculine	Neuter	Feminine
N. pl.	lepi, moji, kakvi	lepa, moja, kakva	lepe, moje, kakve
G. pl.	l e p i h	m o j i h	k a k v i h

3. The accusative plural of nouns adjectives and pronouns

The accusative plural ending for feminine and neuter nouns and their modifiers (adjectives and pronouns) is the same as the nominative plural:

Ovde su vaše knjige (vaša pera).	Your books (pens) are here.
Vidimo **vaše knjige** (**vaša pera**).	We see your books (pens).

4. MNOGO and KOLIKO followed by the genitive

mnogo (much, many, a lot) and **koliko** (how much — many) indicating quantity may be followed either by the genitive singular or the genitive plural. They modify both countable and uncountable nouns. If followed by an uncountable noun, the genitive singular is used; if followed by a countable noun, the genitive plural is used:

Koliko imate sestara?	How many sisters have you got?
Koliko imate čaja?	How much tea have you got?
Na obali ima **mnogo** ljudi.	There are many people on the shore.

5. IMA — NEMA

ima, which is the third person singular of **imati,** and its negative form **nema** may be used as an impersonal verb meaning "to exist", and corresponds to the English "there is (not), there are (not)". The noun indicating what is said to exist is in the nominative for singular nouns and the genitive for plural nouns (only countables) or the genitive singular (uncountables, meaning indefinite quantity):

Ima li ovde dobar hotel?	Is there a good hotel here?
Ima li čaja?	Is there any tea?
U gradu **ima** lepih parkova.	There are some nice parks in the city.
U našem mestu **nema** velikih parkova.	There are not any big parks in our place.

6. Cardinal numbers

Cardinal numbers from 12—19 are formed by adding the suffix **-naest** to the numbers 2—9. The suffix **-aest** is added to **jedan** (1) to form the number **jedanaest** (11). Remember that the suffix **-naest** is added to **četr-** to form **četrnaest** (14), and to **šest** to form **šesnaest** (16).

Numbers 0—20

nùla	0	sèdam	7	četŕnaest	14
jèdan	1	ösam	8	pètnaest	15
dvâ	2	dĕvēt	9	šèsnaest	16
trî	3	dĕsēt	10	sedàmnaest	17
čètiri	4	jedànaest	11	osàmnaest	18
pêt	5	dvánaest	12	devètnaest	19
šêst	6	trínaest	13	dvádesēt	20

15

The noun following numerals 5 onwards takes the genitive plural, as do its modifiers. The accompanying verb is usually in the singular.

Na terasi **sedi** 10 englesk**ih** studen**ata**.	Ten English students are sitting on the terrace.
Pet mlad**ih** žen**a** **stoji**.	Five young women are standing.
Ovde **ima** sedam velik**ih** jezer**a**.	There are seven big lakes here.

NOTES

ljûdi (men, people) is the irregular plural of **čovek** (man). The genitive plural has the long-rising accent (′) — ljúdī.

VEŽBANJA — EXERCISES

I Vežbajte ove rečenice *(Practise these sentences)*:

a. 1. Beograd je glavni grad *Jugoslavije*.
2. Beograd leži na ušću *reke Save* u Dunav.
3. Ovo mesto ima veliku fabriku *piva*.
4. Oni sede na terasi *hotela*.
5. Oni žive na jednom ostrvu *Jadranskog mora*.

b. 1. Beograd ima preko milion i po *stanovnika*.
2. U njemu ima veliki broj *muzeja i pozorišta*.
3. Na Jadranskoj obali ima vrlo *lepih turističkih mesta*.
4. Jugoslavija je zemlja *divnih prirodnih lepota*.
5. U njoj ima mnogo *planina i šuma*.
6. Grupa *mladića i devojaka* igra kolo.
7. On je pevač *narodnih pesama*.
8. Stvari *ovih putnika* su u hotelu.

II Odgovorite na ova pitanja *(Give answers to these questions)*:

1. Koliko republika ima u Jugoslaviji?
2. Koliko stanovnika živi u njoj?
3. Kakva je zemlja Jugoslavija?
4. Kakvih planina i šuma ima u njoj?
5. Koji je glavni grad Jugoslavije?
6. Kakav je grad Beograd?
7. Koliko ima stanovnika?
8. Gde leži Beograd?
9. Kakvih ima fabrika u njemu?
10. Ko sedi na terasi hotela?
11. Ko peva narodne pesme?
12. Koliko žena sedi na obali?

III Stavite imenice u odgovarajući oblik padeža *(Put the nouns into the correct case forms)*:

a. 3 *(žena)*, 13 *(žena)*. b. 2 *(brod)*, 12 *(brod)*.
c. 3 *(sto)*, 20 *(sto)*. d. 4 *(pismo)*, 14 *(pismo)*.
e. 2 *(Jugoslovenka)*, 6 *(Jugoslovenka)*.
f. 4 *(zemlja)*, 11 *(zemlja)*. g. 2 *(park)*, 8 *(park)*.

IV Stavite odgovarajući padež *(Put the correct case endings)*:
1. Oni gledaju ... *(mladići)* kako igraju kolo.
2. U ... *(ovo mesto)* ima mnogo ... *(stara kuće)* i ... *(park)*.
   U ... *(jedan veliki park)* ima sedam ... *(spomenik)*.
3. Na ... *(naša obala)* ima vrlo ... *(lepa turistička mesta)*.
4. U ... *(Beograd)* ima mnogo ... *(fabrika)*, kao, na primer, fabrika ... *(nameštaj)* i fabrika ... *(traktor)*.
5. Njen sin ima mnogo ... *(drug)*. Jedan njegov drug ima pet ... *(sestra)* i dva ... *(brat)*.
6. Na ... *(ovo ostrvo)* ima ... *(divne šume)* i ... *(velike plaže)*.
7. Na ... *(naš univerzitet)* ima veliki broj ... *(strani studenti)*.
8. Ovde ima mnogo ... *(brod i čamac)*.

V Koji je oblik pravilan? *(Which form is correct?)*
1. Na ovom ostrvu nema
   a. *automobili*   b. *automobile*   c. *automobila*
2. Njegova supruga ima pet
   a. *kišobrane*   b. *kišobrana*   c. *kišobrani*
3. Ona ima deset
   a. *nova haljina*   b. *nove haljine*   c. *novih haljina*
4. On puši
   a. *engleske cigarete*   b. *engleska cigareta*   c. *engleskih cigareta*
5. Na reci ima mnogo
   a. *brodovi*   b. *brodova*   c. *brodove*

VI Vežba za izgovor *(Pronunciation drill)*
1. Kȍ pȇvā mȍdērnē pȅsme? Nȃš brȁt.
2. Vȃš brȁt pȇvā vȅselū pȅsmu.
3. Vȅra slȕšā pȅsme.
4. Nȃša‿je kȕća na‿ȍstrvu.
5. Tȃmo‿je vȅlikā šȕma.
6. Sàda‿smo u‿fàbrici šȅćēra.
7. U‿òvōj fàbrici ìmā osàmnaēst dèvojākā.
8. Plā́ža‿je lépa.
9. Na‿plā́ži‿je dvádesēt ljúdī.
10. Ovde‿je dvánaēst žénā.
11. Ovde žívī dvádesēt mìliōnā ljúdī.
12. Njên glȃs‿je lȇp.
13. Tȕ‿je pêt mȃlīh kȕćā.

VII a. Opišite svoju zemlju *(Describe your country)*
   b. Opšite mesto u kome živite *(Describe the place in which you live)*

VIII Prevedite *(Translate)*
1. Yugoslavia is a pretty country. In Yugoslavia there are many mountains, forests and rivers. In it there are also big and small lakes, and many islands.
2. A group of girls and young men are sitting on the coast by the hotel and are listening to a girl singing. She is singing some folk songs, and has a lovely voice.

ŠESNAESTA LEKCIJA

Koliko je sati?

1. jedan sat
2. dva sata
3. dvanaest sati

Koliko je sada sati (časova)?

4. 9 sati i 5 minuta
   ili
   9 časova i 5 minuta
   ili
   devet i pet

5. 9 sati i 15 minuta
   ili
   devet i petnaest
   ili
   devet i četvrt

6. 9 sati i 30 minuta
   ili
   devet i trideset
   ili
   devet i po

A: **Znate li tačno vreme?**
B: **Znam. Sada je ...**

7. 20 minuta do 10
   ili
   dvadeset do 10
   ili
   9 i 40

8. 15 minuta do 10
   ili
   petnaest do 10
   ili
   četvrt do 10
   ili
   9 i 45

9. 5 minuta do 10
   ili
   pet do 10
   ili
   9 i 55

16

1.

Sada je 6 i po ujutru. Branka i Bojan se žure na posao. Branka se žuri u kancelariju, a Bojan u bolnicu. Njihovo radno vreme je od 7 do 3.

Profesor Marković ne ide sada na fakultet, jer njegovi časovi počinju u devet sati.

Žuri li se Vera Marković u školu? Ne žuri se. Zašto se ne žuri? Zato što ima slobodno prepodne. Ona ide u školu posle podne, a njeni časovi počinju u dva sata.

Sada je blizu sedam.
Kuda se Bojan žuri?
Žuri se u bolnicu.

Sada je 10 minuta do 7.
Kuda ide Branka? Na posao.

Sedam je časova.
Branka je sada na poslu.

2.

Sada je 11 sati pre podne. Na ulici ima mnogo sveta, jer je danas nedelja. Ova dva dečaka su Saša i njegov drug. Kako se zove Sašin drug? Zove se Miša. Saša i Miša su dobri drugovi. Oni često idu u park kad je lepo vreme.

3.
Saša i Miša su sada u parku i igraju fudbal. U parku ima mnogo male dece. Deca se igraju, a ljudi se šetaju ili sede na klupi. Svi su zadovoljni, jer je danas divan dan.

ZAPAMTITE:

> *Koliko je sati? Dva sata.*
> *Moj čas počinje u pet sati.*
> *Kuda se žurite? Na posao.*

VEŽBE — DRILLS

1.
A: Gde radi Vera?
B: U školi.
A: Kuda ide sada?
B: U školu.

2.
A: Gde je Branka?
B: Na poslu.
A: Kuda ide sada?
B: Na posao.

3.
A: Gde živi vaš otac?
B: U Sarajevu.
A: Idete li često u Sarajevo?
B: Idem.

4.
A: Koliko je sati?
B: Pet sati i deset minuta.
A: Pet i deset? Hvala.
B: Molim.

5.
A: U koliko sati počinje vaš čas?
B: U devet. Koliko je sada?
Dva minuta do devet!

6.
A: Kuda se žuriš?
B: Žurim se na čas.
A: I ja se žurim. Idem na fakultet.

7.
A: Da li se vi zovete Jovan?
B: Ne zovem se.
A: Kako se zovete?
B: Zovem se Dejan.

8.
A: Ima li mnogo dece u parku?
B: Ima.
A: Šta rade deca?
B: Igraju se.

OBJAŠNJENJA — COMMENTS

1. Reflexive verbs

a. Many transitive verbs can be made reflexive by taking the reflexive pronoun **se** (oneself) as the object, thus forming one unit.

    trans. v.: ìgrati (to dance)   obláčiti (to dress)
    refl. v.: **ìgrati se** (to play)   **obláčiti se** (to dress oneself)

The Present Tense

Affirmative

1. ja	se	igrām	*or*	igrām	se	(I play or I am playing)
2. ti	se	igrāš		igrāš	se	

3. on
    ona
    ono
	se	igrā		igrā	se	

1. mi	se	igrāmo		igrāmo	se	
2. vi	se	igrāte		igrāte	se	

3. oni
    one
    ona
	se	igrajū		igrajū	se	

Interrogative form: Ȉgrāš li se (tȋ) *or* Da li se (tȋ) igrāš? etc.
Negative form: Jȃ se nè igrām *or* Nè igrām se, etc.

b. se is an enclitic. It is used for any of the three persons in either number and is not changed in person, gender and number. If the subject is used in the sentence, **se** precedes the verb; if the subject is omitted, it follows the verb. If there are some other enclitics (verbal or pronominal) in the sentence, **se** takes last position.

Oni **se** igraju u parku.   They are playing in the park.
Šta radite? Igramo **se.**   What are you doing? We are playing.

c. The reflexive pronoun **se** is not always a sign of a truly reflexive verb. Many verbs which are not reflexive in English are reflexive in Serbo-Croatian: **igrati se** (to play), **šetati se** (to go for a walk).

2. IĆI

ići = ići — to go — is an irregular verb belonging to Class Ib verbs whose infinitive ends in **-ći**. The verb **ići** is derived from **id-ti** but with the development of the language the **t** changed into **ć**. Its present stem is **-id**. This verb describes intended motion or motion in process.

The Present Tense

Sing:	1. idēm = ȉdēm	*Plur.*:	idēmo = ȉdēmo
	2. idēš = ȉdēš		idēte = ȉdēte
	3. idē = ȉdē		idū = ȉdū

3. NA and U with the accusative and the prepositional

a. Some prepositions can be used with two or more cases, as for example the preposition **u** (in, into, inside) and **na** (on, upon, on top of, to) which can take both the accusative and the prepositional cases.

b. With the p r e p o s i t i o n a l case **u** and **na** indicate the place where an action is performed and where something is located:

Vera je **u** školi.	Vera is in school.
Deca se igraju **u** parku.	The children are playing in the park.
On radi **na** fakultetu.	He works at the University (faculty).
Na ulici ima mnogo sveta.	There are many people in the street.

c. With the a c c u s a t i v e case the prepositions **u** and **na** mean **to, into** indicating a specific place toward which the motion is directed. The accusative is used after verbs of motion or direction, usually answering the question **kuda?** — where to? This word may correspond to the archaic word **whither** or the German "wohin":

Oni idu **u** park.	They are going to the park.
Ona ide **u** školu.	She is going to school.
On ide **na** fakultet.	He is going to the university (faculty).
Ona se žuri **na** posao.	She is hurrying to work.

The following nouns require the preposition **na**:

Idem **na** fakultet (**na** čas)	... to the faculty (to class)
na posao (**na** poštu)	... to work (to the post-office)
na more	.. to the seaside

4. Class IIa verbs

a. Class IIa verbs have different roots both for the infinitive and present stems. The infinitive stem ends in **-a** which disappears in the present and the imperative. The present stem ends in **-e**.
b. The present tense endings are: **-ēm, -ēš, -ē, -ēmo, -ēte, -ū**.

Infinitive	Inf. stem	Pres. stem	1p. sg.	3p. pl.	
prăti	pra-	pere-	pèrēm	pèrū	to wash
zvăti se	zva-	zove-	zòvēm se	zòvū se	to be called

The Present Tense

Sing.:	1. zòvēm se		Plur:	zòvēmo se	
	2. zòvēš se			zòvēte se	
	3. zòvē se			zòvū se	

Kako se zovete? Zovem se ...   What's your name? My name is ...

5. The genitive plural of some masculine nouns

Several masculine nouns take -i as the genitive plural ending when preceded by numerals (from five on) or adjectives of quantity. These nouns are:

N. sg.: mèsēc (month)	sât (hour)	mìnūt (minute)
G. pl.: mesécī	sátī	minútī or minútā

The noun **minut** also has the ending -a in the genitive plural (**minútā**), which is widely used and is preferable.

6. SAT — ČAS

The noun **sât** has the following meanings: hour, o'clock, clock, watch. When **sat** means "watch" or "clock" it has the plural form with the stem extension in -ov: N. sg. **sat**, N. pl.: **sátovi** G. pl.: **sátōvā**

Sada je pet **sati**.	It's five o'clock now.
On radi osam **sati**.	He works eight hours.
Ovo je stari **sat**.	It's an old clock (watch).

The noun **čàs** (N. pl.: **čàsovi**) may be used instead of **sat** meaning "hour" or "o'clock":

Koliko je **časova**?   What's the time?

Sada je { dva **časa**. / pet **časova**. }   It's { 2 o'clock / 5 o'clock } now.

7. Cardinal numbers 20—99

20 dvádesēt
21 dvádeset jèdan *or* dvádesēt i jèdan
22 dvádesēt dvâ *or* dvádesēt i dvā, etc.
30 trídesēt
40 četrdèsēt
50 pedèsēt
60 šezdèsēt
70 sedamdèsēt
80 osamdèsēt
90 devedèsēt

a. **dvadeset** (20), **trideset** (30) and on are compound cardinals consisting of two words. For example: dva (2) compounded with **deset** (10) form **dvadeset**, etc. They are followed by the genitive plural.

b. Nouns following any compound cardinal whose last element is

(1) **jedan** (one) require the singular:

dvadeset (i) jedan **veliki prozor**	(21 big windows)
pedeset (i) jedna **velika kuća**	(51 big houses)

16

(2) **dva** (two), **tri** (3) or **četiri** (4) require the genitive singular for masculine and neuter nouns, but feminine nouns take the nominative plural (**dve** — two):

trideset (i) dva **velika prozora** (32 big windows)
pedeset (i) dve **velike kuće** (52 big houses)

(3) **pet** (5), **šest** (6), **sedam** (7), **osam** (8) or **devet** (9) take the genitive plural:

šezdeset sedam **velikih prozora** (67 big windows)
četrdeset devet **velikih kuća** (49 big houses)

c. If a preposition governs a cardinal number, the accent is transferred to this preposition, and is short-falling ("):

dvádesēt dö deset   twenty to ten

8. DECA

The noun **déte**, ijek. **dijète** (child), has no plural form. For the plural the collective noun **dèca**, ijek. **djèca** (children) is used and is declined as Class II feminine nouns in the singular, but takes a plural verb. The modifiers are of feminine gender singular:

Mala se **deca** igraju.   Small children are playing.

VEŽBANJA — EXERCISES

I Vežbajte ove rečenice *(Practise these sentences):*

1. Idem u školu u 8 časova.
2. Mi smo sada u školi.
3. Naši časovi počinju u 9 sati.
4. Koliko je sati? 8 sati i 45 minuta.
5. Njihovo je radno vreme od 7 do 3.
6. Oni rade u fabrici satova.
7. On se žuri na posao.
8. Ona je sada na poslu.
9. Kako se zove vaš profesor?
10. Zove se Marko Marković.
11. Njena deca idu u park.
12. Njena se deca igraju u parku.

II Odgovorite na ova pitanja *(Give answers to these questions):*

a.
1. Kuda se Bojan žuri?
2. Koje je njegovo radno vreme?
3. Kuda se Branka žuri?
4. Kada profesor Marković ide na fakultet?
5. Ide li Vera u školu pre podne?
6. Kad počinju njeni časovi?
7. Zašto danas ima mnogo sveta na ulici?
8. Kuda idu Saša i Miša?

b.
1. Kako se zovete?
2. Kako se zove vaš nastavnik srpskohrvatskog jezika?
3. Koliko je sada sati?
4. Koje je vaše radno vreme?
5. Žurite li se na posao (u školu)?
6. Koji je broj vašeg telefona?
7. Koji je broj vaše učionice?
8. Šetate li se često?

III Pogledajte ove časovnike i recite koliko je sati *(Look at these clocks and tell the time)*:

14.25   11.35   16.30   7.10   11.45

IV Stavite u odgovarajući padež *(Put the correct case endings)*:
1. Naš čas počinje u 6 ... *(sat)* posle podne.
2. Sada je 2 ... *(sat)* i 30 ... *(minut)*.
3. On ne radi 23 ... *(dan)*, jer je u ... *(bolnica)*.
4. Koliko imate ... *(student)*? Imamo 54 ... *(student)*.
5. U ... *(ova učionica)* ima 35 ... *(stolica)*.
6. Oni imaju 60 ... *(jugoslovenska knjiga)*.
7. Koji je broj ... *(vaša kuća)*? 96
8. Koji je broj ... *(vaš stan)*? 88.

V Odgovorite na pitanja kao u primeru *(Give answers to the questions as in the example)*:

Primer A: Gde radite? *(pozorište)*
         B: Radim *u pozorištu.*
         A: Kuda idete? *(pozorište)*
         C: Idem *u pozorište.*

1. Gde radite? ...   Kuda idete? ... *(preduzeće)*
2. Gde radite? ...   Kuda idete? ... *(škola)*
3. Gde radite? ...   Kuda idete? ... *(fakultet)*
4. Gde radite? ...   Kuda idete? ... *(fabrika)*

VI Stavite u odgovarajući padež *(Put the correct case endings)*:
1. Ko radi na ... *(pošta)*? Markova sestra.
2. Marko ide sada na ... *(pošta)*.
3. Markova sestra je sada na ... *(posao)*.
4. Ova dva dečaka idu u ... *(park)*.
5. Ovaj se čovek žuri na ... *(posao)*.
6. Ljudi se šetaju u ... *(park)*.

VII Odgovorite na ova pitanja kao u primeru *(Give answers to these questions as in the example)*:

Primer A: Kako se zove tvoj drug? *(Miša)*
         B: *On se zove Miša.*
            Zove se Miša.

1. Kako se zovete? *(Nataša)*
2. Kako se zovu Verina deca? *(Bojan i Branka)*
3. Kuda se Branka žuri? *(Na posao)*
4. Kuda se žure studenti? *(Na čas)*
5. Gde se igraju mala deca? *(U parku)*

VIII Vežba za izgovor *(Pronunciation drill)*

1. Ìdēm u‿pȁrk.
2. Ȉdēmo na‿pȍštu.
3. Sȁša ȉdē u‿škȍlu.
4. Ȉdēte‿li na‿čȁs? Ȉdēm.
5. Kàko‿se zòvēte?
6. Zòvēm‿se Bòjan.
7. Kàko‿se zòvē njègova žèna?
8. Òna‿se zòvē Àna.

IX Prevedite

1. What's your brother's name? — Sasha. — Does he go to school? — Yes, he does. — Is he at home now? — No. He's at school now.
2. Why are you in a hurry? Where are you going? — To my Serbo-Croatian class. — At what time does your class begin? — At 11 o'clock. Where are you going? — I'm going to the library.

TREĆE DOPUNSKO ŠTIVO

1.

Kora: Kako provodite vikend?
Marko: Subotom smo obično kod kuće osim Bojana, koji radi svake druge subote. Vera ima mnogo posla u kući pa retko izlazimo. Branka je zauzeta uveče, jer ima časove francuskog jezika. Nedeljom smo svi slobodni.
Kora: Šta radite nedeljom?
Marko: Kad je lepo vreme, skoro svake nedelje idemo na izlet. Obično idemo na selo do Verine sestre Nade. Ona ima vikendicu u jednom selu na Dunavu.
Kora: Kakvo je selo?
Marko: Vrlo lepo. U njemu ima mnogo vikendica, lepih vrtova i mnogo voćnjaka.
Kora: Izlazite li uvčče?
Marko: Katkad idemo u pozorište ili do prijatelja. Obično čitamo ili gledamo televiziju kad ima nešto interesantno na programu.

2.

Kora: Danas je nedelja. Izlazite li večeras?
Marko: Večeras svi izlaze osim mene. Ja ne izlazim, jer se ne osećam dobro. Vera i njena koleginica idu na koncert. Bojan,

Treće dopunsko štivo

	Ana i Džim idu na balet. Oni gledaju ,,Ohridsku legendu".
Kora:	Čija je muzika?
Marko:	Od našeg kompozitora Stèvāna Hrístića. Branka, Robert i Rita idu u operu.
Kora:	Šta se daje večeras?
Marko:	Daje se ,,Éro s ònogā svȉjeta". Muzika je od Jakova Gotovca, a večeras pevaju članovi Zagrebačke opere. Kuda vi idete?
Kora:	U bioskop.

ZAPAMTITE:

> **A:** *Šta se daje u operi?*
> **B:** *Daje se Ero s onog svijeta.*
> *Koji je dan danas?*
>   Danas je ponedeljak.
>   utorak.
>   sreda.
>   četvrtak.
>   petak.
>   subota.
>   nedelja.

NOTES

1. In answer to the question *Koji je dan danas?* the noun is given in the nominative: Danas je *subota* — Today is Saturday.

2. When the noun is preceded by a modifier, the genitive is used: *svake subote* — every Saturday; *svakog dana* — every day.

3. These nouns can be used as an expression of time when a repeated action is performed, and take the instrumental case ending **-om**. This use has an adverbial function: *nedeljom* (on Sundays), *utorkom* (on Tuesday).

VEŽBANJA — EXERCISES

I Vežbajte ove rečenice *(Practise these sentences):*

1. Njen brat radi svake druge subote.
2. Subotom smo obično kod kuće.
3. Nedeljom idemo na izlet.
4. Danas idemo na selo.
5. Njegovi roditelji žive na selu.
6. Večeras idemo do naših prijatelja.
7. Šta se danas daje u Narodnom pozorištu?
8. Danas se daje ,,Ohridska legenda".

II Odgovorite na ova pitanja *(Answer these questions):*

a. 1. Zašto Vera retko izlazi subotom?
   2. Da li Bojan radi subotom?
   3. Zašto je Branka zauzeta subotom?

Treće dopunsko štivo

4. Kuda idu Vera i Marko nedeljom?
5. Gde ima Nada vikendicu?
6. Kakvo je to selo?
7. Zašto Marko danas ne izlazi?
8. Šta gledaju Bojan, Ana i Džim u pozorištu?
9. Šta se večeras daje u operi?
10. Ko peva u toj operi?

b. 1. Kako provodite slobodno vreme?
2. Izlazite li subotom?
3. Idete li na izlet svake nedelje?
4. Gledate li televiziju svakog dana?
5. Da li je danas dobar program na televiziji?
6. Idete li večeras u pozorište?
7. Idete li često u operu?
8. Igrate li balet?

III Stavite odgovarajući oblik padeža *(Put the correct case endings)*:

1. **A:** Kuda idete večeras?
   C: *opera*
   B: Idem u ...

2. **A:** Ko peva?
   C: *Zagrebačka opera*
   B: Pevaju članovi ...

3. **A:** Gde peva njen brat?
   C: *ova opera*
   B: Peva u ...

4. **A:** Čiji je on član?
   C: *Zagrebačka opera*
   B: On je član ...

5. **A:** A šta vi radite?
   C: *televizija*
   B: Gledam ...

6. **A:** Gde je Vera?
   C: *koncert*
   B: Ona je na ...

7. **A:** Kada Branka ima časove francuskog jezika?
   C: *utorak i četvrtak*
   B: Ona ima časove ...

8. **A:** Šta ima u ovom selu?
   C: *lep vrt i voćnjak*
   B: Ima mnogo ...

IV Popunite praznine predlozima U ili NA (Fill in the blanks with *u* or *na*):

1. **A:** Kuda idete svake nedelje?
   B: Idemo ... izlet.
2. **A:** Gde ona ima vikendicu?
   B: ... jednom lepom selu ... Dunavu.
3. **A:** Kuda danas idu deca?
   B: Idu ... (reku) Savu.
4. **A:** Koliko ste ... Jugoslaviji?
   B: Deset dana.
5. **A:** Kuda oni idu večeras?
   B: Idu ... koncert.
6. **A:** Kad počinje predstava (prèdstava — performance)
   B: Počinje ... 8 časova.
7. **A:** Ima li danas nešto dobro ... televiziji?
   B: Ima.
8. **A:** Kuda se ona žuri?
   B: Žuri se ... čas francuskog jezika.

137

Treće dopunsko štivo

V Stavite odgovarajući oblik glagola *(Put the correct form of the verbs in brackets)*:
1. Mi večeras ne ... *(izlaziti)*. ... *(izlaziti)* vi?
2. Kuda ... Džim ... *(žuriti se)*? ... *(žuriti se)* u operu.
3. Ja danas ne ... *(izlaziti)*, jer ... *(ne osećati se)* dobro.
4. Gde ... oni ... *(šetati se)* svakog dana? ... *(šetati se)* u parku.
5. Kako ... vi ... *(osećati se)* danas? ... *(osećati se)* vrlo dobro.

VI Dajte druge reči za *(Give other words for)*:
1. mala kuća na selu. 2. sedam dana. 3. sat. 4. 90 minuta. 5. zato što. 6. ovo veče.

VII Dajte suprotno značenje ovih reči *(Give a contrast for these words)*:
1. slobodan. 2. često. 3. pre podne. 4. ujutru.

VIII Sastavite pitanja *(Make questions)*:
1. Na izlazim. 2. Idem. 3. Danas je sreda. 4. Subotom. 5. Ana večeras ide na balet.

IX Diktat *(Dictation)*

Kad je nedeljom lepo vreme, idem do brata. Moj brat ima vikendicu u jednom velikom selu. To selo leži na Savi. U tom selu ima mnogo vikendica, lepih vrtova i mnogo voćnjaka. I moj brat ima lep voćnjak.

X Prevedite

A: Robert and Rita are going to the cinema. B: Which cinema? A: The Odeon (Òdeon m). B: What's on at the Odeon? The films at that cinema are usually good. A: A Yugoslav film is on. B: Which film? A: The Battle *(bìtka* f) on the Neretva (the *Nèretva* f a river). It's a war film (war — *ràtnī, -ā, -ō* adj.). B: When do the performances begin? A: At 2, 4, 6, and 8. They're going at 6.

SEDAMNAESTA LEKCIJA

1.
Bojan i Branka žive sa roditeljima. Oni stanuju u jednom novom naselju daleko od centra grada. Oni moraju rano da idu na posao, jer stanuju daleko, a rade u centru grada. Bojan ide na posao autobusom, a Branka ide trolejbusom.

2.
Svakog jutra Bojan doručkuje kod kuće. Odmah posle doručka ide u bolnicu. Branka ne doručkuje kod kuće. Ona ne voli da jede rano ujutru te doručkuje u kancelariji za vreme odmora (pauze) između 9 i 9.30 — hleb sa sirom ili šunkom, i kafu.

3.
Sada je 7.30. Marko i Vera su za doručkom. Marko pije belu kafu i čita novine. Vera čita pismo i pije čaj sa limunom. Ona ne voli da pije belu kafu. Obično jedu hleb sa maslacem, džem ili sir. Posle doručka Marko ide na fakultet kolima. On ima mala, ali dobra kola.

17

4.
Rita: Da l' je vaša škola daleko?
Vera: Nije. Srcćom, moja se škola nalazi dosta blizu pa idem pešice.
Rita: Šta radite posle doručka?
Vera: U kući uvek ima mnogo posla. Svakog drugog dana idem do samoposluge ili na pijacu. Imamo veliku samoposlugu na uglu naše ulice, ə i malu pijacu koja se nalazi pored samoposluge. A onda spremam ručak. Ja moram rano da ručam, jer moji časovi počinju u dva sata.
Rita: S kim profesor ruča?
Vera: Sa sinom i ćerkom. Petkom ruča sa mnom, jer počinje da radi u dva sata.
Rita: Vaša porodica ruča kasno. Kad onda večerate?
Vera: U osam. Večera je laka, jer je ručak naš glavni obrok.

Rita: Da li večerate sa celom porodicom?
Vera: Vrlo ččsto večeramo svi zajedno, ali ne svakog dana.

ZAPAMTITE:

> Ona ide na posao *pešice*.
> Njen muž ide na fakultet *kolima*.
> Njihov sin ide u bolnicu *autobusom*.

OBJAŠNJENJA — COMMENTS

1. The instrumental case — *singular*

The instrumental case endings in the singular are:

	Nouns	*Adjectives*
Masculiue:	**-om** or **-em**	**-im** (dobr**im**)
Neuter:	**-om** or **-em**	**-im** (dobr**im**)
Feminine:	**-om** (Decl. II)	**-om** (dobr**om**)
	-i or **-ju** (Decl. III)	

a. Many masculire nouns have the ending **-om** in the instrumental case singular:

N. sg.:	Marko	sin (son)	autobus (bus)
I. sg.:	s Mark**om**	sin**om**	autobus**om**

b. Masculine nouns denoting the doer of the action or occupation use the ending **-om** or both endings, **-om** and **-em:**

N. sg.:	profesor (professor)	lekar (physician)
I. sg.:	profesor**om**	lekar**om** or lekar**em**

c. Masculine nouns ending in the palatal consonants **-j, -lj, -nj, -đ, -ć (č)** mostly have the ending **-em**. If the vowel **e** stands before the palatal consonant, the ending **-om** is used:

N. sg.:	čaj (tea)	muž (husband)	Beč (Vienna)
I. sg.:	čaj**em**	muž**em**	Beč**om**

d. Masculine nouns in **-c** and **-z** have the ending **-om** unless they are preceded by the movable **a**; in that case the ending is **-em**. Some of these nouns have both endings (**-om** and **-em**):

N. sg.:	zec (rabbit)	Englez	otac	glumac (actor)
I. sg.:	zec**om**	Englez**om**	oc**em**	glumc**em**

N. sg.:	stranac (foreigner)	čamac (boat)	
I. sg.:	stranc**em** (stranc**om**)	čamc**em** (čamc**om**)	

An exception is the noun **stric** — uncle (father's brother). Its instrumental case is: stric**em**.

e. Neuter nouns in **-o** have the ending **-om** and those in **-e** have **-em** is the instrumental:

N. sg.:	selo	pero	more	voće (fruit)
I. sg.:	sel**om**	per**om**	mor**em**	voć**em**

f. Feminine nouns in **-a** (Declension II) have the ending **-om,** the vowel **o** being long. The nouns ending in a consonant (Declension III) have the ending **-i** or **-ju**.

N. sg.:	žena	porodica	stvar	reč (word)
I. sg.:	žen**om**	porodic**om**	stvar**i**	reč**i** or reč**ju**

2. The instrumental of adjectives and pronouns

a. The instrumental singular of indefinite and definite adjectives and possessive pronouns have the ending **-im** for the masculine and neuter genders, and **-om** for the feminine:

Nominative			Instrumental	
Masc.	*Neuter*	*Feminine*	*Masc. and Neut.*	*Feminine*
Markov	Markovo	Markova	Markovim	Markovom
plav	plavo	plava	plavim	plavom
plavi	plavo	plava	plavim	plavom
moj	moje	moja	mojim	mojom

b. The instrumental of personal pronouns is:

Sg. Nom.:	jâ (I)	tî (you)	òna (she)	ôn (he) òno (it)
Inst.:	mnôm	tŏbōm	njôm	njîm or njíme
Pl. Nom.:	mî (we)	vî (you)	òne (f) òni (m) òna (n)	
Inst.:	nàma	vàma	n j ȉ m a	
N. sg.:	kŏ (who)	štŏ (what)		
I. sg.:	kîm(e)	čîm(e)		

3. The instrumental case — *plural*

a. Masculine, neuter and feminine nouns (Declension III) have the ending **-ima** in the instrumental plural. Feminine nouns ending in **-a** (Declension II) have **-ama**:

N. pl.:	prijatelj	sela	stvari	žene
I. pl.:	prijatelj**ima**	sel**ima**	stvar**ima**	žen**ama**

b. Indefinite and definite adjectives and possessive pronouns (adjectives) have the ending -im(a) for all the three genders:

N. pl.:	plavi (m)	plava (n)	plave (f);	moji, moja, moje
I. pl.:	p l a v i m (a)			m o j i m (a)

4. The use of the instrumental

The instrumental case is used

(a) without a preposition to indicate the instrument or agent with or by which an action is performed. In English the prepositions "with" or "by" are used:

Jedem viljuš**kom**.	I eat with a fork.
Idem autobus**om**.	I go by bus.

(b) as an expression of time or place:

Nedelj**om** smo kod kuće.	On Sundays we are at home.
Obično idemo ov**om** ulic**om**.	We usually walk along this street.

(c) after certain prepositions the most common being **s** (**sa**) — with — indicating company or association:

Doručkujem **s** Mark**om**.	I have breakfast with Marko.
B. jede sendvič **sa** šunk**om**.	B. is eating (has) a ham sandwich.

Here are some other prepositions which can be used with the instrumental: **nad** (over, above), **pred** (in front of, before), **pod** (under). These prepositions may also be used with the accusative case.

5. KOLA — NOVINE

The noun **kŏla** (car), neuter gender, and **nŏvine** (newspaper), feminine gender, have only the plural form. Such nouns, called "pluralia tantum", are followed by a plural verb form.

Moja **kola su** na ulici. My car is in the street.
On čita **novine**. He is reading the paper.

6. Class IVb verbs

Infinitive	Inf. stem	Pres. stem	1p. sing.	3p. pl.
stanòvati	stanova-	stanu-	stànujēm	stànujū
dòručkovati	dòručkova-	dòručku-	dòručkujēm	dòručkujū

a. Class IVb verbs have the suffixes **-ova** (**-eva**) or **-iva** before the infinitive ending **-ti**. The present stem ends in **-u**. To form the present stem, the suffixes **-ova** (**-eva**) or **-iva** are dropped and the vowel **u** is added.

b. The present tense endings are: **-jēm, -jēš, -jē, -jēmo, -jēte, -jū**.

c. Many verbs of the type *stanovati* have the short-rising accent (`) on the second syllable of the infinitive form, but the stress shifts back one syllable in all the forms of the present tense.

The Present Tense

Sing.: 1. stànujēm (I live, dwell)   Plur.: stànujēmo
 2. stànujēš   stànujēte
 3. stànujē   stànujū

7. DA + the present tense instead of the infinitive

The infinitive can be used as the complement of certain verbs, such as: **voleti** (to like), **ići** (to go), **hteti** (to want), **morati** (must), **moći** (can). But instead of the infinitive, a more common structure with the same meaning is the conjunction **da** ("that" or "in order to") followed by the present.

Moram **ručati** rano. I must have lunch early.
Moram **da ručam** rano.
Ona voli **piti** čaj. She likes to have (drink) tea.
Ona voli **da pije** čaj.

VEŽBANJA — EXERCISES

I Vežbajte ove rečenice *(Practise these sentences)*:

1. Ja ne stanujem u centru grada.
2. U kojoj se ulici nalazi vaša škola?
3. Samoposluga i pijaca nalaze se blizu naše kuće.
4. Moj otac ide na posao kolima.
5. Moram da idem u kancelariju autobusom.

6. Volim da jedem hleb sa maslacem.
7. Oni vole da piju čaj sa limunom.
8. Ko ruča s vama?
9. Sa mnom ruča moj muž.
10. S kim ruča Marko? Sa sinom i ćerkom.

II Odgovorite na ova pitanja *(Give answers to these questions):*
a. 1. Gde stanuju Vera i Marko?
2. S kim žive Bojan i Branka?
3. Da li je njihova kuća u centru grada?
4. Gde doručkuje Bojan, a gde Branka?
5. Zašto Branka doručkuje u kancelariji?
6. Kako Bojan i Branka idu na posao?
7. Kako ide Marko na fakultet?
8. S kim on ruča?
9. Zašto Vera mora da ruča rano?
10. Ide li Vera na pijacu autobusom?
b. 1. U kojoj ulici stanujete?
2. Da li se ta ulica nalazi u centru grada?
3. U koliko sati doručkujete?
4. Šta doručkujete?
5. Kako idete u školu (na posao)?
6. Ko sprema ručak za vašu porodicu?

III Stavite DA i sadašnje vreme umesto infinitiva *(Put "da" and the present instead of the infinitive):*

Primer **A:** Sada moram *ići* u školu.
         B: Sada moram *da idem* u školu.

1. Oni vole *stanovati* u centru grada.
2. Moramo *ići* pešice, jer nema autobusa.
3. Moja deca vole *svirati* i *pevati*.
4. Volite li *piti* belu kafu?
5. Danas moram rano *ručati*.
6. Moj muž ne voli *šetati se*.

IV Stavite u odgovarajući oblik padeža *(Put the correct case endings):*

1. Ona jede sendvič sa ... *(sir)*.
2. Branka ne doručkuje sa ... *(roditelji)*.
3. Ona retko ruča s ... *(mi)*.
4. Ja večeram s ... *(muž, sin)* i ... *(ćerka)*.
5. Idemo s ... *(vi)* do ... *(samoposluga)*.
6. S ... *(ko)* izlazite večeras? Sa ... *(jedna drugarica)*.
7. Oni idu u pozorište ... *(Markova kola)*.
8. Obično idem ... *(ova ulica)*.

V Stavite odgovarajuću upitnu reč *(Put the correct question word)*:
  ko?   koji?   kakav?   kuda?
1. ... su boje vaša nova kola? Bele.
2. ... ulici stanujete? U Skerlićevoj.
3. ... stanuje Bojan? S ocem i majkom.
4. ... izlazite večeras? U pozorište.
5. ... izlazite večeras? Sa sestrom i njenim mužem.
6. ... ide na posao autobusom? Bojan.

VI Sastavite rečenice sa ovim rečima *(Make sentences with these words using finite forms of the verbs instead of infinitives)*:
  A: Koliko ... sestra ... imati ... Bojan? B: Samo ... jedan.
  A: Ići ... on ... sa ... ona ... na posao? B: Ne ... ići.
  A: Kako ... ona ... ići? B: ... ići ... autobus.
  A: Njegova sestra ... ne voleti ... rano da ... jesti.
  A: Šta ... ona ... voleti ... da ... doručkovati?
  B: Hleb sa ... šunka ... i ... kafa.
  A: Gde ... nalaziti se ... njena kancelarija?
  B: U ... centar ... grad.
  A: S ... ko ... ona ... raditi ... u ... kancelarija?
  B: ... raditi ... sa ... jedan kolega.

VII Popunite praznine ovim predlozima *(Complete the blanks with these prepositions)*:
  do   na   sa   za
1. Vera i Marko su ... doručkom.
2. Vera pije čaj ... limunom, a Marko belu kafu.
3. Posle doručka Marko ide ... fakultet.
4. Svakog drugog dana Vera ide ... samoposluge.
5. Oni imaju veliku samoposlugu ... uglu njihove ulice.
6. Marko ne ide ... Verom ... pijacu.

VIII Prevedite *(Translate)*:
  All the members of my family work. (My) Father works in an enterprise which is not near our home. He goes to work by bus. (My) Mother does not like going by bus. She always walks.
  My aunt *(tȅtka,* f) lives with us. She prepares lunch for the whole family. Mother cooks *(kȕvati* — kȕvām, Cl. V) on Saturday and Sunday. She likes cooking very much, but I don't.

OSAMNAESTA LEKCIJA

1.

Nada:	Kome pravite tu veliku tortu?
Ana:	Nataši. Sutra joj je rođendan.
Nada:	I meni je sutra rođendan.
Ana:	I vama? Koliko vam je ... Izvinite!
Nada:	Koliko mi je godina? Ne pitajte me, Ana. Mnogo! Koliko je Nataši?
Ana:	Njoj je dvadeset godina.
Nada:	Čestitajte joj rođendan i mnogo je pozdravite. A koliko vi imate godina?
Ana:	Dvadeset dve.

2.

Nada:	Evi ti pismo od Janka.
Vera:	Šta piše?
Nada:	Želi mi srećan rođendan. Tebi šalje nove fotografije cele porodice, a meni ovu knjigu pesama i svoju novu fotografiju.
Vera:	Da vidim ... *(Čita)* ,,Svojoj dragoj sestri, Janko" ... Pogledajte, Ana, ovo je naš brat Janko.
Ana:	Mnogo ličite na brata. On je oficir?
Vera:	Da. Janko je kapetan broda i živi u Splitu sa svojom porodicom.

Ana: Koliko imate braće?
Vera: Imamo samo jednog brata. Nas je troje, Nada, Janko i ja.
Nada: Na ovoj fotografiji je njegova supruga.
Ana: Imaju li dece?
Nada: Dvoje. Sina i ćerku. Ćerki je četrnaest, a sinu jedanaest godina.
Vera: Ovo su im deca. Imaju lepu i dobru decu.
Nada: Već je sedam sati. Moram da idem.
Vera: Kud se žuriš?
Nada: Kući. Čekaju me deca i Jovan.
Ana: Pozdravite svoga supruga.
Nada: Hvala. Do viđenja, Ana. Do viđenja, Vera.

ZAPAMTITE:

Kòliko vam (ti) je gȍdīnā?
Kòliko ìmāte (imaš) gȍdīnā?

OBJAŠNJENJA — COMMENTS

1. The imperative

a. The imperative appears in the second person singular and the first and second person plural.

The imperative is formed by adding imperative endings to the present tense base which is formed by dropping the final vowel from the third person plural of the present tense.

The imperative endings are:

	2p. sing.	1p. plur.	2p. plur.
Type I	-j	-jmo	-jte
Type II	-i	-imo	-ite

b. *Type I* endings are taken by all verbs which have **-am, -jem, -jim** endings in the first person singular of the present tense, or whose plural ending in the 3rd person is **-ju** or **-je** preceded by a short vowel (Class IV and V verbs).

The vowel before the ending **-j** is long.

The accent of the imperative is usually the same as that of the present tense.

Infinitive	Present	Imperative		
	3p. pl.	2p. sing.	1p. plur.	2p. plur.
čìtati	čìtajū	čìtāj	čìtājmo	čìtājte
dòručkovati	dòručkujū	dòručkūj	dòručkūjmo	dòručkūjte
pîti	pîjū	pîj	pîjmo	pîjte
stàjati	stòjē	stôj	stôjmo	stôjte

c. *Type II* endings are taken by all the other verbs whose plural ending in the 3rd person is **-u** or **-e**. With these verbs the accent of the imperative is usually that of the infinitive.

Infinitive	Present	Imperative		
	3p. pl.	2p. sing	1p. plur.	2p. plur.
ráditi	râdē	rádi	rádimo	rádite
jěsti	jědū	jědi	jědimo	jědite
kázati	kâžū	káži	kážimo	kážite

d. The imperative of **ići** is: **idi! idimo! idite!** (go!)

e. Command or wish may also be expressed by using the conjunction **da** and the present tense of the verb with the meaning: let me, let us:

da vidìm, da čȕjēm   let me see, let me hear
da vidìmo, da čȕjēmo   let us see, let us hear

2. The dative singular

a. The dative and the prepositional of declinable words are identical. For example, the endings for the dative singular of nouns are: **-u** for Class I *(bratu, peru)* and **-i** for Class II and III *(ženi, stvari)*.

Declension of nouns

Case	Singular			
	Masculine		Neuter	Feminine
N.	prózor	brȁt	pèro	žèna · stvâr
G.	prózora	brȁta	pèra	žènē · stvâri
D.	prózoru	brȁtu	pèru	žèni · stvâri
A.	prózor	brȁta	pèro	žènu · stvâr
V.	prózore!	brȁte!	pèro!	žèno! · stvâri!
I.	prózorom	brȁtom	pèrom	žènōm · stvâri
P.	prózoru	brȁtu	pèru	žèni · stvâri

**Declension
of
indefinite** and **definite
adjectives**

Case	Masc.	Neuter	Fem.	Masc.	Neuter	Fem.
N.	plâv	plâvo	plâva	plâvī	plâvō	plâvā
G.	plâva		plâvē	plâvog(a)		plâvē
D.	plâvu		plâvōj	plâvōm(u)		plâvōj
A.	= G. for persons = N. for things		plâvu	= G. for persons = for things		plâvū
V.	The vocative of the definite adjective is used			= N. plâvī! (m) plâvō! (n)		plâvā!
I.	plâvīm		plâvōm	plâvīm		plâvōm
P.	plâvu		plâvōj	plâvōm(u)		plâvōj

c. The dative of personal pronouns has both a stressed (long) and an unstressed (short) form. The dative and the prepositional of the stressed (long) form is the same, while the unstressed (short) form is different. The short forms are enclitics.

	Nominative	Dative	Prepositional
Sing.:	1. jâ	mèni = mi	(o) mèni
	2. tî	tèbi = ti	tèbi
	ôn (m)		
	òno (n)	njèmu = mu	njèmu
	òna (f)	njôj = joj	njôj
Plur.:	1. mî	nāma = nam	nāma
	2. vî	vāma = vam	vāma
	òni (m)		
	òna (n)	njìma = im	njìma
	òne (f)		

d. The stressed (long) form of personal pronouns is used:

(1) for emphasis or contrast

    Govorim **tebi**, a ne **njemu**.   I am talking to you, and not to him.

(2) at the beginning of a sentence

    Meni je 20 godina.   I am 20 years old.

(3) with prepositions

    Idite prema (**ka**) **njemu**.   Go to (towards) him.

18

3. The use of the dative

a. The dative is usually the case of the indirect object with verbs which denote an action directed towards somebody or something:

Pišeš li **Veri**?	Are you writing to Vera?
Idite **kući**.	Go home.

b. The dative is used after the prepositions **k** (**ka**) and **prema** meaning: to, towards, in the direction of. They describe movement to the goal:

Oni idu **prema** (**ka**) mostu.   They are going towards the bridge.

4. The possessive dative

Instead of possessive pronouns (adjectives) used as a modifier, possession can be indiomatically expressed by the dative of personal pronouns:

Janko **nam** je brat.	Janko is our brother.
(Janko je **naš** brat.)	
Sutra **joj** je rođendan.	Tomorrow is her birthday.
(Sutra je **njen** rođendan.)	

5. The possessive pronoun SVOJ

The possessive pronoun **svôj, svòja, svòje** (one's own) is used for any person and replaces the other possessive pronouns (moj, tvoj, njen, etc.) It is used if the subject of the sentence and the possessor are indentical, that is, if it refers to the subject.

Svoj is declined as **moj** (my, mine).

On je u **svojoj** sobi.	He is in his (own) room.
Ona voli **svoga** brata.	She is fond of her (own) brother.

6. BRAĆA

brȁt (brother) is a regular masculine noun in the singular. For the plural the collective noun **brȁća** (brothers) is used and is declined as a feminine singular noun in **-a** (žena). It takes a plural verb, but the modifiers agree with this noun:

Moja **braća su** dobra.	My brothers are good.
Jesu li njena braća visoka?	Are her brothers tall?

7. Collective numerals

a. The neuter singular of collective numerals **dvòje** (2), **tròje** (3), **čètvoro** (4), **dèsetoro** (10), etc., are used when referrring to nouns of the neuter or mixed (both male and female) genders. They usually precede collective nouns (*deca, braća*, etc.) or nouns denoting groups of persons or animals. The noun is in the genitive case. The neuter singular collective numerals are not usually declined in the colloquial language.

	dvȍjȅ (pȅtoro) dèсē	two (five) children
	trȍjȅ (čȅtvoro) brȁćē	three (four) brothers
but	tri brata	three brothers

b. The personal pronoun preceding collective numerals is in the genitive plural:

    Nas je troje (dece).   There are three of us.
    Kuda idete **vas** dvoje?   Where are you two going?

8. Collective numeral adjectives

The plural forms of collective numerals are used as collective numeral adjectives: **dvȍji** (m), **dvȍje** (f), **dvȍja** (n) — two, etc. They have all the three genders and agree with the noun they modify. These adjectives are used with those nouns which have only plural forms (pluralia tantum), and with items which come in pairs or sets. The noun is in the nominative plural.

    dvȍji svàtovi   two wedding parties
    dvȍje nòvine   two newspapers
    dvȍja kòla (vrátə)   two cars (doors)

9. Class IIb verbs

Infin.	Inf. stem	Pres. stem	1p. sg.	3p. pl.	
písati	pisa-	pis-	pîšēm	pîšū	to write
kázati	kaza-	kaz-	kâžēm	kâžū	to say (tell)

a. The infinitive stem of Class IIb verbs ends in the vowel -a which disappears in the present tense. The present stem formerly ended in -je. The consonant **j** softens the preceding hard consonant of the present stem forming a single sound. This change is called the palatisation. For example, **s** + **j** make **š** (pis + jem = pišem), or, **z** + **j** make **ž** (kaz + jem = kažem). Class IIb verbs have the ending -**ū** (long u) in the 3rd person plural of the present.

b. The present tense endings are: -jēm, -jēš, -jē, -jēmo, -jēte, -jū.

The Present of **pisati**

    Sing.:   1. pîšēm (I write)   *Plur.*:   pîšēmo
                 2. pîšēš   pîšēte
                 3. pîšē   pîšū

NOTES

1. The noun **kuća** (house, home) does not take a preposition in the dative:
    Idem **kući**. Žurim se **kući**.   I am going home. I'm hurrying home.

2. The dative is used idiomatically after **evo** when giving something to somebody:
    Evo ti pismo.   Here's a letter for you.

18

VEŽBANJA — EXERCISES

I Vežbajte ove rečenice:

1. Kome je danas rođendan?
2. Meni je danas rođendan.
3. Danas mi je rođendan.
4. Koliko vam (ti) je godina?
5. Koliko imate (imaš) godina?
6. Njegovom sinu je 11 godina.
7. Čestitajte mu rođendan.
8. On nam je brat.
9. Ona liči na svog(a) brata.
10. Pozdravite svoga brata.

II Odgovorite na ova pitanja:

a.
1. Kome Ana pravi tortu?
2. Zašto joj pravi tortu?
3. Koliko je Nataši godina?
4. Da li je sutra Verin rođendan?
5. Šta joj šalje brat za rođendan?
6. Odakle joj piše?
7. Šta je Janko?
8. Ko liči na Janka?
9. Koliko braće imaju Vera i Nada?
10. Ima li Janko dvoje dece?
11. Koliko je godina njegovoj deci?
12. Zašto Nada mora da ide kući?

b.
1. Kad vam je rođendan?
2. Imate li 20 godina?
3. Koliko je godina vašem bratu (ocu)?
4. Imate li braće i sestara?
5. Liče li na vas?

III Stavite u odgovarajući padež:

1. **A:** Danas je Robertov rođendan.
   B: Koliko ... *(on)* je ... *(godina)*?
   A: 21.
   B: Čestitajte ... *(on)* i mnogo ... *(on)* pozdravite.
2. **A:** Koliko imate ... *(deca)*? **B:** Dvoje.
   A: Koliko ... *(oni)* je ... *(godina)*?
   B: ... *(moj sin)* je 6, a ... *(moja ćerka)* je 4 ... *(godina)*.
3. **A:** Šta ... *(vi)* šalje Janko?
   N: Šalje ... *(ja)* knjigu ... *(pesma)* i fotografije ... *(njegova deca)*.

IV Uradite ovo vežbanje kao u primeru:

Primer **A:** Kažite Veri da pozdravi svoga supruga.
         B: *Vera, pozdravite svoga supruga.*

1. Kažite dedi da mu čestita rođendan.
2. Kažite Ani da pogleda ovu fotografiju.
3. Kažite deci da idu kući.
4. Kaži Branki da pije kafu.
5. Kažite Robertu da jede tortu.
6. Kaži Janku da nam piše iz Splita.

V Zamenite prisvojne zamenice prisvojnim dativom ličnih zamenica. Obratite pažnju na red reči. *(Replace the possessive adjectives — pronouns by the possessive dative of personal pronouns. Mind the word order)*:

Primer **A:** Da li je sutra *njen* rođendan?
   B: Da. Sutra *joj* je rođendan. *or*
   Ne. Sutra *joj* nije rođendan.

1. **A:** Živi li *njena* sestra u Splitu?   **B:** Da. sestra ...
2. **A:** Živi li *vaš* brat u Beogradu?   **B:** Da. Brat ...
3. **A:** Da li *njihovi* roditelji žive
   u Zagrebu?   **B:** Ne. Roditelji ...
4. **A:** Je li *njegov* brat oficir?   **B:** Da. Brat ...
5. **A:** Vera i Nado, da li je *vaš* otac
   iz Dubrovnika?   **B:** Ne. Otac ...
6. **A:** Znaš li *njegov* broj telefona?   **B:** Ne. Ne znam ...
7. **A:** Da li su tu *moji* ključevi?   **B:** Da. Ovde su ...

VI Popunite ove rečenice zamenicom MOJ ili SVOJ (Complete these sentences with *moj* or *svoj*):

Primer **A:** Ja ličim na ... brata.   *(moga, svoga)*
   B: Ja ličim na *svoga* brata.

1. On živi sa ... porodicom u Splitu. *(mojom, svojom)*
2. Ona liči na ... majku.   *(moju, svoju)*
3. Na ovoj fotografiji je ... otac.   *(moj, svoj)*
4. Kome pišete? ... majci.   *(mojoj, svojoj)*
5. Onaj visoki oficir je ... ujak.   *(moj, svoj)*
6. Šta tražite? Tražim ... cigarete.   *(moje, svoje)*
7. Ovo su kola ... sestre Nade.   *(moje, svoje)*

VII Stavite u odgovarajući padež:

   Ovo je Markov novi auto.
1. Vera stoji pored ... *(Markov auto)*.
2. Ona gleda ... *(njegov novi auto)*.
3. Marko ide prema ... *(svoj auto)*.
4. Oni su sada u ... *(Markov auto)*.
5. Oni idu na izlet ... *(Markov auto)*.

VIII Prevedite:

I have two brothers. One of my brothers is a painter, the other is a student. The painter is married and lives with his family in Dubrovnik. He has three small children, two sons and a daughter. One of his sons is seven and the other is five years old. His daughter is three.

DEVETNAESTA LEKCIJA

1.

Bojan: Šta ti je, Branka?
Branka: Nije mi dobro. Imam jaku kijavicu.
Bojan: Imaš li temperaturu?
Branka: Imam. Hladno mi je i loše se osećam. Možda je grip.
Bojan: Verovatno. Idi u svoju sobu i lezi.
Branka: Kaži mami da danas ne idem u kancelariju. I, molim te, telefoniraj mome šefu da sam bolesna. Ako se žuriš, kaži mami da ona telefonira.
Bojan: U redu.

2.

/U Brankinoj sobi. Branka leži, jer je bolesna. Pored njenog kreveta je mali sto, a na stolu je keks i čaša mleka. Vera stoji pored kreveta./

Vera: Ne spavaš?
Branka: Ne.
Vera: Je l' ti bolje?
Branka: Malo mi je bolje.
Vera: Možeš li sada da čitaš?
Branka: Mogu. Jesu li to današnje novine?
Vera: Jesu. Danas je vrlo interesantan članak o Kini. Svakako ga pročitaj.
Branka: Dobro. Zašto ne sedneš? Sedi, mama.

/Vera sedi pored Brankinog kreveta./

Vera:	Zašto ne jedeš? Pojedi bar jedan keks.		*Vera:*	Idem da ti napravim čaj, a ti čitaj novine.
Branka:	Nisam gladna. Samo sam žedna.			

Vera: Popij bar mleko kad ne možeš da jedeš.
Branka: Ne mogu.
Vera: Hoćeš li šolju čaja?
Branka: Hoću.

/Vera i Branka sada ne razgovaraju, jer je Vera u kuhinji. Ona pravi Branki čaj i peče kolače./

ZAPAMTITE:

Šta vam (ti) je?	Nije mi dobro.
	Hladno mi je.

OBJAŠNJENJA — COMMENTS

1. Class Ib verbs

a. The infinitive of Class Ib verbs ends in **-ći,** for example: **peći** (to bake), **moći** (can, to be able). The infinitive stem is not formed by dropping the infinitive ending **-ći** as is the case with verbs ending in **-ti**. The verbs in **-ći** formerly ended in **-ti,** but with the development of the language, the **t** of the infinitive ending and the last consonant **-k** or **-g** of the verbal root were changed to **ć**.

pèći	derives from	pek + ti	k + t	gives	ć
mòći		mog + t	g + t		ć
lèći		leg + ti			

The true present stem is formed by dropping the ending **-u** from the 3rd person plural of the present tense:

pèkū (they bake) the pres. stem: **pek-**
mògū (they can) the pres. stem: **mog-**

b. The consonant **k** is changed to **č**, and **g** to **ž** before the ending **-e** in the present stem.

The Present of peći and moći

Sing.: 1. pèčēm (from: pek-em)   mògu
2. pèčēš   mòžeš (from: mog-eš)
3. pèčē   mòže
Plur.: 1. pèčēmo or pečémo   mòžemo
2. pèčēte or pečéte   mòžete
3. pèkū   mògū

The verb **moći** has the ending **-u** for the first person singular.

c. In the imperative the consonant **k** is changed to **-c** and **g** to **z** before the ending **-i**.

Sing.: 1. —   Plur.: pècimo (lèzimo)
2. pèci (from: pek-i)   pècite (lèzite)
     lèzi (from: leg- i)
3. —

2. Verbal aspect (I)

a. As in all other Slavonic languages, the verb in Serbo-Croatian is not only concerned with the time when the action or state takes place, but also indicates the type and character of the action or state, that is, it shows whether the action or state is limited (perfective) or unlimited (imperfective). Verbs are consequently classified as perfective or imperfective. These aspects are, in fact, variants of the same verb and express variants of the same action or state. However, there are some verbs which have only one form: **doručkovati** (to have breakfast), **stanovati** (to live, to dwell), **morati** (must), etc.

b. The i m p e r f e c t i v e aspect of the verb expresses an action or state of unlimited duration or habitual:

    čitati (to read)   **jesti** (to eat)   **piti** (to drink)

All the verbs introduced in Lessons 11 to 19 are imperfective except two verbs in Lesson 18 *(pozdraviti* — to greet, and *pogledati* — to have a look).

c. The p e r f e c t i v e aspect of the verb expresses a limited action or state, usually one single moment, and refers to completion of the action or state:

    pročitati   (to read, to finish reading)
    pojesti   (to eat, to eat up)
    popiti   (to drink, to drink up)

Perfective verbs are frequently used after conjunctions such as **da** (that) and **ako** (if):

    Moram **da pročitam** ovaj članak.   I must read this article.

Perfective verbs cannot be used in answer to the question: "What are you doing now?" — „Šta radiš sada?". That means that the present tense of perfective verbs may not be used in a main clause to refer to an action which is "present" in relation to the moment of utterance.

3. The verb HTETI (I)

a. The verb **htèti**, ijek. **htjèti** (to want, to wish, to be willing) and **mòći** (can, to be able) are the only verbs in Serbo-Croatian which have the personal ending -**u** for the first person singular of the present tense instead of -**m: hòću, mògu.**

b. hteti is an irregular verb having two forms of the present, a long and a short form. It is used both as a principle and an auxiliary verb. In this lesson it is used as a principal verb, and as such it has only the long forms.

The Present of **hteti**

		Affir.	*Negative*			*Affir.*	*Negative*
Sing.:	1.	hòću	nêću	*Plural:*		hòćemo	nêćemo
	2.	hòćeš	nêćeš			hòćete	nêćete
	3.	hòće	nêće			hòćē	nêćē

c. The verb **hteti** can be followed by the conjunction **da** and the present.

    Hoću da jedem kolače.   I want to eat some cakes.

4. Indirect commands

Unlike the English indirect commands where an infinitive is used, those of Serbo-Croatian use the conjunction **da** and the verb in the present tense:

    Kaži mami **da telefonira** mome šefu.   Tell mum to phone my boss.
    Kažite im **da popiju** čaj.   Tell them to drink their tea.
but
    Kaži mome šefu **da** sam bolesna.   Tell my boss (that) I am ill.

5. The verb SESTI

The verb **sȅsti**, ijek **sjȅsti** (to sit down) belongs to Class I verbs. Its present tense forms are those of Class III verbs: **sednem, sedneš,** etc. The consonant **n** is sometimes dropped in the imperative: **sȅdi! sȅdimo! sȅdite!**

6. The dative in impersonal constructions

One type of impersonal construction may use a predicate adjective with the verb **jesam** and the dative as its logical subject. In English this construction is personal.

    Milo (drago) **mi** je.   I'm glad (pleased).
    Nije **joj** dobro.   She isn't well.
    Dobro **mu** je.   He is well.
    Hladno **mi** je.   I'm cold.
    Da l' **vam** je toplo?   Are you warm?

7. The genitive indicating quantity

The genitive after nouns may be used to indicate quantity:

    čaša **mleka** (a glass of milk)   šolja **čaja** (a cup of tea)

8. Disappearance of consonants T and D

The consonants **t** and **d** usually disappear between two consonants of which the first may be **s, š, z, ž** followed by **b, k, l, lj, m, n** or **nj**.

    bolestan (m)   bolesna (f)   ill
    žalostan (m)   žalosna (f)   sad

19

VEŽBANJA — EXERCISES

I Vežbajte ove rečenice:
1. Šta vam je? Nije mi dobro.
2. Hladno mi je.
3. Kaži joj da sam bolestan.
4. Kažite mu da sam bolesna.
5. Kaži Branki da pročita ovaj članak.
6. Kažite Bojanu da mi telefonira.
7. Hoćete li šolju čaja? Hoću, hvala.
8. Hoćeš li čašu mleka? Neću, hvala.
9. Možeš li da čitaš sada? Mogu.
10. Oni ne mogu da idu u školu, jer su bolesni.

II Odgovorite na ova pitanja:

a.
1. Šta je Branki?
2. Zašto se loše oseća?
3. Kome Bojan mora da telefonira?
4. Zašto mora da mu telefonira?
5. U čijoj sobi leži Branka?
6. Gde se nalazi mali sto?
7. Šta ima na njemu?
8. Može li Branka da jede?
9. Zašto ne pije mleko?
10. Šta radi Vera u kuhinji?

b.
1. Imate li često kijavicu?
2. Idete li na posao kad imate jaku kijavicu?
3. Kome telefonirate kad ste bolesni?
4. Šta volite da pijete, mleko ili čaj?
5. Znate li da pravite kolače?

III Popunite ove rečenice glagolom MOĆI ili HTETI:
1. Zašto Branka ne ... *(moći)* da jede? Jer je bolesna.
2. Vera joj kaže: „Popij bar mleko kad ne ... *(moći)* da jedeš."
3. *Vera:* Ana, ... *(hteti)* li kolača?
   Ana: Hvala, ... *(hteti)*.
4. *Saša:* Mama, ... *(moći)* li da pojedem čokoladu?
   Sašina mama: ... *(moći)*.
5. Njegova deca ne ... *(hteti)* da idu kući, jer se lepo igraju u parku.
6. Danas ne ... *(hteti)* da pušim, jer mi nije dobro.

IV Izaberite odgovarajući glagol *(Choose the right verb)*:
1. **A:** *(Čitajte, pročitajte)* ovaj roman. **B:** Hoću.
   A: Hoćete li danas u bioskop?
   B: Neću. Danas *(čitam, pročitam)* ovaj roman.
2. **A:** Studenti *(gledaju, pogledaju)* Verine slike.
   B: *(Gledajte, pogledajte)* ovu malu sliku. Vrlo je lepa.
3. Nadin muž obično ne *(pije, popije)*, ali katkad *(pije, popije)* čašu piva. Nada ne voli da *(pije, popije)* pivo.

V Odgovorite na ova pitanja kao u primeru:
Primer **A:** Ide li Branka danas na posao?
         B: *Kaže da ne ide.*
1. Ima li Branka sada temperaturu?
2. Oseća li se dobro?

3. Može li da jede?
4. Hoće li čašu mleka?
5. Da li joj je bolje?

VI Uradite ovo vežbanje kao u primeru:

Primer **A:** Kažite da vam je toplo.
 B: *Toplo mi je.*

1. Kažite da vam je hladno.
2. Kažite da vam nije dobro.
3. Kažite da vam je sada bolje.
4. Kažite da vam nije hladno.
5. Kažite da vam je sada dobro.

VII Stavite u upravni govor *(Put into direct speech)*:

Primer (a) **A:** Kaži Veri da telefonira Brankinom šefu.
   B: *Vera, telefoniraj Brankinom šefu.*

   (b) **A:** Kažite Veri da pozdravi svoga supruga.
   B: *Vera, pozdravite svoga supruga.*

1. Kaži Veri da nam napravi čaj.
2. Kaži Branki da pojede keks.
3. Kažite Bojanu da pročita ovaj članak.
4. Kaži mami da popije čaj.
5. Kažite Riti da sedne na ovu stolicu.
6. Kaži Bojanu da večera u kuhinji.

VIII Stavite u odgovarajući padež gde je potrebno:

1. Branka ima ... *(kijavica)* i leži u ... *(krevet)*.
2. Mali sto je pored ... *(Brankin krevet)*. Na ... *(sto)* je čaša ... *(mleko)*.
3. Branka hoće da popije šolju ... *(čaj)* pa Vera ide u ... *(kuhinja)* da ... *(ona, on)* napravi.
4. Vera sada pravi ... *(čaj)* i peče ... *(kolači)*.
5. ... *(Branka)* je sada bolje pa može da čita ... *(novine)*.

IX Prevedite:

1. **A:** Where's your husband? **B:** He is sick. **A:** What's the matter with him? **B:** He has a bad cold and high temperature. **A:** I'm sorry (Žao mi je.) Give him my regards. **B:** Thanks.
2. **Woman:** Do you like to have a cup of tea after lunch?
   Man: No, I don't. I have (drink) tea only when I am sick.

DVADESETA LEKCIJA

1.

Nada:	Majka ti se brine što ne jedeš.
Branka:	Žao mi je što se brine.
Nada:	Sve se majke brinu kad su im deca bolesna. A, evo Vere.
Vera:	Što ne sedneš, Nado? Što stojiš?
Nada:	Moram da idem. Vodim decu na rođendan.
Vera:	Žao mi je što i Branka ne može da ide kod Nataše.
Nada:	Šta možeš kad nije zdrava. E, pa, zdravo, Branka. Da brzo ozdraviš.

2.

/Džim i Rita stoje pred knjižarom i gledaju knjige u izlogu./

Bojan:	Šta kupujete, druže?
Džim:	A, vi ste, Bojane! Kupujemo poklon, ali ne znamo šta da uzmemo.
Bojan:	Uzimate ga Nataši?
Džim:	Tako je. Da joj kupim knjigu?
Bojan:	Knjiga je vrlo lep poklon.
Džim:	Koju da kupim?
Bojan:	Pogledajte ovu o manastiru Studenici.
Džim:	Odlično! Idem da je kupim.
Rita:	Pričekajte! Moram i ja nešto da joj uzmem.
Bojan:	Što joj ne uzmete neku ploču?
Rita:	Tako je. Mogu da joj uzmem narodne pesme, jer ih Nataša voli.
Bojan:	Hajdemo svi unutra!

3.

/U KNJIŽARI/

Džim:	Molim vas, pokažite mi knjigu o manastiru Studenici.
Prodavačica:	Imamo dve. Koju želite?
Džim:	Onu iz izloga...
Prodavačica:	Izvolte.
Džim:	Šta košta?
Prodavačica:	66 dinara.
Džim:	(Bojanu) Vrlo je lepa. Sviđa mi se.

20

Bojan: Drago mi je što vam se sviđa.
Džim: Šta da napišem na knjizi?
Bojan: Pa, napišite: Nataši za rođendan od Džima ... Što ne pišete, Džime?
Džim: Nemam pero.
Bojan: Evo vam moje.
Džim: Hvala.
/*Džim uzima pero, seda na stolicu i piše.*/

ZAPAMTITE:

> *Danas idemo na rođendan.*
> *Milo nam je što vam se sviđa naš poklon.*
> *Žao mi je što vam nije dobro.*
> *Što stojite? Što ne sednete? Sedite!*

OBJAŠNJENJA — COMMENTS

1. Verbal aspect (II)

a. P e r f e c t i v e verbs may indicate
(1) a momentary or single action completed from the beginning to the end:

    sȅsti (to sit down)   **pògledati** (to have a look)

(2) the beginning of an action:

    upítati (to ask)   **zaìgrati** (to start dancing)

(3) the completion of an action:

    pòpiti (to drink up, to finish drinking)
    napísati (to write down, to finish writing)

b. I m p e r f e c t i v e verbs. Two kinds of imperfective verbs are distinguished:
(1) D u r a t i v e verbs. They express duration; the action goes on continuously and uninterruptedly, and its completion is not forseen:

    sȅdeti (to sit)   **písati** (to write)   **píti** (to drink)

(2) I t e r a t i v e or frequentative verbs. Their unlimited action is interrupted or frequently repeated:

    sȅdati (to be sitting down)   **ùzimati** (to be taking, to take)

20

c. Perfectivised verbs. A durative verb can become perfectivised when a prepositional prefix is added. The prefix gives the verb a new shade of meaning, or a meaning that differs considerably from the durative verb:

písati (to write)   **napísati** (to write down)
kázati (to tell)   **pokázati** (to show)
glȅdati (to look)   **ùgledati** (to catch sight of)

d. Imperfectivised verbs. Perfective verbs may become imperfectivised by expanding the infinitive root with the following vowels or infixes: **-a, -i, -iva, -ava, -ova, -aja.**

Perfective   *Imperfective*

sȅsti — to sit down   **sȅdati** — to sit down, to be sitting
kúpiti — to buy   **kupòvati** — to buy, to be buying
ùzēti — to take   **ùzimati** — to take, to be taking
ùstati — to get up (on one occasion)   **ùstajati** — to get up (habitually)

2. Class III verbs

Infinitive	Inf. stem	Pres. stem	1p. sing.	3p. plur.	
brȉnuti se	brinu-	brine-	brȉnēm se	brȉnū se	to worry
krénuti	krenu-	krene-	krênēm	krênū	to start

a. The infinitive stem of Class III verbs ends in **-nu,** and the present stem in **-ne.** These verbs have the ending **-u** in the 3rd person plural of the present tense.

b. The present tense endings are: **-ēm, -ēš, -ē, -ēmo, -ēte, -ū.**

The Present of **brȉnuti se**

Sing.: 1. brȉnēm se   *Plur.*: brȉnēmo se
        2. brȉnēš se   brȉnēte se
        3. brȉnē se   brȉnū se

3. The vocative singular of feminine nouns

a. Most Class II feminine nouns (žena) take the ending **-o** in the vocative case, except trisyllabic nouns in **-ica** (drugarice!).

N. sg.:	žèna	mâjka	dèvōjka	Jugòslāvija
V. sg.:	žȅno!	mâjko!	dèvōjko!	Jugòslāvijo!

b. Some disyllabic personal names, often with the rising accents take the ending **-o**:

Nom.:	Náda	Rúža (Rose)	Míra
Voc.:	Nâdo!	Rûžo!	Mîro!

c. Some feminine nouns in **-a** retain the nominative form in the vocative. Here belong geographical names derived from adjectives ending in **-ska:**

    Nom. and Voc.:   Vèra   Bránka   Englēskā   Fràncūskā

d. Class III feminine nouns have the ending **-i** in the vocative:

    N. sg.:   nôć (night)   ljúbav (love)
    V. sg.:   nŏći!   ljúbavi!

4. The vocative singular of masculine nouns in -K, -G, -H, -C

Masculine nouns ending in **-k**, **-g**, **-h**, **-c** change **-k** and **-c** into **-č** before the ending **-e** in the vocative singular, while **-g** is changed into **-ž** and **-h** into **-š**:

    N. sg.:   čòvek (man)   drûg (friend)   dùh (spirit)   òtac (father)
    V. sg.:   čòveče!   drûže!   dùše!   òče!

5. ŠTO as a conjunction

Instead of **da** (that) the conjunction **što** (that) is used after verbs and adjectives showing emotion or feeling: **brinuti se** (to be worried), **radovati se** (to be glad, to rejoice); **milo** (glad), **drago** (glad), **žao** (sorry), etc.

    što can never be dropped as in English.

Brinem se **što** ne jedeš.	I'm worried you don't eat.
Radujem se **što** vas vidim.	I'm glad to see you.
Milo mi je **što** vam se (to) sviđa	I'm pleased you like it.

6. ŠTO meaning ZAŠTO

The interrogative pronoun **što** may be used instead of the adverb **zašto** (why) to introduce interrogative santences:

Što stojite?	Why are you standing?
Što ne sednete?	Why don't you sit down?

7. DA + the present in modal questions

If an action indicates a modal question, **da** and the present may be used.

Da joj kupim knjigu?	Shall I buy a book for her?
Da ih pričekamo?	Shall we wait for them?

8. The preposition PRED

The preposition **pred** (in front of, before) takes the instrumental case if the verb denotes place (position), but takes the accusative if the verb expresses or implies motion.

Oni stoje **pred** knjižar**om**.	They are standing in front of the bookstore.
Hajdemo **pred** knjižar**u**.	Let's go in front of the bookstore.

9. EVO, ETO and ENO with the genitive

Èvo, èto (here) and èno (there) may be used with the genitive to call attention to something that is near *(evo, eto)* or far *(eno)*, or is approaching:

Evo Vere.   Here is Vera (coming).
Eno Bojana! There is Bojan!

NOTES

The verb ùzeti (to take, to get), which belongs to Class I, is irregular in the present tense. An -m is inserted between the final consonants of the present stem and the present tense endings: ùzmēm, ùzmēš, ùzmē, etc.

VEŽBANJA — EXERCISES

I Vežbajte ove rečenice:

1. Brinem se što mi je sin bolestan.
2. Žao mi je što ne možete da je pričekate.
3. Milo mi je što vam je bolje.
4. Drago nam je što vam se sviđa naš poklon.
5. Što stojite? Što ne sednete? Sedite!
6. Što ne pišete? Pišite!
7. Da joj kupim knjigu? Kupite!
8. Da mu uzmem neku ploču? Uzmite!
9. Oni stoje pred knjižarom.
10. Evo Vere i Bojana.

II Odgovorite na ova pitanja:

1. S kim Branka razgovara?
2. Što se Vera brine?
3. Što Branka ne može da ide kod Nataše?
4. Gde stoje Džim i Rita?
5. Kome kupuju poklon?
6. Koju knjigu hoće Džim da kupi?
7. Šta košta ta knjiga?
8. Da li je skupa?
9. Šta kaže Bojan Džimu da napiše?
10. Od koga Džim uzima pero?

III Popunite ove rečenice kao u primeru:

Primer **A:** Pišite joj! Što ...
    B: *Što joj ne pišete?*

1. Kupite ga! Što ...
2. Uzmite mu! Što ...
3. Pogledajte ih! Što ...
4. Pokažite nam! Što ...
5. Napravi mu tortu! Što ...
6. Popijte ga! Što ...

IV Izaberite odgovarajući glagol *(Choose the right verb)*:

1. Džim: Nemam pero. Mogu li da *(uzmem, uzimam)* vaše?
   Vera: Možete. Izvolite.
   Džim *(uzme, uzima)* Verino pero i *(piše, napiše)*.
2. **A:** Šta radiš?
   B: *(Pišem, napišem)* pismo.
   A: Hajdemo u park.
   B: Ne mogu. Moram da (pišem, napišem) pismo, a onda idem u biblioteku.

3. **A:** Šta da *(kupim, kupujem)* Nataši za rođendan?
   B: Što joj ne *(kupite, kupujete)* neku knjigu o Jugoslaviji?
   A: Gde mogu da je *(kupim, kupujem)*?
   B: U ovoj knjižari. Ja uvek ovde *(kupim, kupujem)*, jer imaju dobar izbor (choice) knjiga.
4. **A:** Mogu li da *(gledam, pogledam)* tu knjigu o manastiru Studenici? **B:** Samo izvolte.
5. **A:** Gde je Rita?
   B: Eno je u knjižari. *(Kupi, kupuje)* ploče.
6. **S:** Ne mogu ovo da *(čitam, pročitam)*.
   Šta *(piše, napiše)* ovde?
   Molim vas, *(čitajte, pročitajte)* mi.

V Odgovorite na ova pitanja kao u primeru:

Primer **A:** Sviđa li vam se ova knjiga? **B:** Ne ...
         B: *Ne sviđa mi se.*

1. Sviđa li vam se ova pesma?
2. Sviđa li mu se ta devojka?
3. Sviđa li im se glas ove pevačice?
4. Sviđaju li joj se njegova kola?

VI Stavite odgovarajući padež gde je potrebno:

1. **A:** Šta da kupim ... *(Bojan)*?
   B: Kupite ... *(on)* ... *(neka lepa knjiga)*.
2. Pogledajte ... *(ova knjiga)* o ... *(manastir Studenica)*.
3. **A:** Šta kupujete, ... *(drug Marković)*?
   M: Kupujem ... *(poklon)* za ... *(rođendan)*.
   A: ... *(Ko)* ga kupujete?

     M: ... *(Svoja sestra)*. Sviđa li ... *(vi)* se ovaj poklon?
     A: Mnogo ... *(ja)* se sviđa. Vrlo je lep.
4. **Rita:** ... *(Nada)*, čeka ... *(vi)* Jovan pred ... *(kuća)*.
   Nada: Evo ... *(je)* odmah.
5. Molim ... *(ti)*, kupi ... *(ja)* novine. Evo ... (ti) pet ... *(dinar)*.

VII Sastavite rečenice sa ovim glagolima *(Make sentences with these verbs)*:

1. kupiti
2. kupovati
3. uzeti
4. uzimati
5. pisati
6. napisati
7. sesti
8. sedati

VIII Prevedite:

Who are you buying the record for? —
For Robert. Tomorrow's his birthday. —
Oh, yes. I must also get something for him. What shall I get him? —
Why don't get him a nice book about Yugoslavia? —
Excellent!

2. You are always taking my pen! Where's yours? —
I haven't got it.
Why don't you get one (it)? Pens aren't expensive. —

DVADESET PRVA LEKCIJA

1.

Robert: Gde je Žan? Nisam ga video od prošlog petka.
Džim: Ja ga nisam video, ali sam ga čuo, jer mi je telefonirao pre pola sata. Sinoć se vratio s puta.
Robert: S puta? Nisam znao da je bio na putu. Gde je bio?
Džim: U manastiru Studenici.
Ana: Divno!
Robert: Evo Žana i Nataše ... Čujemo da ste bili u Studenici.

Nataša: Ja nisam bila. Bio je samo Žan.
Ana: Što i ti nisi išla?
Nataša: Na žalost, nisam mogla. Juče je bio jedan prijatelj našeg oca te smo Boris i ja morali da ostanemo.
Ana: S kim ste išli, Žane?
Žan: S Brankom i njenom drugaricom Jelenom. Jelena je student istorije umetnosti pa smo imali odličnog vodiča.
Kora: Jeste li išli kolima?
Žan: Nismo. Išli smo ,,Putnikovim" autobusom, jer je Jelena vodila grupu stranaca. Bila su dva slobodna mesta pa nam je Branka javila. Žao mi je što je Nataša morala da ostane, jer je imala veliku želju da vidi Studenicu.

Robert: Da li je put bio interesantan?
Žan: Jeste, bio je interesantan. Vozili smo se kroz lepe predele naročito kad smo išli kroz kanjon reke Ibra.
Ana: Kako vam se svidela Studenica?
Žan: Izvanredno.

ZAPAMTITE:

> On je bio *na putu*.
> Ona se vratila *s puta*.

2.
Manastir Studenica ima divan položaj. On se nalazi na vrlo lepom mestu u šumi daleko od glavnog puta.

Manastir se sastoji iz tri crkve. Glavna crkva je iz 12. veka. To je divna zgrada obložena belim mermerom, a portal i prozori su od belog kamena. Sve tri crkve imaju vrlo lepe freske. Naročito su lepe u glavnoj crkvi. Freske su iz 13, 14. i 15. veka.

OBJAŠNJENJA — COMMENTS

1. The active past participle

Infinitive	Inf. stem	Active past participle		
ráditi	radi-	rádio (m)	rádila (f)	rádilo (n)
pìti	pi-	pìo	píla	pílo
pèći	pek-	pèkao	pèkla	pèklo
mòći	mog-	mògao	mògla	mòglo
jèsti[1]	jed-	jèo	jèla	jèlo
sèsti[1]	sed-	sèo	sèla	sèlo
ìći (irr.)		ìšao	ìšla	ìšlo

a. The active past participle is formed by adding **participial** endings to the infinitive stem.

If the infinitive stem ends
(1) in a vowel, the endings are:

    -o (m)   -la (f)   -lo (n)   for the *singular*
    -li   -le   -la   for the *plural*

(2) in a consonant, the endings are:

    -ao (m)   -la (f)   -lo (n)   for the *singular*
    -li   -le   -la   for the *plural*

Note. The ending -le for the feminine plural is often replaced in ordinary speech by masculine plural (-li) when used for human beings (female).

[1] With these verbs the **s** from the infinitive is dropped.

21

b. The active past participle is also called the verbal adjective since it has many of the characteristics of the definite adjective. It agrees with its subject in gender and number, and changes its endings according to its gender.

Džim je **bio** na putu.	Jim was on a trip.
Branka je **bila** na putu.	Branka was on a trip.
Vreme je **bilo** lepo.	The weather was fine.

c. When **vi** (you) is used to a single person as a polite form, a man or a woman, the past participle is always in the masculine plural:

S kim ste **išli**?	Who did you go with?
Bili ste na putu?	You were on a trip?

2. Formation of the perfect tense and its use

a. The perfect tense is a compound tense formed from the present of the verb **jesam** and the active past participle. In the a f f i r m a t i v e only the short forms are used.

The Perfect of **raditi**

Sing.:	1.	ja sam rádio	*or*	rádio sam (I worked, or I have worked)
		ja sam rádila		rádila sam
	2.	ti si rádio		rádio si
	3.	on je rádio		rádio je
		ona je rádila		rádila je
		ono je rádilo		rádilo je
Plur.:	1.	mi smo rádili	*or*	rádili smo
		mi smo rádile		rádile smo
	2.	vi ste rádili		rádili ste
		vi ste rádile		rádile ste
	3.	oni su rádili		rádili su
		one su rádile		rádile su
		ona su rádila		rádila su

b. There are two ways of forming q u e s t i o n s :

(1) by introducing the long forms of the verb **jesam** followed by the particle **li** and the active past participle of the verb concerned,

(2) by introducing the question marker **da li** followed by the short forms of the verb **jesam** (verbal enclitics) and the active past participle of the verb concerned.

Interrogative						
jèsam li (jâ)	rádio	(rádila)?	*or*	dȃ li	sam rádio,	rádila?
jèsi li (tî)	rádio	(rádila)?			si rádio,	rádila?
jȇ li (ôn)	rádio	____?			je rádio?	____
jȇ li (òna)	____	rádila?			je ____	rádila? etc.

c. The n e g a t i v e of the perfect is formed from the negative form of **jesam** followed by the active past participle of the verb concerned.

				Negative			
jâ	nìsam	rádio	(rádila)	or	nìsam	rádio	(rádila)
tî	nìsi	rádio	(rádila)		nìsi	rádio	(rádila)
ôn	nìje	rádio	_____		nìje	rádio	_____
òna	nìje	_____	rádila		nìje	_____ rádila, etc.	

d. The long form of the verb **jesam** is used in short replies to questions:

    Jèste li bíli na pútu? or   **Jèsam.**
    Dà li ste bíli na pútu?   **Nísam.**
    (Have you been on a trip?)   (Yes, I have — No, I haven't.)

e. The personal pronoun is frequently omitted as subject. This is possible since person, number and gender are indicated partly by the auxiliary verb **jesam** and partly by the active past participle. In this case the word order is: active past participle followed by short forms of **jesam** (verbal enclitics): **radio sam, radila si,** etc.

    The personal pronoun (the subject) may also be omitted in the subordinate clause if it is the same as in the main clause, or whenever the referent in question is perfectly clear:

    Nisam ga video, ali sam ga (**ja**) čuo.   I haven't seen him, but I have heard him.
    A: Žan se vratio s puta.   Jean has returned from the trip.
    B: Nisam znao da je (**on**)   I didn't know he had been on
    bio na putu.   a trip.

f. Serbo-Croatian has several tenses which can be used to express a past action, but in ordinary speech the perfect is almost the only past tense used for any action completed in the past:

    Video sam ga pre pola sata.   I saw him half an hour ago.
    Juče **sam čitao** ceo dan.   I was reading all day yesterday.
    Nisam ga **video** od petka.   I haven't seen him since Friday.

3. Enclitics — the word order

a. If verbal and pronominal enclitics occur together, the verb precedes the pronoun:

    Video **sam** ga.   I've seen him. (I saw him.)
    Mi **smo** ga videli.   We've seen him. (We saw him.)

b. If there are two pronominal enclitics, the dative precedes the accusative:

    Ja sam **mu ga** pročitao.   I've read it to him.
    Oni su **joj** ga kupili.   They have bought it for her.

c. If the verbal enclitic is **je** (is), it follows the pronoun:

   Videla ga **je** juče.   She saw him yesterday.
   Da li vam **je** telefonirao?   Has he phoned you?

d. In the negative perfect the pronominal enclitic precedes the auxiliary verb:

   Ja **ga** nisam video.   I haven't seen him. (I didn't see.)
   Mi **mu** nismo telefonirali.   We haven't phoned him. (We didn't...)

   But if the subject (the personal pronoun) is omitted, the pronominal enclitic follows the negative auxiliary verb in compound tenses:

   Nisam **ga** video.   I haven't seen him. (I didn't...)
   Nismo **mu** telefonirali.   We haven't phoned him. (We didn't...)

e. If there are some other enclitics — verbal or pronominal — in the sentence, **se** takes last position:

   Ja sam **se** vratio.   I've come back.
   Da li im **se** svideo manastir Studenica?   Did they like Studenica monastery?

   When **je** and **se** occur together, **je** follows **se**, but it is usually omitted in speech:

   On **se** (**je**) vratio s puta.   He has returned from the trip.
   Svideo mu **se** (**je**) taj manastir.   He liked that monastery.

f. Remember that the enclitics must come after a clause introducer such as conjunctions (**da, kad, ako, jer**) and interrogative words (**gde, odakle, kako, čiji**, etc.).

4. Ordinal numbers (I)

If you have learned the lesson numbers, you know the ordinal numbers from 1 to 19 in the feminine form.

a. The ordinal numbers from 5—99 are formed by adding -**i** (m), -**a** (f), -**o** (n) to the cardinal number. The ending -**e** for the neuter is only for **treće** (third).

   Cardinals: pêt   (5)   dvánaest (12)   dvádesēt (20)
   Ordinals: pêtī   (m)   dvánaestī   dvádesētī
               pêtā   (f)   dvánaestā   dvádesētā
               pêtō   (n)   dvánaestō   dvádesētō

Exceptions are:

   pȓvī, pȓvā, pȓvō — first   čètvrtī, čètvrtā, čètvrtō — 4th
   drȕgī, drȕgā, drȕgō — second   sêdmī, sêdmā, sêdmō — 7th
   trȅćī, trȅćā, trȅćē — third   ôsmī, ôsmā, ôsmō — 8th

21

b. Ordinal numbers are considered as definite adjectives and as such agree with the noun:

prvi vek — the 1st century **prva** lekcija — the 1st lesson
prvo pozorište — the first theatre

c. If a preposition governs an ordinal number, the accent is transferred to this preposition, and is short--rising (`).

ìz dvānaestōg veka   from the twelfth century
ù dvānaestōm veku   in the twelfth century

d. In Serbo-Croatian the ordinal number is followed by a period except when followed by another punctuation mark.
    u 12. veku   in the 13th century
    u 13, 14. i 15. veku   in the 13th, 14th and 15th centuries

VEŽBANJA — EXERCISES

I Vežbajte ove rečenice:

1. Mladić: Juče sam bio u manastiru Studenici.
2. Devojka: Ja sam bila na moru prošle nedelje.
3. Mladić i devojka su bili na putu.
4. Vreme je bilo vrlo lepo.
5. Da li ste se vozili kroz lepe predele? Jesmo.
6. Da li je put bio interesantan? Jeste.
7. Je li vaša sestra bila na izletu? Nije.
8. Jeste li išli kolima? Nisam. (Nismo).
9. Ko je vodio tu grupu stranaca? Vodila je Jelena.
10. Gde je vaš brat? Nisam ga video od prošlog petka.
11. Mi ga nismo videli od srede.
12. Iz koga je veka manastir? Iz dvanaestog veka.

II Pitajte i odgovorite kao u primeru *(Ask and answer as in the example)*:

  Primer **A:** Pitajte Žana šta mu je Branka javila.
         B: *Žane, šta vam je Branka javila?*
         Ž: *Javila mi je da su dva mesta slobodna.*

1. Pitajte Roberta ko mu je telefonirao pre pola sata.
2. Pitajte Žana kada se vratio s puta.
3. Pitajte ga gde je bio.
4. Pitajte Natašu zašto i ona nije išla na izlet.
5. Pitajte je ko je bio u Beogradu toga dana.
6. Pitajte Žana s kim je išao na izlet.
7. Pitajte ga ko je Jelena.
8. Pitajte Jelenu koga je vodila u Studenicu.

9. Pitajte Žana kroz kakve su se predele vozili.
10. Pitajte ga kako mu se svidela Studenica.
11. Pitajte Jelenu gde se nalazi manastir Studenica.
12. Pitajte vodiča iz koga su veka freske.

III Popunite ove rečenice radnim pridevom istaknutih glagola *(Complete these sentences with the past participle of the indicated verbs)*:

Primer **A:** Kada ste ... *(biti)* u Studenici?
B: Kada ste *bili* u Studenici?

1. **Ana:** Gde ste ... *(biti)*, Jovane? Nisam vas ... *(videti)* 10 dana. **Jovan:** ... *(biti)* sam na moru. **Ana:** Kakvo je ... *(biti)* vreme? **Jovan:** Divno! ... *(biti)* je vrlo toplo.
2. **Robert:** Nisam vas dobro ... *(čuti)*. Šta ste mi ... *(kazati)*? **Branka:** ... *(kazati)* sam vam da sam ... *(biti)* u manastiru Studenici. **Robert:** I ja sam ... *(hteti)* da idem, ali nisam ... *(moći)*.
3. **Vera:** Bojane i Branka, jeste li ... *(jesti)* kolače? **Bojan:** Jesmo. Sve smo ih ... *(pojesti)*.

IV Stavite istaknute glagole u prošlo vreme *(Put the indicated verbs into the perfect)*:

Moja *je* sestra vodič. Ona često *radi* i nedeljom, jer *vodi* grupe stranaca na izlet. Njenom mužu *nije* prijatno da ostane sam (by himself), zato što *mora* da se brine o dvoje dece. Pre podne obično *idu* u park. Deca *se igraju*, a on *čita* novine. Obično *ne može* da ih pročita, jer deca *hoće* da igraju fudbal s njim. Onda *traže* da jedu i piju. Kad sve *pojedu* i *popiju*, *traže* da se voze, i tako dalje.

V Stavite ove rečenice u upitni oblik *(Put these sentences into the interrogative form)*:

1. Branka je išla autobusom u Studenicu.
2. Išli ste kroz kanjon reke Ibra.
3. Vreme je bilo lepo.
4. Videli smo sve freske.
5. Video si ga sinoć.
6. Muž joj se vratio s puta.

VI Odgovorite kratko u odričnom obliku *(Give short negative answers)*:

Primer **A:** Da li je Nataša bila na izletu?
B: *Nije.*

1. Da li je Branka vodila grupu stranaca?
2. Jeste li pročitali današnje novine?
3. Jeste li vas dvoje imali dobra mesta u autobusu?
4. Jesam li vam pokazao sliku manastira Studenice?
5. Da li su se tvoji prijatelji vratili sa izleta?
6. Jesam li uzeo tvoju čašu?

VII Popunite praznine enklitikama. Pazite na red reči. *(Fill in the gaps with the enclitics. Mind the word order)*:

Primer **A:** On ... *(je, vas)* pozdravio.
B: On *vas je* pozdravio.

1. **Marko:** Da ... *(me, ste, li)* zvali?
   Žan: Jesam. Zvao ... *(vas, sam)* juče ujutru, ali niste bili kod kuće. Bio sam u Studenici ...
   Marko (Veri): Žan ... *(me, je)* zvao. Bio je u Studenici.
   Vera: U manastiru Studenici? Kako ... *(se, mu)* svideo?
   Marko: Izvanredno ... *(se, mu)* svideo.
2. Branka i Žan su bili na putu.
   Nada: Da ... *(li, se, su)* vratili?
   Vera: Jesu.
   Nada: Kad ... *(se, su)* vratili?
   Vera: Danas po podne.
3. Jovan je kupio odelo u Zagrebu.
   Dejan: ... *(si, li, da, ga)* pitao gde je kupio odelo?
   Saša: Jesam. Kaže da ... *(ga, je)* kupio u Zagrebu.

VIII Odgovorite na pitanja i stavite odgovarajući predlog (*Give answers to the questions and put the correct preposition*):

1. **A:** Kuda Žan ide? **B:** Ide ... *(manastir Studenica)*.
2. **S:** Gde je bio pre dva dana? **B:** Bio je ... *(Studenica)*.
3. **A:** Kuda ideš? **B:** Idem ... *(put)*.
   A: Gde si bila? **B:** Bila sam ... *(put)*.
4. **A:** Kuda ide Bojan? **B:** Ide ... *(bolnica)*.
   A: Gde je bio danas pre podne? **B:** Bio je... *(bolnica)*.
5. **A:** Kuda idu vaši studenti? **B:** Idu ... *(more)*.
   A: Gde su bili prošle nedelje? **B:** Bili su ... *(more)*.

IX Prevedite:

Pavle: Branka and Jelena, where were you last weekend (vikend)?
Branka: We were on a trip. And you?
Pavle: I was in my country house. Who did you go with?
Branka: With a foreign student.
Pavle: Did you go to the seaside?
Branka: No, we didn't. We went to the monastery Studenica.
Pavle: It's a lovely monastery. I was in Studenica two years ago. Did you also visit (*posètiti*, Cl. VI) some other monasteries?
Branka: I'm afraid not.

DVADESET DRUGA LEKCIJA

1.

|Robert je morao da ode u banku da promeni novac. U banci je bilo mnogo sveta te je dugo čekao. Kad je izišao iz banke, otišao je da telefonira Branki.|

Robert: Ovde Robert. Dobar dan. Molim vas Branku
Vera: Nije kod kuće. Otišla je u kancelariju.
Robert: Rekla mi je da joj se javim, ali sam se zadržao u banci.
Vera: Otidite do njene kancelarije.
Robert: Na kome je spratu?
Vera: Na trećem. Čujem da putujete u Split za Prvi maj. Jeste li već bili tamo?
Robert: Nisam još bio.
Vera: Koga (datuma) polazite?
Robert: Dvadeset devetog. Kroz tri dana.
Vera: Kroz tri dana? A, koji je danas?
Robert: Dvadeset šesti.
Vera: E, pa, srećan vam put, Roberte.
Robert: Hvala, gospođo Marković.

2.

|Robert ulazi u Brankinu kancelariju.|

Robert: Mogu li da uđem?
Branka: O, došli ste, Roberte. Uđite.

Robert:	Izvinite što sam zakasnio. Dugo sam se zadržao u banci, jer je bila velika gužva.
Branka:	Uvek je velika gužva pred praznike.
Robert:	Imate mnogo posla?
Branka:	Strašno mnogo. Vidite, radim i posle podne. Mnogo sveta putuje za Prvi maj, jer većina radnih ljudi ima četiri slobodna dana.
Robert:	Četiri dana?
Branka:	Subota i nedelja, i dva dana za Prvi maj. Mi ne radimo dva dana za praznike, kao što su Prvi maj, Dan Republike, ili Nova godina. A, sad, pođite sa mnom da uzmete svoju kartu.

/Robert i Branka izlaze iz kancelarije i odlaze na prvi sprat, gde je Robert uzeo svoju kartu./

ZAPAMTITE:

> *Koji je danas* (datum)?
> *Danas je drugi maj.*
> *Izvinite što sam zakasnio.*
> *Srećan put!*

OBJAŠNJENJA — COMMENTS

1. Ordinal numbers (II)

With the ordinal numbers 1—20, the whole unit is declined: **deseti, dvanaesti, petnaesti**. From 20 on, that is in compound numbers, only the last element is declined and is ordinal, while the preceding parts are cardinal:

    dvadeset **prvi** (21st)   pedeset **sedmi** (57th)

2. The names of the months

jànuār, CS siječanj	January
fèbruār (G. fèbruāra), CS veljača	February
mārt, CS ožujak	March
àprīl (G. aprīla), CS travanj	April
māj (P. māju), CS svibanj	May
jûn = jûni, CS lipanj	June
jûl = jûli, CS srpanj	July
àvgūst = àugūst, CS kolovoz	August
sèptēmbar (G. sèptēmbra), GS rujan	September
òktōbar (G. òktōbra), CS listopad	October
nòvēmbar (G. nòvēmbra), CS studeni	November
dècēmbar (G. dècēmbra), CS prosinac	December

The names of the months are not capitalized in Serbo-Croatian and are of masculine gender. In CS the month **veljača** (February) is of feminine gender.

Dođite u **septembru**.	Come in September.
Bio je ovde od **maja** do **oktobra**.	He was here from May till October.

3. Dates

The date in Serbo-Croatian is always expressed in ordinal numbers.

a. In answering the question **Koji je danas (datum)?** — What's the date today?, the month and the ordinal number or the last element of the compound number are in the nominative:

Danas je } **prvi maj.**
dvadeset treći
april (23. april)

Today is } the first of May.
the twenty-third of April.

b. In answering the question: **Koga datuma?** (On what date?), or: **Kada?** (When?), both the month and the ordinal number or the last element of the compound number are in the genitive.

Dođite **prvog maja**.	Come (on) the first of May.
Oni putuju u Split **dvadeset devetog aprila**	They are leaving for Split (on) April 29th.

If the month is understood, it is usually omitted:

Oni putuju dvadeset **devetog**.	They are leaving (on) the 29th.

4. IĆI and its compounds

a. ići (to go) is an irregular verb having three stems: **-i, -id, -iš**. It is a durative verb which can become compound and perfectivised when a prepositional prefix is added. Its meaning and its aspect are altered.

Infinitive	*The present*	*Active past participle*
dóći (to come)	dôdēm	dòšao, dòšla, dòšlo
ìzīći (to go out)	ìzīdēm	izišao, izišla, izišlo
òtići (to go away)	ödēm = òtīdēm = òtidēm	òtišao, òtišla, òtišlo
pòći (to start off)	pôdēm	pòšao, pòšla, pòšlo
úći (to enter)	ūdēm	ùšao, ùšla, ùšlo

b. the imperfective form of these verbs has a different root and belongs to Class VI verbs:

ìzīći — **ìzlaziti**	úći — **ùlaziti**
òtići — **òdlaziti**	dóći — **dòlaziti**
póći — **pòlaziti**	

VEŽBANJA — EXERCISES

I Vežbajte ove rečenice:
1. Moram da odem u banku.
2. U banci je bilo mnogo sveta.
3. Izvinite što sam zakasnio.
4. Koji je danas? Dvadeset šesti (april).
5. Kad polazite na put? Dvadeset šestog (aprila).
6. Kad ste pošli iz Beograda? Pošli smo u 6 sati.
7. Da li je došla vaša ćerka? Još nije došla.
8. Kad odlaze vaši studenti? Sutra ujutru.
9. Jesu li otišli vaši studenti? Jesu.
10. Srećan vam put!

II Odgovorite na ova pitanja:
1. Zašto je Robert morao da ode u banku?
2. Da li je mogao odmah da promeni novac?
3. Da li je Branka bila kod kuće kad joj je telefonirao?
4. S kim je razgovarao?
5. Kuda Robert putuje za Prvi maj?
6. Kada polazi na put?
7. Koji je danas?
8. Na kome je spratu Brankina kancelarija?
9. Šta je Robert rekao kad je ušao kod Branke?
10. Zašto Branka ima mnogo posla?

III Koji je danas? Pročitajte datume:
Primer **A:** Danas je 8. I.
        B: Danas je *osmi januar.*

a. 3. III. b. 30. VIII. c. 17. VII. d. 2. II.
e. 24. XI. f. 1. IV. g. 13. XII. h. 21. XI

IV Stavite u odgovarajući padež:
1. Pošli smo iz Beograda 29. ... *(april).*
2. Bio sam na putu 23. ... *(jul).*
3. Kad ste bili na ... *(more)*? U ... *(mesec novembar)*
4. Naši studenti odlaze 19. ... *(jun).*
5. Njen je rođendan bio 1. ... *(januar).*
6. Oni stanuju na 13. ... *(sprat).*

V Popunite ove rečenice glagolima koji imaju suprotno značenje:
1. Možeš *otići* kad hoćeš, ali moraš ... na vreme.
2. Dve žene *izlaze* iz banke, a jedan muškarac ... .
3. On je mogao da *uđe*, ali nije mogao da ... .

VI Izaberite odgovarajući glagol:

1. **A:** Mi putujemo u Dubrovnik. Što ne ... *(polaziš, podeš)* s nama?
   B: Ne mogu. Imam mnogo posla.
2. **A:** Gde su Džim i Jelena?
   B: ... *(odlazili su, otišli su)* na Kalemegdan.
   A: ... *(odlaze, otidu)* li često na Kalemegdan?
   B: Ne ... *(odlaze, otidu)*.
3. Kad sam ... *(ulazio, ušao)* u banku, video sam vašeg brata.
   On je baš (just) ... *(izlazio, izišao)* iz banke.
4. On nam je rekao da ... *(ulazimo, udemo)* u sobu.
   Kad smo ... *(ulazili, ušli)*, on je odmah ... *(izlazio, izišao)*!

VII Sastavite pitanja za ove odgovore *(Make questions for these answers)*:

1. Danas je 18. mart.
2. On je promenio 80 dolara u banci. (Three questions!)
3. Zato što je velika gužva.
4. Oni polaze 29. aprila.
5. Njihov stan je na osmom spratu.

VIII Vežbajte intonaciju *(Practise the intonation)*:

1. **A:** Imamo četiri slobodna dana.
   B: *Četiri dana?*
2. **A:** Ne radimo u utorak.
   B: *Ne radite?*
   A: Praznik je pa ne radimo dva dana.
   B: *Dva dana?*
   A: Da.
3. **A:** Putujem dvadeset devetog.
   B: *Dvadeset devetog?* Mislio sam da putujete tridesetog.
4. **A:** Njena je kancelarija na trećem spratu.
   B: *Na trećem?*
   A: Da, ali ima lift!
5. **A:** Molim vas Branku.
   B: Nije kod kuće.
   A: *Nije?* A rekla mi je da joj se javim.

IX Prevedite:

Jovan and Nada are expecting (**očekívati,** očèkujēm, Cl. IVb) Marko and Vera to lunch.
Nada: They haven't come yet. — Jovan: No, they haven't.
Nada: I told them to come at 12.30, and now it's almost one o'clock.
Jovan: Today's Saturday and ... there, they are! I can see Marko's car ...
Marko: Excuse us being late. We left (started off) at 12, but there was an awful (**strášan, strášna, -o**) traffic jam (**gûžva, f**).
Vera: And we had to go to the filling station — petrol pump — (**bènzīnskā pûmpa,** f). There were many cars there, too.

DVADESET TREĆA LEKCIJA

NA KALEMEGDANU

Džim: Beograd zaista ima vrlo lep položaj.

Jelena: Da, jer leži na obalama Save i Dunava.

Džim: Odavde je divan pogled na Novi Beograd.

Jelena: To je već veliki grad. Znate li da na tom mestu nije bilo nijedne zgrade pre rata? Sve su sagrađene posle rata, i u njima danas živi preko dve stotine hiljada ljudi:

Džim: Izvanredno! Da li je Beograd stari grad? Nisam video mnogo spomenika koji su stari preko dve stotine godina.

Jelena: Na žalost, nema ih mnogo. U stvari, Beograd je vrlo stari grad, ali je stradao u mnogim ratovima. Rušili su ga trideset sedam puta! Na primer, od 1591. bio je pod Turcima, zatim pod Austrijancima, pa ponovo pod Turcima. Naročito je mnogo stradao u drugom svetskom ratu od 1941. do 1945. godine.

Džim: Rekli ste od 1941. godine?

Jelena: Da. U našoj je zemlji rat trajao od 6. aprila 1941. do 1945.

Džim: Nisam to znao.

Jelena: Da li je ono Robert? ... Jeste. Evo ga dolazi ...

Džim: Je li sve u redu, Roberte?

Robert: Jeste. Uzeo sam kartu.

Jelena: Koliko ste platili?

Robert: 834 dinara i 80 para.

Jelena: To je veoma povoljna cena za to putovanje. A sada, hajdemo na izložbu.

Robert: U Muzej savremene umetnosti?

Jelena: Da.

Jugoslovenski novac

Jedan dinar ima sto para.

Novčanice su od:

deset dinara	(10)
dvadeset dinara	(20)
pedeset dinara	(50)
sto dinara	(100)
petsto dinara	(500)
hiljadu dinara	(1000)

Metalni novac je od:

pet pârā	(5)
deset pârā	(10)
dvadeset pârā	(20)
pedeset pârā	(50)
jedan dînār	(1)
dva dînāra	(2)
pet dinára	(5)
deset dinára	(10)

OBJAŠNJENJA — COMMENTS

1. The dative and prepositional in the plural

a. Masculine, neuter and feminine nouns ending in a consonant have the ending **-ima** in the dative and prepositional plural. Feminine nouns ending in **-a** have the ending **-ama**:

N. pl.: grȁdovi pèra stvâri žène
D. and P. pl.: grȁdov**ima** pèr**ima** stvár**ima** žèn**ama**

b. Indefinite and definite adjectives, possessive and demonstrative pronouns (adjectives) have the same endings as nouns (**-ima**) for all genders, but may drop the last vowel (**-a**):

N. pl.: vìsokī, vìsokā, vìsokē; mòji, mòja, mòje
D. and P. pl.: vìsok**im(a)** mòj**im(a)**

2. The vocative plural

The vocative plural of all three genders of nouns, indefinite and definite adjectives and possessive pronouns has the same ending as the nominative plural.

3. The declension of nouns in the plural *(Table)*

Case	Masculine	Neuter	Feminine	
N.	grȁdovi	pèra	stvȃri	žȅne
G.	gradóvā	pérā	stvárī	žénā
D.	grȁdovima	pèrima	stvárima	žènama
A.	grȁdove	pèra	stvȃri	žȅne
V.	grȁdovi!	pèra!	stvȃri!	žȅne!
I.	grȁdovima	pèrima	stvárima	žènama
P.	grȁdovima	pèrima	stvárima	žènama

4. The declension of adjectives and MOJ in the plural *(Table)*

	Ind. and def. adjectives			Poss. pron. MOJ		
Case	Masc.	Neuter	Fem.	Masc.	Neuter	Fem.
N.	visoki	visok	visoke	moji	moja	moje
G.	v i s o k i h			m o j i h		
D.	v i s o k i m (a)			m o j i m (a)		
A.	visoke	visoka	visoke	moje	moja	moje
V.	visoki	visoka	visoke	moji	moja	moje
I.	v i s o k i m (a)			m o j i m (a)		
P.	v i s o k i m (a)			m o j i m a (a)		

5. Compound cardinal numbers from 100 on

a.
- 100   stô *or* stötina
- 101   stô jèdan *or* stô i jèdan
- 102   stô dvâ *or* stô ȋ dvā, etc.
- 200   dvê stötine *or* dvèsta, ijek. dvjèsta
- 300   trî stötine *or* trȉsta
- 400   čètiri stötine *or* čètiristô
- 500   pêt stötīnā *or* pêtstô
- 800   ösam stötīnā *or* ösamstô
- 100   hȉljada, CS tȉsuća
- 10000   dèset hȉljādā (tȉsūćā)
- 100000   stô hȉljādā
- 1000000   milìōn, CS milìjūn

b. stotina (hundred) and **hiljada, CS tisuća** (thousand) are feminine nouns. When meaning "one" they take the accusative singular.

Remember that the noun following **stotina** and **hiljada** is in the genitive plural:

Ovaj spomenik je star **stotinu** (**sto**) godina.	This monument is a hundred years old
Ta slika košta **hiljadu** dinara.	That painting costs a thousand dinars.

c. If the year alone is given in explaining when something happened, **hiljada** is in the accusative and the last element of the number is in the genitive feminine even if **godina** is omitted.

> Bio je u Jugoslaviji **hiljadu**　　He was in Yugoslavia in 1977
> devetsto sedamdeset **sedme** (godine).　(in the year 1977).

d. If a preposition is given, the last element of the number and **godina** are in the appropriate case. Again, **godina** may be omitted.

> Rat je trajao **od** hiljadu devetsto　　The war lasted from 1941 until
> četrdeset **prve do** hiljadu　　1945.
> devetsto četrdeset **pete** (**godine**).

6. Double negation

In Serbo-Croatian two or three negative words may be used in one sentence or clause to express a negative statement.

> Na tom mestu **nije** bilo **ni**　　There was not (even) a single
> jedne (jedine) zgrade.　　building on that place.

7. BILO JE — NIJE BILO

We know that the forms **ima** and **nalazi(e) se** are often used for "there is (are)":

> Ima (Nema) mnogo sveta.　　There are (not) a lot of people.

But for a past action or state the perfect of **biti** is used in the neuter singular due to the collective and other quantity words: **bilo je** (there was—were), **nije bilo** (there was—were not). This expression is followed by the complement in the genitive.

> **Bilo je** mnogo sveta.　　There were a lot of people
> **Nije bilo** sveta.　　There weren't any people.

VEŽBANJA — EXERCISES

I Vežbajte ove rečenice:

1. Beograd leži na obalama Save i Dunava.
2. Beograd je stradao u mnogim ratovima.
3. Beograd je dugo bio pod Turcima.
4. Dolazite li često u Beograd? Dolazim.
5. Kad dolazi vaš sin? Šestog aprila.
6. Kad ste bili u Jugoslaviji? Hiljadu devetsto sedamdeset sedme.
7. Ovaj spomenik je star preko 200 godina.
8. Drugi svetski rat je trajao od 1939. do 1945. godine.

23

II Odgovorite na ova pitanja:

1. Gde leži Beograd?
2. Odakle je lep pogled na Novi Beograd?
3. Kada su sagrađene zgrade na Novom Beogradu?
4. Koliko stanovnika ima Novi Beograd?
5. Zašto u Beogradu nema mnogo starih spomenika?
6. Koliko su puta rušili Beograd?
7. Koliko je trajao drugi svetski rat?
8. Kuda su otišli Jelena, Džim i Robert?
9. Gde se nalazi Muzej savremene umetnosti?
10. Jeste li bili u tom muzeju?

III Pročitajte sledeće brojeve izražene u dinarima i parama

(Read the following numbers expressed in "dinars" and 'paras')

1. **A:** Imaš li *1000 (dinar)*? — **B:** *1000 (dinar)*? Nemam.
   A: Imaš li *200 (dinar)*? — **B:** Nemam.
   A: Koliko imaš? — **B:** Samo *2 (dinar)* i *5 (para)*!
2. Robert je promenio *100 (dŏlār,* m*)*.
3. Moje putovanje je koštalo *1548 (dinar)* i *50 (para)*.
4. Bojanov sat košta *957 (dinar)*.
5. Cena ovim kolima je *195600 (dinar)*.

IV Stavite u odgovarajući padež:

1. Beograd leži na ... *(obala)* Save i Dunava.
2. Beograd je vekovima (for centuries) bio pod ... *(Turci)*.
3. On je stradao u ... *(mnogi ratovi)*, a naročito u ... *(drugi svetski rat)*.
4. Ove kuće su sagrađene posle ... *(rat)*.
5. U ... *(te kuće)* stanuje mnogo ... *(ljudi)*.
6. Koliko ... *(sprat)* imaju te zgrade? Od 5 do 15 ... *(sprat)*.
7. *(U hotelu)* **A:** Jeste li rekli ... *(putnici)* da vrāte (vrátiti, Cl. VI. to return) ... *(ključevi)* od ... *(sobe)*? **B:** Jesam. Zašto?
   A: Svi ih još nisu vratili.
   B: Verovatno su putnici u ... *(svoje sobe)*.

V Izaberite odgovarajući glagol *(Choose the correct verb)*:

1. **A:** Kako ... *(dođete, dolazite)* na fakultet?
   B: Obično ... *(dođem, dolazim)* autobusom.
   A: Kako ste danas ... *(došli, dolazili)*? **B:** Peške.
2. **A:** Kad ... *(pođe, polazi)* autobus za Split?
   B: U 6 sati.
   A: A kad ... *(dođe, dolazi)* u Split?
   B: Ne znam. Pitajte onog službenika.

VI Sastavite rečenice u prošlom vremenu *(Make sentences using the perfect tense)*:
1. Oni ... biti ... na ... izložba ... slike ... u ... Muzej ... savremena umetnost.
2. Oni ... razgovarati ... sa ... slikari ... o .... njihove ... slike.
3. On ... govoriti ... svoji studenti ... o ... manastiri ... u ... Makedonija i Srbija.
4. Beograd ... biti ... dugo ... pod ... Turci.
5. (Ja) ... platiti ... 77.500 ... *(dinar)* za ... to putovanje.

VII Prevedite:
1. **A:** On which rivers does Beograd lie?
   B: On the Sava and the Danube.
2. **A:** Are there many old buildings and monuments in Beograd?
   B: No, there aren't, because Beograd suffered damage in many wars, and particularly in the World War II. Even **(čăk)** the National Library was destroyed **(ùništen, -a, -o)**.
   A: When was the National Liberary in Skerlićeva Street built?
   B: After the war.

SPLIT

ČETVRTO DOPUNSKO ŠTIVO

1.
Dvadeset devetog aprila grupa stranih studenata otputovala je avionom u Split. Od Beograda do Splita leteli su 50 minuta. Na aerodromu su ih dočekali splitski studenti — dve devojke i dva mladića. Za vreme svog boravka u Splitu, bili su u društvu ovih simpatičnih i veselih studenata. Bilo je vrlo prijatno u njihovom društvu. S njima su razgledali znamenitosti grada i išli na izlete, a uveče su išli da igraju ili da slušaju lepe pesme. Vreme je bilo divno. Bilo je veoma toplo pa su se čak kupali u moru. U Splitu su ostali četiri dana i lepo su se proveli.

2.
Split. Split leži u podnožju Marjana. Marjan je brdo na kome je vrlo lepa šuma i park. Odavde je izvanredan pogled na grad, more, ostrva i planine. Tu se nalazi Galerija Ivana Meštrovića, velikog jugoslovenskog vajara.
   Krajem trećeg veka Split je osnovao rimski car Dioklecijan. On je sagradio veliku i divnu palatu u kamenu gde je proveo poslednje dane svoga života. Palata je opasana visokim i debelim zidinama.
   Stari Split se razvio unutar zidina i Dioklecijanove palate. U njemu je divna katedrala, a ima i mnogo starih i lepih crkava, palata, muzeja i drugih spomenika. Tu danas živi preko tri hiljade stanovnika.

Odgovorite na ova pitanja:

1. Kako su strani studenti otputovali u Split?
2. Koliko su leteli?
3. Ko ih je dočekao na splitskom aerodromu?
4. U čijem su društvu bili za vreme svoga boravka u Splitu?
5. Kuda su išli sa splitskim studentima?
6. Kakvo je bilo vreme?
7. Koliko su ostali u Splitu?
8. Kako su se proveli?

Odgovorite na ova pitanja:

1. Gde leži Split?
2. Šta se nalazi na Marjanu?
3. Ko je Ivan Meštrović?
4. Ko je osnovao Split?
5. Kakvu je palatu sagradio?
6. Čime je opasana ta palata?
7. Šta se danas nalazi na tom mestu?

ZAPAMTITE:

Razgledali smo znamenitosti grada.
Bilo je toplo pa smo se čak kupali u moru.
Lepo smo se proveli.

Četvrto dopunsko štivo

VEŽBANJA — EXERCISES

I Stavite u odgovarajući padež:

1. Studenti su otputovali u ... *(Split)*.
   U ... *(Split)* su bili četiri ... *(dan)*.
   Za vreme ... *(svoj boravak)* bili su u ... *(društvo)* ... *(splitski studenti)*.
2. Studenti su se šetali ... *(uske ulice)* ... *(stari grad)*.
   Zatim se sedeli pred ... *(kafàna f)* — coffee house) i pili ... *(kafa)*.

II Stavite odgovarajući glagol ili radni pridev *(Put the correct verb or active past participle)*:

1. Studenti ... *(putuju, otputuju)* u Split 29. aprila.
2. Oni su ... *(provodili, proveli)* četiri dana u Splitu.
3. Kad su bili u Splitu, oni su ... *(izlazili, izišli)* svako veče.
4. Prošle godine ... *(provodili, proveli)* smo svaki vikend na selu.
5. Nedeljom sam često ... *(otišao, odlazio)* u Trogir.
6. Robert je juče ... *(otputovao, putovao)* na more.
7. Gde su Džim i Kora? ... *(izišli, izlazili)* su sa splitskim studentima.
8. U ovoj divnoj palati Dioklecijan je ... *(provodio, proveo)* poslednje dane svoga života.

III Popunite rečenice rečima KO, KOJI, ČIJI:

1. U ... su grad otputovali strani studenti? U Split.
2. U ... su gradu ostali četiri dana? U Splitu.
3. U ... su društvu bili? U društvu splitskih studenata.
4. S ... su razgledali znamenitosti grada?
5. ... je opasana Diklecijanova palata? Visokim zidinama.

IV Stavite odgovarajući predlog:

1. Splitski studenti su dočekali strane studente ... *(u, na, do)* aerodromu.
   Bilo im je vrlo prijatno ... *(sa, u, za)* njihovom društvu.
   ... *(sa, u, za)* njima su razgledali znamenitosti grada.
2. Split leži ... *(na, za, u)* podnožju Marijana.
   Sa (from) Marjana je izvanredan pogled ... *(u, na, pred)* grad, more i ostrva.

V Sastavite rečenice u prošlom vremenu:

1. Mi ... kupati se ... more.
2. Vi ... provesti se ... lepo ... more?
3. Koga ... (vi) ... dočekati ... aerodrom?
4. Dioklecijan ... osnovati ... Split ... treći vek.
5. Dioklecijan ... sagraditi ... divna palata ... kamen.

VI 1. **Opišite jedan stari grad.**
   2. **Napišite kako ste proveli 1. maj.**

DVADESET ČETVRTA LEKCIJA

1.

Omladinske radne akcije. Svake godine, obično leti, hiljade i hiljade omladinaca i omladinki između 16 i 25 godina pomažu radnicima u izgradnji puteva, fabrika, železničkih pruga, studentskih domova. Neke radne akcije su povezane sa ratnim događajima ili istorijskim mestima. Na akciji radi omladina iz svih republika, a svaka smena traje mesec dana.

Život u brigadama je veseo. Kad ne rade, omladinci se bave sportom, igraju, sviraju ili pevaju. Često ih posećuju književnici i drugi umetnici te im je kulturni život raznovrstan.

Odgovorite na ova pitanja *(Give answers to these questions)*:
1. Kome pomaže jugoslovenska omladina?
2. Koliko traje svaka smena?
3. Kakav je život u brigadama?
4. Ko ih često posećuje?
5. Kakav im je kulturni život?

2.
[Kora, Džim i Ana su u pošti. Tu su sreli Sašu.]
Saša: Što vas nisam ranije sreo! Mogli ste mi pomoći, ali je sad kasno. Već sam predao pismo.
Kora: Kakvo pismo?
Saša: Jednom engleskom studentu koji dolazi na akciju. Hoće li ga razumeti?

24

Džim:	Nadam se da hoće.
Kora:	Dolaze li i strani studenti na akciju?
Saša:	Dabome. Brigade se sastoje i od omladinaca iz raznih zemalja sveta.
Kora:	Jeste li i vi bili na akciji?
Saša:	Još nisam, ali ću ići ove godine.
Ana:	Gde ćete raditi?
Saša:	Radiću na izgradnji auto-puta Beograd—Niš.
Ana:	Da li je Branka bila na akciji?
Saša:	Naravno. Ona je pomagala u izgradnji studentskog doma u kojem vi stanujete.
Ana:	Sjajno! I ja ću da idem na akciju. Hoćeš li i ti, Džime?
Džim:	Hoću.
Kora:	I ja ću.

Odgovorite na ova pitanja
(Answer these questions):

1. Koga su sreli Kora, Džim i Ana?
2. Zašto je Saša došao na poštu?
3. Odakle omladinci dolaze na radnu akciju?
4. Gde će Saša raditi?
5. Gde je Branka radila?

ZAPAMTITE:

Pomagati *u* izgradnji
Raditi *na* izgradnji

OBJAŠNJENJA — COMMENTS

1. The verb HTETI (II)

We know that the verb **hteti** (to want, to be willing) has both long and short forms of the present tense. The short forms are used as an auxiliary verb in the formation of the future tense. They are verbal enclitics and follow the same word order as **sam** (am), **ste** (are), etc.

The short forms of **hteti**

Sing.:	1. ću		2. ćeš		3. će	
Plural:	1. ćemo		2. ćete		3. će	

2. The future tense

a. The future tense is formed with the short forms of the present tense of the auxiliary verb **hteti** and the infinitive of the verb concerned.

The Future of **raditi**

Affirmative					
1. jâ	ću	ráditi	jâ	ću	ìći
2. tî	ćeš	ráditi	tî	ćeš	ìći
3. ôn </br> òna </br> òno }	će	ráditi	ôn </br> òna </br> òno }	će	ìći
1. mî	ćemo	ráditi	mî	ćemo	ìći
2. vî	ćete	ráditi	vî	ćete	ìći
3. òni </br> òne </br> òna }	će	ráditi	òni </br> òne </br> òna }	će	ìći

b. The subject may be omitted if the verb is preceded by some other word or phrase:

Ja ću ići na akciju u junu. </br>
U junu **ću ići** na akciju. } I'll go to the drive in June. </br>
Sutra **ćemo ići** na utakmicu. Tomorrow we'll go to the match.

In colloquial Serbo-Croatian the verb may be omitted if the meaning is clear from the context:

A: Ja ću ići na akciju. I'll go to the drive. </br>
B: I ja ću (**ići**). So shall I. (I'll go, too.)

c. The future can also be formed by suffixing the short forms of the auxiliary **hteti** to the infinitive (its ending -ti is dropped). The personal pronoun or noun used as subject is omitted since the auxiliary verb indicates person and number.

A variant spelling is used in Croatian-Serbian. The final -i of the infinitive is omitted before the short forms of the auxiliary verb, written separately.

The Future of **raditi**

(The other variant)

Serbo-Croatian *Croatian-Serbian*
1. rádiću (I shall work) rádit ću
2. rádićeš rádit ćeš
3. rádiće, etc. rádit će, etc.

d. If the infinitive ending is -**ći,** the -**ći** is not omitted and the whole infinitive is followed by the short forms of the auxiliary; they are written separately, but pronounced as one word:

Ìći ću. Dóći ćemo.   I shall go. We shall come.

e. The infinitive may be replaced by **da** and the present of a verb:

    I ja ću **ići**   n a akciju.   I'll go to the drive, too.
          da idem

f. The i n t e r r o g a t i v e future is formed with interrogative long forms of the auxiliary, followed by **li** and the infinitive of the verb concerned. In this case the interrogative auxiliary begins the sentence:

    Hoćemo li ići na utakmicu?   Shall we go to the match?

The question may be introduced by **da li** or an interrogative word followed by short or enclitic forms of the auxiliary and the infinitive of the verb concerned:

    Da li ćete ići na utakmicu?   Will you be going to the match?
    Kad ćete biti kod kuće?   When will you be at home?

g. The n e g a t i v e future is formed with the negative auxiliary verb **hteti** and the infinitive of the verb concerned. The negative auxiliary is not an enclitic.

    Neću ići na utakmicu.   I shan't go to the match.
    On **neće ići** na utakmicu.   He won't go to the match.

h. When **neću** is followed by **da** and the present tense of a verb, it expresses refusal and not pure futurity:

    Compare:
        Neću ići.   (futurity)
        Neću da idem.   (refusal)

VEŽBANJA — EXERCISES

I Vežbajte ove rečenice

1. Ja ću ići na radnu akciju.
2. I Ana će ići na akciju.
3. U junu ćemo ići na akciju.
4. Radićemo na izgradnji auto-puta.
5. Hoćete li ići na radnu akciju? Hoću.
6. Da li će i vaš brat ići? Neće.
7. Neću ići na poštu. Otići će moja sestra.
8. Ko će ići u bioskop?
9. Kad ćete biti kod kuće? Biću u 3 sata.
10. Gde ćete stanovati? Stanovaću u Studentskom domu.

II Stavite glagole u buduće vreme. (*Put the verbs into the future tense*):

1. Ja radim na pruzi, a ti radiš na auto-putu.
2. Mi sviramo, a vi pevate.
3. Omladinci rade u fabrici nameštaja.
4. U julu idemo na akciju.
5. I Ana ide na radnu akciju.
6. On ne ide ove godine na akciju.
7. Moram da predam ovo pismo na poštu.
8. Danas ne idem u bioskop.
9. Vi niste kod kuće danas posle podne.
10. Oni večeras sviraju, a ja pevam.

III Uradite ovo vežbanje kao u primeru
  Primer **A:** Sutra će biti lepo vreme.
   B: *Hoće li sutra biti lepo vreme?*

  1. Saša će ići na radnu akciju.
  2. Radiću na izgradnji auto-puta.
  3. Ove godine ćeš ići na akciju.
  4. Danas ćemo ići u bioskop.
  5. Stanovaćete u Studenskom domu.
  6. Oni će nam pomoći da prevedemo ovo pismo.
  7. Svaka smena će trajati mesec dana.
  8. Danas ćeš ići na poštu.

IV Uradite ovo vežbanje kao u primeru
  Primer **A:** Saša će ići na akciju.
   B: *Da li će Saša ići na akciju?*

  1. Radićemo u junu ili julu.
  2. On će razumeti moje pismo.
  3. Oni će ići s nama u pozorište.
  4. Radićete na pruzi.
  5. Ja ću pomagati u izgradnji novog auto-puta.
  6. Ona će pevati narodne pesme.

V Postavite pitanje (*Make questions*):
  1. Biću kod kuće u 3 sata. (*Kad* ... ?)
  2. Doći će tri studenta iz Engleske. (*Koliko* ... ?)
  3. Pomagaćemo radnicima u fabrici. (*Kome* ... ?)
  4. Stanovaćete u Studentskom dom?. (*Gde* ... ?)
  5. Omladinci će vam pomagati. (*Ko* ... ?)
  6. Doći ću sa svojim studentima. (*S kim* ... ?)

VI Popunite ove rečenice enklitikama. Pazite na red reči. (*Complete these sentences with the enclitics. Mind the word order*):

  1. Ko ..... pomoći da prevedemo ovo pismo? (*će, nam*)
  2. **A:** Da ... on razumeti naše pismo? (*će, li*)
     B: Nadam ... da ... razumeti. (*će, se, ga*)
  3. **A:** Šta će omladinci raditi posle rada (*râd* m — work)?
     B: Oni ... svirati ili ... baviti sportom. (*se, će*)
  4. **A:** Da ... pitali za novu smenu? (*ih, li, ste*)
     B: Nisam.
     A: Kada ... pitati? (*ih, ćete*)
     B: Večeras ... upitati. (*ću, ih*)

VII Prevedite:
  A: I may come (Perhaps I will come) on Sunday. Will you be at home?
  B: I'm afraid not, because we're going to the country. Can you come on Saturday?
  A: I might come after lunch. I'll give you a ring.

VIII Razgovor o omladinskim akcijama — svi slušaoci učestvuju.
  (*A conversation about work drives* — all students should take part.)

DVADESET PETA LEKCIJA

1.

Džim: Branka, hoćete li sutra ići na utakmicu?
Branka: Neću.
Džim: Zar nećete? Vi volite fudbalske utakmice.
Branka: Na žalost, ne mogu, jer imam sastanak.
Žan: Ne znam da li će Bojan ići.
Branka: Rekao mi je da ima mnogo posla. Jeste li ga pitali da li će ići?
Džim: Meni je rekao da će možda ići.
Žan: I da će nam uzeti ulaznice.
Branka: Za ulaznice ne brinite. Znam da ih je uzeo. Zovite ga posle osam. Koliko je sad sati?
Žan: Pet.
Branka: Zar je već pet? Moram da idem. Zdravo.

Odgovorite na ova pitanja:

1. Hoće li Branka ići na utakmicu?
2. Zašto neće?
3. Šta je Bojan rekao Džimu?
4. A šta Žanu?

2.

Fudbal je veoma popularan sport u Jugoslaviji.

Profesor Marković i njegova dva studenta Džim i Žan otišli su na utakmicu. Danas igraju dva popularna tima, Crvena zvezda i Partizan. Profesor navija za Partizan, a Džim i Žan navijaju za Zvezdu.

Bojan je Zvezdin navijač i ide na sve Zvezdine utakmice. Danas utakmica počinje rano, te Bojan neće ići, jer radi. Biće prenos (utakmice) na televiziji pa će gledati kod svog strica Đorđa, koji stanuje blizu bolnice.

Odgovorite na ova pitanja:

1. Ko je otišao na utakmicu?
2. Za koga Bojan navija, a za koga njegov otac?
3. Ide li Bojan često na fudbalske utakmice?
4. Kod koga će gledati prenos utakmice?

3.

Bojan: Zdravo, striče. Vodi li Zvezda?

Đorđe: Na žalost, ne vodi.

Bojan: Zar ne vodi? A koliki je rezultat?

Đorđe: Dva — dva.

Reporter: Loptu ima Zvezdin igrač ... da, to je desno krilo, ali je izgubio. Sad je gužva pred golom Crvene zvezde! Loptu ima levo krilo Partizana i oštro puca, ali je Zvezdin golman sjajno odbranio.

Bojan: Ah, divno je odbranio.

Reporter: Sudija je odsvirao kraj. Utakmica između Crvene zvezde i Partizana završila se nerešeno. Dva prema dva.

Đorđe: Bila je to lepa i uzbudljiva utakmica.

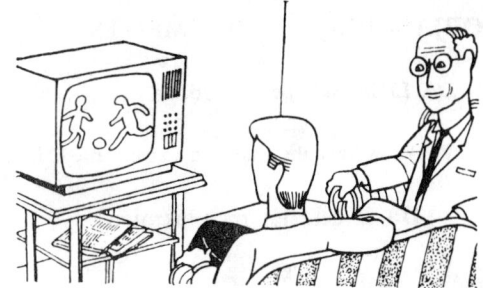

Odgovorite na ova pitanja:

1. Je li Crvena zvezda vodila kad je Bojan došao?
2. Ko je izgubio loptu?
3. Da li je igrač Partizana *dao* gol (**dȁo** from **dȁti,** to score a goal)?
4. Kako se završila utakmica između Crvene zvezde i Partizana?

ZAPAMTITE:

Ko je dao gol?
Sudija je odsvirao kraj (utakmice).
Utakmica se završila nerešeno.

25

OBJAŠNJENJA — COMMENTS

1. DA LI in indirect questions

a. We know that the question marker **da li** is used to introduce the interrogative sentence:

Da li ćete ići na utakmicu?	Are you going to the match?

b. da li (if, whether) may be used to introduce an indirect question if there is no question word in the indirect question:

Ne znam **da li** će (on) ići na utakmicu.	I don't know if he is going to the match.
Pitao me je **da li** sam uzeo ulaznice.	He asked me if I had got the tickets.

2. Indirect quotes

Indirect quotes in Serbo-Croatian are given in exactly the same tense as the speaker actually used and the verb tenses remain unchanged. There is no sequence of tenses.

„**Idem** na utakmicu".	"I'm going to the match."
Rekao je da **ide** na utakmicu.	He said he was going to the match.
„Jeste li bili na utakmici?"	"Have you been at the match?"
Upitao me je da li **sam bila** na utakmici.	He asked me if I had been at the match.
„Mi ćemo ići."	"We will go."
Rekli su da **će ići**.	They said they would go.

3. ZAR in questions

a. Besides the question marker **da li**, questions may be introduced by **zar** meaning "really" which is an emphatic form of the interrogative and expresses surprise.

A: Sada je pet sati.	It's 5 o'clock now.
B: *Zar* je već pet (sati)?	Oh, is it really 5 (o'clock)?

b. Questions in the negative, which corresponds to the English interrogative-negative form of the verb, may also be introduced by **zar**:

A: Oni idu u Sarajevo.	They're going to Sarajevo.
B: *Zar ne idu* u Zagreb?	Aren't they going to Zagreb?

VEŽBANJA — EXERCISES

I Vežbajte ove rečenice *(Practise these sentences)*:

1. **A:** Sada je pet sati. **B:** Zar je već pet?
2. **A:** Vodi Partizan. **B:** Zar ne vodi Zvezda?
3. **A:** Neću ići na utakmicu. **B:** Zar nećete?
4. Rekao je da ima mnogo posla.
5. Rekla je da je uzela ulaznice.
6. Rekao je da će možda ići na utakmicu.
7. Ne znam da li je (on) uzeo ulaznice.
8. Pitajte ga da li će ići na utakmicu.
9. Bojan navija za Crvenu zvezdu.
10. Koliki je rezultat? Dva — dva.
11. Sudija je odsvirao kraj (utakmice).
12. Utakmica se završila nerešeno.

II Odgovorite na ova pitanja:

1. Koji je sport popularan u vašoj zemlji?
2. Koji je najbolji fudbalski tim?
3. Za koga vi navijate?
4. Igrate li fudbal?
5. Idete li često na utakmicu ili gledate prenos?
6. Kojim se sportom bavite?

III Pitajte i odgovorite kao u primeru *(Ask and answer as in the example)*:

Primer **A:** Pitajte Žana da li ide na utakmicu.
  B: Žane, *idete li* na utakmicu?
  A: Odgovorite.
  Ž: *Idem.*
  A: Šta je Žan rekao?
  B: *Rekao je da ide* na utakmicu.

1. Pitajte Branku da li sutra ima sastanak.
2. Pitajte me da li ću doći na sastanak.
3. Pitajte Bojana da li je uzeo ulaznice.
4. Pitajte Džima i Žana da li će večeras zvati Bojana.
5. Pitajte me da li ću gledati prenos na televiziji.

IV Uradite ovo vežbanje kao u primeru *(Do this exercise as in the example)*:

Primer **A:** Nemam ulaznicu. (Marko)
  B: *Marko je rekao da nema ulaznicu.*

25

1. Ne bavim se sportom. (profesor)
2. Gledaću prenos na televiziji. (Branka)
3. Žao mi je što ne mogu da idem. (Bojan)
4. Uzeli smo ulaznice. (Žan i Džim)
5. Navijaće za Crvenu zvezdu. (Džim i Žan)
6. Utakmica se završila nerešeno. (Đorđe)

V Uradite ovo vežbanje kao u primeru:

Primer **A:** Sada je pet sati.
        B: *Zar je već pet (sati)?*

1. **A:** Moram da idem.   **B:** Zar ...
2. **A:** Branka je bolesna.   **B:** Zar ... opet ...
3. **A:** Ova dva studenta neće ići na utakmicu.   **B:** Zar ...
4. **A:** Rita je otišla kući.   **B:** Zar ... već ...
5. **A:** Pitaću je s kim je bila u bioskopu.   **B:** Zar ...

VI Uradite ovo vežbanje kao u primeru:

Primer **A:** Idem danas u bioskop.   **B:** Zar ... *(utakmica)*
        B: *Zar ne idete na utakmicu?*

1. **A:** Danas Branka ima sastanak.   **B:** Zar ... (sutra)
2. **A:** Rita i Kora su u Dubrovniku.   **B:** Zar ... (Split)
3. **A:** Javićemo se Branki.   **B:** Zar ... (Bojan)
4. **A:** Oni navijaju za Partizan.   **B:** Zar ... (Crvena zvezda)
5. **A:** Saša će ići na akciju u junu.   **B:** Zar ... (jul)

VII Sećate li se delova ovog razgovora? Pomoći će vam sledeće reči
(*Do you remember parts of the conversation?* The following words will help you):

Džim: Branka, ... sutra ... na ...?
Branka: Neću:
Džim: ... ...? Vi ... fudbalske ....
Branka: Na žalost, ..., jer ... ...
Žan: Ne znam ... ... Bojan ...?
Branka: Rekao ... je ... ... posla. ... ga ...?
Džim: Meni ... ... da ... možda ...
Žan: I ... ... nam ... .

VIII Prevedite:

Cora met Jim and Jean. She asked (*upitati*, pfv Cl. VI) them if they were going to the football match next day. They said they were, because Bojan had got them tickets. Cora said she was sorry she wasn't going. Jim said he would give her his ticket.

PETI DOPUNSKI TEKST

Socijalistička Federativna Republika Jugoslavija sastoji se iz šest republika: SR Srbije, SR Hrvatske, SR Slovenije, SR Bosne i Hercegovine, SR Makedonije i SR Crne Gore, i dve automne pokrajine, Vojvodine i Kosova. Ove dve pokrajine spadaju u Socijalističku Republiku Srbiju.

Glavni grad Jugoslavije je Beograd, i on je njen politički, privredni i kulturni centar. Beograd je takođe i glavni grad Republike Srbije. Zagreb je glavni grad u Hrvatskoj, a Ljubljana u Sloveniji. Sarajevo je glavni grad Bosne i Hercegovine, Titograd Crne Gore, a Skoplje je glavni grad Makedonije. Glavni grad Autonomne Pokrajine Vojvodine je Novi Sad, a Priština u Autonomnoj Pokrajini Kosovu.

Jugoslavija je savezna država ujedinjenih naroda u kojoj ima šest naroda i veći broj narodnosti. To je zajednica ravnopravnih naroda i narodnosti. Jugoslavija je zasnovana na samoupravljanju svih ljudi u svim oblastima društvenog, političkog, privrednog i kulturnog života zemlje.

Jugoslavija je nezavisna i nesvrstana zemlja.

NOTES

The definite adjective form is used when it is part of a proper noun:

Cŕnā Gòra **Nòvī** Sâd **Nòvī** Beògrad

Peti dopunski tekst

VEŽBANJA — EXERCISES

I Odgovorite na ova pitanja:

a. 1. Koliko ima republika u Socijalističkoj Federativnoj Republici Jugoslaviji?
2. Koje su to republike?
3. Da li je Vojvodina republika?
4. U kojoj se republici nalazi (a) Zagreb, (b) Split, (c) Ljubljana, (d) Titograd, (e) Sarajevo?
5. Koji je glavni grad Makedonije?
6. Šta je Beograd?
7. Kakva je država Jugoslavija?
8. Kakva je zajednica?
9. Na čemu je zasnovana Jugoslavija?
10. Da li je Jugoslavija nesvrstana zemlja?

b. 1. Znate li još neku nesvrstanu zemlju?
2. Da li je vaša zemlja republika?
3. Da li je savezna država?
4. Koliko ima naroda?
5. Koji je glavni grad?
6. Živite li u njemu?

II Uradite ovo vežbanje kao u primeru:

Primer: Beograd je glavni grad *u Jugoslaviji.*
Beograd je glavni grad *Jugoslavije.*

1. Skoplje je glavni grad *u Makedoniji.*
2. Zagreb je glavni grad *u Hrvatskoj.*
3. Priština je glavni grad *u Autonomnoj Pokrajini Kosovu.*
4. Pariz je glavni grad *u Francuskoj.*
5. Beč je glavni grad *u Austriji.*

III Pitajte i odgovorite *(Ask and answer):*

1. Pitajte A. kakva je država Jugoslavija.
2. Pitajte B. kakva je republika Jugoslavija.
3. Pitajte C. da li živi osam naroda u Jugoslaviji.
4. Pitajte D. koje su oblasti javnog *(jávnī* — public) života jedne zemlje.
5. Pitajte E. da li je Kosovo republika?
6. Pitajte F. koje pokrajine spadaju u Republiku Srbiju.
7. Pitajte G. koje je gradove posetio u Jugoslaviji.
8. Pitajte H. da li zna u kojim se republikama nalaze ti gradovi.

IV Šta znate reći o ovim gradovima? Neka svi studenti učestvuju *(All the students should take part):*

1. Beograd. 2. Split. 3. Ohrid.

SHORT REVISION OF GRAMMAR

1. THE DECLENSION OF NOUNS

SINGULAR

	Masculine		Neuter		Feminine	
N.	jèlen	grâd	sèlo	vréme	žèna	stvâr
G.	jèlena	grâda	sèla	vrĕmena	žènē	stvâri
D.	jèlenu	grâdu	sèlu	vrĕmenu	žèni	stvâri
A.	jèlena	grâd	sèlo	vréme	žènu	stvâr
V.	jèlene!	grâde!	sèlo!	vréme!	žèno!	stvâri!
I.	jèlenom	grâdom	sèlom	vrĕmenom	žènōm	stvâri
P.	jèlenu	grádu	sèlu	vrĕmenu	žèni	stvári

PLURAL

	Masculine		Neuter		Feminine	
N.	jèleni	grâdovi	sèla	vremèna	žène	stvâri
G.	jèlēnā	gradóvā	sêlā	vreménā	žénā	stvárī
D.	jèlenima	grâdovima	sèlima	vremènima	žènama	stvárima
A.	jèlene	grâdove	sèla	vremèna	žène	stvâri
V.	jèleni!	grâdovi!	sèla!	vremèna!	žène!	stvâri!
I.	jèlenima	grâdovima	sèlima	vremènima	žènama	stvárima
P.	jèlenima	grâdovima	sèlima	vremènima	žènama	stvárima

2. THE DECLENSION OF INDEFINITE ADJECTIVES

SINGULAR

	Masculine	Neuter		Feminine
N.	plâv	plávo	svèže	pláva
G.	plávà	pláva	svèža	plávē
D.	plávu	plávu	svèžu	plávōj
A.	= G. for persons			plávu
A.	= N. for things			
V.	The vocative of the definite adjective is used			
I.	plávīm	plávīm	svèžīm	plávōm
P.	plávu	plávū	svèžū	plávōj

199

SHORT REVISION OF GRAMMAR

3. THE DECLENSION OF DEFINITE ADJECTIVES

SINGULAR

	Masculine		Neuter		Feminine
N.	plâvī	svèžī	plâvō	svèže	plâvā
G.	plâvōg(a)	svèžēg(a)	plâvōg(a)	svèžēg(a)	plâvē
D.	plâvōm(u)	svèžēm(u)	plâvōm(u)	svèžēm(u)	plâvōj
A.	= G for persons				plâvū
A.	= G for things				
V.	plâvī!	svèžī!	plâvō!	svèžē!	plâvā!
I.	plâvīm	svèžīm	plâvīm	svèžīm	plâvōm
P.	plâvōm(u)	svèžēm(u)	plâvōm(u)	svèžēm(u)	plâvōj

4. THE DECLENSION OF INDEFINITE AND DEFINITE ADJECTIVES

PLURAL

	Masculine	Neuter	Feminine
N.	plâvī	plâvā	plâvē
G.	plâvīh	plâvīh	plâvīh
D.	plâvīm(a)	plâvīm(a)	plâvīm(a)
A.	plâvē	plâvā	plâvē
V.	plâvī!	plâvā!	plâvē!
I.	plâvīm(a)	plâvīm(ə)	plâvīm(a)
P.	plâvīm(a)	plâvīm(a)	plâvīm(a)

5. THE DECLENSION OF PERSONAL PRONOUNS

N.	jâ (I)	tî (you, thou)	ôn (he), òno (it)	òna (she)
G.	mène = me	tèbe = te	njèga = ga	njê = je
D.	mèni = mi	tèbi = ti	njèmu = mu	njôj = joj
A.	mène = me	tèbe = te	njèga = ga	njū = je – ju
V.	—	tî!	—	—
I.	mnôm	töbom	njîm(e)	njôm(e)
P.	(o) mèni	(o) tèbi	(o) njèmu	(o) njôj

N.	mî (we)	vî (you)	òni (m), òna (n)	òne (f) (they)
G.	nâs	vâs	njîh = ih	
D.	nàma = nam	vàma = vam	njîma = im	
A.	nâs	vâs	njîh = ih	
V.	—	vî!	—	
I.	nàma	vàma	njîma	
P.	(o) nàma	(o) vàma	(e) njîma	

SHORT REVISION OF GRAMMAR

6. THE DECLENSION OF KO AND ŠTA (ŠTO)

N.	kö (who)	štä = štö (what)
G.	kòga	čèga = štä
D.	kòme = kòmu	čèmu
A.	kòga	štä = štö
V.	———	———
I.	kim = kíme	čîm = číme
P.	kòme = kòmu	čèmu — čèm

7. THE DECLENSION OF THE POSSESSIVE ADJECTIVES MOJ AND NJEGOV

Singular

	Masculine	Neuter	Fem.
N.	môj (my, mine)	mòje	mòja
G.	mòjeg (a) = môg (a)		mòjē
D.	mòjem (u) = môm (e)		mòjōj
A.	môj = mòjeg (a) = môg (a)	mòje	mòju
V.	môj!	mòje!	mòja!
I.	m ò j i m		mòjōm
P.	mòjem (u) = môm (e)		mòjōj

Plural

	Masc.	Neut.	Fem.
N.	mòji	mòja	mòje
G.	m ò j ī h		
D.	m ò j i m (a)		
A.	mòje	mòja	mòje
V.	mòji!	mòja!	mòje!
I.	m ò j i m (a)		
P.	m ò j i m (a)		

Singular

	Masc.	Neuter	Fem.
N.	njègov	njègovo	njègova
G.	n j è g o v a		njègovē
D.	n j è g o v u		njègovōj
A.	njègova njègov	njègova njègov	njègovu
V.	n j è g o v		njègova
I.	n j è g o v i m		njègovōm
P.	n j è g o v u		njègovōj

Plural

	Masc.	Neuter	Fem.
N.	njègovi	njègova	njègove
G.	n j è g o v ī h		
D.	n j è g o v i m (a)		
A.	njègove	njègova	njègove
V.	njègovi	njègova	njègove
I.	n j è g o v i m (a)		
P.	n j è g o v i m (a)		

8. THE DECLENSION OF TAJ

Singular

	Masc.	Neut.	Fem.
N.	tâj	tô	tâ
G.	t ö g (a)		tē
D.	töm(e) = töm(u)		tôj
A.	t ö g (a)		tu
V.	———		———
I.	t î m (e)		tôm
P.	töm(e) = töm(u)		tôj

Plural

	Masc.	Neut.	Fem.
N.	tî	tâ	tê
G.	t i h		
D.	t î m (a)		
A.	tê	tâ	tê
V.			
I.	t î m (a)		
P.	t î m (a)		

201

SHORT REVISION OF GRAMMAR

9. THE PRESENT TENSE

AFFIRMATIVE

Singular

		trésti	krénuti	pȉti	čítati	ráditi	pèći
1.	(jâ)	trésēm	krênēm	pȉjēm	čítām	râdīm	pèčēm
2.	(tî)	trésēš	krênēš	pȉjēš	čítāš	râdīš	pèčēš
	(ôn)						
3.	(òna)	trésē	krênē	pȉjē	čítā	râdī	pèčē
	(òno)						

Plural

1.	(mî)	trésēmo	krênēmo	pȉjēmo	čítāmo	râdīmo	pèčēmo
2.	(vî)	trésēte	krênēte	pȉjēte	čítāte	râdīte	pèčēte
	(òni)						
3.	(òne)	trésū	krênū	pȉjū	čítājū	râdē	pèkū
	(òna)						

10. THE PERFECT TENSE

AFFIRMATIVE

Singular

1.	jâ	sam	rádio	(rádila)	*or*	rádio	sam	(rádila sam)
2.	tî	si	rádio	(rádila)		rádio	si	(rádila si)
	ôn	je	rádio	———		rádio	je	
3.	òna	je	rádila	———		rádila	je	
	òno	je	rádilo	———		rádilo	je	

Plural

1.	mî	smo	rádili	(rádile)	*or*	rádili	smo	(rádile smo)
2.	vî	ste	rádili	(rádile)		rádili	ste	(rádile ste)
	òni	su	rádili	———		rádili	su	
3.	òne	su	rádile	———		rádile	su	
	òna	su	rádila	———		rádila	su	

11. THE FUTURE TENSE

AFFIRMATIVE

Singular

1.	jâ	ću	ráditi	(pèći)	*or*	rádiću	(pèći ću)
2.	tî	ćeš	ráditi	(pèći)		rádićeš	(pèći ćeš)
	ôn	će	ráditi	(pèći		rádiće	(pèći će)
3.	òna	će	ráditi	(pèći)		rádiće	(pèći će)
	òno	će	ráditi	(pèći)		rádiće	(pèći će)

SHORT REVISION OF GRAMMAR   KEY TO THE EXERCISES

Plural

1.	mî	ćemo	ráditi	(pèći)	*or*	rádićemo (pèći ćemo)
2.	vî	ćete	ráditi	(pèći)		rádićete (pèći ćete)
	òni	će ⎫	ráditi	(pèći)		rádiće ⎫ (pèći će)
3.	òne	će ⎬	ráditi	(pèći)		rádiće ⎬ (pèći će)
	òna	će ⎭	ráditi	(pèći)		rádiće ⎭ (pèći će)

KEY TO THE EXERCISES

Lesson 1

Exercise VIII

1. Ko je ovo? — To je Marko Marković. — Šta je on? — On je Jugosloven. — A šta je Rita? — Ona je Amerikanka.
2. Ja sam Kora. Vi ste Robert? — Da, ja sam Robert. — Vi ste Englez? — Ne, ja sam Amerikanac. Vi ste Engleskinja? — Da, ja sam Engleskinja.

Lesson 2

Exercise IX

1. **A:** Moja sestra je student. **B:** A vi? **A:** I ja sam student.
2. **N:** Ja nisam Francuskinja. **V:** Šta ste (vi)? **N:** Ja sam Ruskinja.
3. **A:** Je li (Da li je) Boris Rus? **B:** Jeste. **A:** A Žan? **B:** Žan je Francuz. **A:** A šta je Madlen? **B:** I ona je Francuskinja.
4. **A:** Jeste li vi profesor? **B:** Jesam. A vi? **B:** Ja sam novinar.
5. **A:** Vi niste student? **B.** Nisam.
6. **A:** Kako je vaša sestra? **B:** Hvala, dobro je.

Lesson 3

Exercise VII

1. Da li je ovo Marko? — Nije. To je njegov brat. — Šta je Markov brat? — On je mehaničar.
2. Ko je Markova i Verina ćerka? — Branka je njihova ćerka. — Šta je ona? — Ona je sekretarica.
3. Čije je to pismo? — Ovo je moje, a to je vaše. Izvolite.
4. Kako je vaše ime? — Moje ime je ..... — Jeste li (vi) lekar? — Nisam.

Lesson 4

Exercise VII

1. Nada je Jovanova supruga (žena), a Verina sestra. Ona nije lepa, ali je vrlo simpatična. Ona je vrlo dobra pevačica. Njen suprug (muž) je pilot (Or: Njen je . . .). On je visok. I on je vrlo simpatičan. Njihovo je dete dobro. — Da li je mršavo ili debelo? — Ono je debelo (Or: Debelo).
2. Moj sin je visok i vrlo mršav, a moja je ćerka vrlo debela. Kakva je vaša ćerka? — Ona je visoka, ali nije debela.
3. Jeste li vi visoki i mršavi?

203

KEY TO THE EXERCISES

Lesson 5

Exercise VIII

1. **A:** Čije je ovo pero? **B:** Koje pero? **A:** Ovo ovde **B:** Možda je moje .. Da, moje je, ali nije dobro. Da li je vaše dobro? **B:** Moje je dobro. Izvolite. **A:** Hvala. **B:** Molim.
2. **A:** Čiji je ovo kišobran? **B:** Koji kišobran? **A:** Onaj onde. **B:** Možda je Verin. **A:** Vera, da ono nije vaš kišobran? **V:** Nije.

Lesson 6

Exercise VII

1. Da li je vaš auto beo ili crn? — On je crn.
2. Da li je beli auto u garaži? — Nije. On je na ulici.
3. **A:** Čije je ono odelo? **B:** Koje odelo? **A:** Belo. **B:** To je Markovo. **A:** Vrlo je lepo.
4. Moj mantil je smeđ. Čiji je ovaj crni? — Jovanov.
5. Ona je u hotelu, a njen je brat u biblioteci.
6. Da li je ta devojka vaš novi student? — Nije.

Lesson 7

Exercise VIII

1. Mi smo Englezi, ali sada nismo u Londonu. Mi smo u Beogradu. Beograd je lep grad. On je u Jugoslaviji.
2. Jeste li vi studenti? — Jesmo. — Jeste li Francuzi? — Nismo. Mi smo Amerikanci.
3. Gde su Nataša i Boris? — Oni nisu danas u Beogradu. — Gde su? — Oni su u Moskvi. — Jesu li Kora i Ana u Beogradu? — Jesu.

Lesson 8

Exercise VIII

1. Ko je u Narodnoj biblioteci? — Profesori i njihovi studenti. — Koji studenti? — Džim, Ana i Kora. — Jesu li (oni) dobri studenti? — Jesu.
2. Moj je stan u onoj staroj zgradi onde. — Da li je vaš stan veliki? — Jeste. Sobe su velike i lepe. I kupatilo je veliko, ali je kuhinja mala. Kakav je vaš stan? — Vrlo mali. — U kojoj je ulici? — U Francuskoj (ulici).

Lesson 9

Exercise VII

1. Ovi su brodovi na reci Dunavu. Ana i Branka su na jednom brodu. — Koji je to brod? — To je jedan jugoslovenski brod.
2. Ovo je veoma lep kameni most. U kojem je gradu? — U Višegradu.
3. Ovo su Verine drugarice. One su u Narodnom pozorištu. Njihovi muževi nisu u pozorištu. Oni su u bioskopu. — A gde je Vera? — Ona je u Narodnom muzeju.

KEY TO THE EXERCISES

Lesson 10

Exercise VI

Odakle su Robert i Rita? — Iz Amerike. — Iz koga su mesta? — Iz Njujorka. — Da li je i njihova majka iz Njujorka? — Nije. Ona je iz Dubrovnika. Dubrovnik je divno mesto na Jadranskom moru. — Da li je porodica njihove majke u Dubrovniku? — Jeste. Njihov deda i ujak.

Lesson 11

Exercise VIII

1. Govorite li ruski? — Ne govorim. — Da li vaš brat govori? — Govori (Or: Da, govori.)
2. Mladić i devojka govore srpskohrvatski. — Jesu li oni Jugosloveni? — Nisu. Oni su Englezi, ali govore srpskohrvatski.
3. Da li Vera radi na fakultetu? — Ne, ne radi. — Gde radi? — Radi u (jednoj) školi.

Lesson 13

Exercise X

1. Kora i druge devojke igraju kolo. Nataša ne igra. Ona gleda Koru kako igra. — Igrate li vi kolo? — Igram.
2. Šta radi Džim sada? — Čita roman „Gospodica" od Iva Andrića. — Ko je Ivo Andrić? — On je veliki jugoslovenski pisac.
3. Imate li cigaretu? — Imam. Izvolite. — Mnogo vam hvala. — Nema na čemu.

Lesson 14

Exercise VIII

1. Vera je sada kod kuće i sedi u dnevnoj sobi. Pored nje sedi njena sestra. One piju kafu. — Jedu li? — Ne jedu. — Šta radi Vera? — Plete (or: Ona plete) džemper.
2. Na stolu su dva pisma. Za koga su? — Jedno je za tebe (vas), a drugo je za mene.
3. Koliko ste (si) u Beogradu? — Tek četiri dana.
4. Znate li tog(a) mladića? — Ne znam. Možda ga Bojan zna.

Lesson 15

Exercise VIII

1. Jugoslavija je lepa zemlja. U Jugoslaviji ima mnogo planina, šuma i reka. U njoj ima i velikih i malih jezera i mnogo ostrva.
2. Grupa devojaka i mladića sedi na obali pored hotela i sluša jednu devojku kako peva. Ona peva narodne pesme i ima divan glas.

Lesson 16

Exercise IX

1. Kako se zove vaš (tvoj) brat? — Saša. — Ide li u školu? — Ide. — Da li je sada kod kuće? — Nije. Sada je u školi.
2. Zašto se žurite (žuriš)? Kuda idete (ideš)? — Na čas srpskohrvatskog (jezika). — U koliko sati (časova) počinje vaš (tvoj) čas? — U 11 sati (časova). Kuda vi (ti) idete (ideš)? — (Ja) idem u biblioteku.

KEY TO THE EXERCISES

Supplementary Text III

Exercise X

A: Rita i Robert idu u bioskop. **B:** U koji (bioskop)? **A:** (U) Odeon. **B:** Šta se daje u Odeonu? Filmovi su obično dobri u tom bisokopu. **A:** Daje se jedan jugoslovenski film. **B:** Koji (film)? **A:** Bitka na Neretvi. To je ratni film. **B:** Kad počinju predstave? **A:** U 2, 4, 6 i 8. Oni idu u 6.

Lesson 17

Exercise VIII

Svi članovi moje porodice rade. Otac radi u jednom preduzeću koje nije blizu naše kuće. On ide na posao autobusom. Majka ne voli da ide autobusom. Ona uvek ide pešice.
Moja tetka živi (stanuje) s nama. Ona sprema ručak za celu porodicu. Majka kuva subotom i nedeljom. Ona veoma voli da kuva, a ja ne volim.

Lesson 18

Exercise VIII

Imam (or: Ja imam) dva brata. Jedan mi je brat slikar, a drugi je student. Slikar je oženjen i živi sa svojom porodicom u Dubrovniku. On ima troje male dece, dva sina i ćerku. Jednom je sinu 7, a drugom 5 godina. Ćerki je 3 godine (Or: Ćerka ima ...)

Lesson 19

Exercise IX

1. **A:** Gde vam je suprug (muž)? — **B:** Bolestan je. **A:** Šta mu je? — **B:** Ima jaku kijavicu i visoku temperaturu. **A:** Žao mi je. Pozdravite ga. **B:** Hvala.
2. *Žena:* Volite li da popijete šolju čaja posle ručka?
   Čovek: Ne volim. Ja pijem čaj samo kad sam bolestan.

Lesson 20

Exercise VIII

1. Kome kupujete ploču? — Robertu. Sutra mu je rođendan. — Ah, da. I ja moram da mu nešto uzmem. Šta da mu uzmem? — Što mu ne uzmete neku lepu knjigu o Jugoslaviji? — Odlično!
2. Ti uvek uzimaš moje pero! Gde je tvoje? — Nemam (ga). — Što (ga) ne kupiš? Pera nisu skupa!

Lesson 21

Exercise IX

Pavle: Branka i Jelena, gde ste bile prošlog vikenda?
Branka: Bile smo na putu. A vi (ti)?
Pavle: Ja sam bio u svojoj vikendici. S kim ste išle?
Branka: S jednim stranim studentom.
Pavle: Jeste li išli na more?
Branka: Nismo. Išli smo u manastir Studenicu.
Pavle: To je divan manastir. Bio sam (Ja sam bio) u Studenici pre dve godine. Jeste li posetili i neke druge manastire?
Jelena: Na žalost, nismo.

KEY TO THE EXERCISES

Lesson 22

Exercise IX

Jovan i Nada očekuju Marka i Veru na ručak.
Nada: Još nisu došli (Nisu još došli)?
Jovan: Nisu.
Nada: Rekla sam im da dođu u 12.30. a sada je skoro 1 sat.
Jovan Danas je subota i ... Evo ih! Dolaze. Vidim Markova kola ...
Marko: Izvinite što smo zakasnili. Pošli smo u 12, ali je bila strašna gužva.
Vera: A morali smo da odemo i do benzinske pumpe. I tu je bilo mnogo kola ...

Lesson 23

Exercise VII

A: Na kojim rekama leži Beograd?
B: Na Savi i Dunavu.
A: Ima li u Beogradu mnogo starih zgrada i spomenika?
B: Nema, jer je Beograd stradao u mnogim ratovima, a naročito u drugom svetskom ratu. Čak je uništena i Narodna biblioteka.
A: Kad je sagrađena Narodna biblioteka u Skerlićevoj ulici?
B: Posle rata.

Lesson 24

Exercise VII

A: Možda ću doći u nedelju. Hoćete li biti kod kuće?
B: Na žalost, nećemo, jer idemo na selo. Možete li doći u subotu?
A: Možda ću doći posle ručka. Javiću vam se.

Lesson 25

Exercise VIII

Kora je srela Džima i Žana. Upitala ih je da li idu sutra na fudbalsku utakmicu. Rekli su joj da idu, jer im je Bojan uzeo karte. Kora je rekla da joj je žao što ona ne ide. Džim je rekao da će joj dati svoju ulaznicu.

THE LATIN ALPHABET

A	G	O
B	H	P
C	I	R
Č	J	S
Ć	K	Š
D	L	T
Dž	LJ	U
Đ	M	V
E	N	Z
F	NJ	Ž

ABBREVIATIONS

A. = **Acc.** accusative
adj. adjective
adv. adverb
Cl. class
coll. n. collective noun
comp. comparative
conj. conjunction
CS Croatian-Serbian
D. = **Dat.** dative
def. definite
(**Ex.** + **No.**) Exercise in Lesson
f feminine
freq. frequentative
G. = **Gen.** genitive
I. = **Instr.** instrumental
ijek ijekavski
imper. imperative
impfv imperfective
inf. infinitive
inter. interjection
intro introduction

irr. irregular
lit. literary
m masculine
n neuter
N. = **Nom.** nominative
neg. negative
p. person
P. = **Prep.** prepositional
p.p. past participle active
pass. p. passive participle
perf. perfect
pfv perfective
pl. plural
prep. preposition
poss. possessive
(**S** + **No.**) Supplementary text, No.
sg. singular
sup. superlative
v. verb
V. = **Voc.** vocative

REČNIK

A

a and, but; ah
advòkāt (G. advokáta) m lawyer
àerodrom m airport (S IV)
agéncija f agency
àkcija (G. pl. ăkcījā) f volunatry drive, work
àko if
àli but
Amèrika (D. Amèrici) f America
Amerikánac (G. Amerikánca; G. pl. Amerikānācā) m American (man)
Amerìkānka (D. Amerìkānki; G. pl. Amerìkānkī) f American (woman)
Āna f Ann
Àndrīć m
àprīl (G. aprīla) m April
Àustrija = Aùstrija f Austrija
Austrìjānka f Austrian (woman)
àuto = automòbīl (G. automobíla) = automòbil m car
àuto-pût (G. àuto-púta) m motor-way, free way
autóbus = àutobus m bus
autóbusom by bus
àutonōman = autonòman, àutonōmna = autònomna, -o autonomous (S V)
avìon (G. aviòna) m plane, aeroplane (S IV)
àvgūst = àugūst m August

B

bàlet = bàlēt (G. baléta) m ballet (S III)
bânka (D. bânci) f bank
bâr = bàr only, if only, at least
bàviti se (bàvīm se, 3p. pl. bāvē se) impfv Cl. VI to go in for
Bêč m Vienna
bènzīnskā pûmpa f petrol pump (station) (21 Ex.)
bèo, béla, bélo (def. adj. bélī), ijek bìjel, bijèla, bijèlo white
Beògrad m Belgrade
Bétōven m
bibliotéka (D. bibliotécī) f library
bìo, bíla, bílo been
bìti to be
bìoskop m = kíno n movie theatre, cinema

bìtka (D. bìtki = bìci; G. pl. bìtākā = bìtkī) f battle (S III)
blízu almost, nearly; near, close to
bòja f colour; kàkvē (kòjē) ... bòjē? what colour? (S II)
Bòjan m
bòlestan, bòlesna, -no ill, sick
bólnica f hospital
bòlje = bòljē adv. better
bòravak (G. bòravka) m staỳ, sejourn (24 Ex.)
Bóris m
Bòsna f Bosnia
brăća pl. m brothers
Brânka f
brȁt m brother
br̀do (N. pl. br̀da, G. pl. bŕdā) n hill, mountain (S IV)
brigáda f brigade
brìnuti se (brìnēm se, 3p.pl. brìnū se) impfv Cl. III to worry, to be worried
brôd (G. brôda, D. bròdu; N. pl. bròdovi) m ship, boat
brôj (G. bròja, D. bròju; N. pl. bròjevi) m number
bȓzo quickly, fast
Bùdimpešta f
Búco m

C

cȁr (V. cȁre! I. cȁrem, N. pl. cȁrevi) m tzar (S IV)
céna, ijek cijèna f price
cèntar (G. cèntra; G. pl. cēntārā) m centre
cèo, céla, célo (def. cêlī) ijek cȉo = cìjel all, whole
cigarèta f cigarette
cȓkva (G. pl. cȓkāvā) f church (S II)
cȓn, cŕna, cŕno black
Cŕnā Gòra f Monte Negro (S V)
crtānje n drawing
cŕven, crvèna, crvèno red

Č

čȁj (N. pl. čȁjevi) m tea
čȁk adv. even (Ex. 22)
čámac (G. čámca) m small boat
čȁs (G. čȁsa, D. čȁsu; N. pl. čȁsovi, G. pl. čȁsōvā) m lesson, class; hour, o'clock

Č Ć D

čăsopĭs m periodical, journal
čăša (G. pl. čâšā) f glass
čèga (G. of šta)
čĕkati (čĕkām, 3p. pl. čĕkajū) impfv Cl.V to wait
čèmu (D. and P. of šta)
čestítati (čèstītām, 3p. pl. čestítajū) pfv and impfv Cl.V to congratulate
čêsto often
čètiri four
četrdèsēt forty
četṙnaest fourteen
četṙnaestī, -ā, -ō fourteenth
čètvrt f quarter
čètvṙtak (G. četvŕtka) m Thursday (S III)
čĕtvṙtī, -ā, -ō fourth
čìjī, čìjā, čìjē whose
čîm = **čîme** (I. of šta)
čìtati (čìtām, 3p. pl. čìtajū) impfv Cl.V to read, to be reading
člăn (N. pl. članovi) m member (S III)
člănak = **člának** (G. člănka = článka, N. pl. člănci = článci) m article
čokoláda f chocolate
čòvek = **čòvek**, ijek **čòvjek** = **čòvjek** (G. čovèka, V. čòveče! — pl. ljûdi) m man
čùti + Acc. (čùjēm, 3p. pl. čùjū; imper. čûj!) pfv and impfv Cl. IV to hear

Ć

ćérka (G. pl. ćérkī) f daughter

D

dă = **dâ** yes; (conj.) that, to, in order to
da li question marker whether, if
dabòme of course, surely
dalèko far, far away
dân (D. dánu; N. pl. dâni, G. pl. dánā) m day; **dòbar dân** good morning (afternoon) **Kòjī je dân dànas?** What day is it today?
dànas today
dànašnjī, -ā, -ē today's, of today
dăti (dâm, 3p. pl. dájū; imper. dâj! p. p. dăo, dála, -o) pfv Cl. V to give **štă se dâjē?** what's on? (S III)
dátum m date **Kòjī je dànas (dátum)?** What date is it today?
dèbeo, debèla, debèlo fat, stout
dèca, ijek **djèca** f coll. n. children
dècēmbar (G. dècēmbra) m December
dèčāk, ijek **djèčāk** (G. dečáka, V. dèčāče! N. pl. dečáci) m small boy (S I)
dĕda, ijek **djĕd** = **djèda** m grandpa
Dèjan = **Dèjān** m

dèsēt ten
dèsētī, dèsētā, -ō tenth
dèsnī = **dèsnī, -ā, -ō** right
déte, ijek **dijète** (G. dèteta, V. dête! pl. dèca) n child
devedèsēt ninety
dèvēt nine
dèvētī, dèvētā, -ō ninth
devètnaest nineteen
devètnaestī, -ā, -ō nineteenth
devòjčica, ijek **djevòjčica** f small girl (S I)
dèvōjka, ijek **djèvōjka** (D. dèvōjci, V. dèvōjko! G. pl. dèvojākā) f girl
diktāt (G. diktáta) m dictation (S I)
Dìlong m Dulong
dìnār (G. pl. dìnārā) m dinar, Yugoslav monetary unit
Dioklecìjān m Diocletian
dîvan, dîvna, -o lovely, beautiful
dnêvnī, dnêvnā, -ō daily; **dnêvnā sòba** f living-room
do to, as far as
dòbar, dòbra, -o (def. dòbrī, comp. bòljī, -ā, -ē) good
dòbro adv fine, well, all right, O.K. **dòbro je** it's good, all right **nìje mi dòbro** I'm not well
dòčekati + Acc. (dòčekām, 3p. p. dòčekajū) pfv Cl.V to meet someone at the airport, station, etc. (S IV)
dóći = **dôći** (dôđēm, 3p. pl. dôđū; p.p. dòšao, dòšla, -šlo) pfv Cl. I to come, to arrive
dògađāj m event
dòklē until when (Ex 26)
dòlār m dollar (Ex 22)
dòlaziti (dòlazīm, 3p. pl. dòlazē) impfv Cl. VI to come, to be coming, to arrive, to be arriving
dôm (G. dòma; N. pl. dòmovi, G. pl. dòmōvā) m home; **stùdentskī dom** hostel
domàćica f housewife
dópunskī, dópunskā, -ō supplementary (S I)
dòručak (G. dòručka) m breakfast; **za dòručkom** at breakfast
dòručkovati (dòručkujēm, 3p. pl. dòručkujū) impfv Cl. IV to have breakfast
dòsta enough, rather
doviđénja goodbye, so long, au revoir (S II)
drâgī, drâgā, -ō dear
drâgo mi je I am glad, how do you do
Drína f the Drina (river)
drûg (V. drûže! N. pl. drûgovi, G. pl. drugóvā = drugóvā) m friend, comrade
drugàrica f friend (girl), comrade
drügī, drügā, drügō second, other
drúštvo (G. pl. drúštāvā) n company, society
drùštven, -na, -no social (S V)

dr̀žati (dr̀žīm, 3p. pl. dr̀žē) impfv Cl. VI to hold
dr̀žava (G. pl. dr̀žāvā) f state (S V)
dvâ m and n two
dvádesēt twenty
dvádesētī, -ā, -ō twentieth
dvánaest twelve
dvánaestī, -ā, -ō twelfth
dvê, ijek **dvije** f two
dvȍje two (people)
Dùbrōvnīk m
dȕgo long
Dȕnav m the Danube

Đ

Đôrđe m George

DŽ

džȅm (G. džȅma) m jam
džȅmper m jumper, sweater
Džȉm m Jim

E

ȅ inter. well
elegàntan, elegàntna, -o smart, elegant
Ènglēskā f England
ènglēskī, -ā, -ō adj English
Ènglēskinja f Englishwoman
Ènglēz (G. Ènglēza, V. Ènglēzu! N. pl. Ènglēzi) m Englishman
ȅno there
Éro s ònōga svijéta E. from the other world
ȅvo here (is)

F

fàbrika (D. fàbrici; G. pl. fàbrīkā) f factory, works
fakùltēt (G. fakultéta) m department of the university, school
fantàstično adv fantastic
fȅbruār (G. fȅbruāra) m February
fȅderatīvan, fȅderatīvna, -o federal (S V)
fotélja f armchair
fotogràfija f photography
Fràncūskā f France
fràncūskī, -ā, -ō adj French
Fràncūskinja f Frenchwoman
Fràncūz (G. Fràncūza; N. pl. Fràncūzi) m Frenchman
frȅska (D. frȅski = frȅsci; G. pl. frȅsākā) f fresco
fȕdbal m football
fȕdbalskī, -ā, -ō adj football-

G

gàlērija f gallery (Ex 20)
garáža f garage
gdȅ, ijek **gdjȅ** where
gládan, gládna, -o (def. glâdnī, -ā, -o) hungry
glâs (D. glásu; N. pl. glȁsovi) m voice
glávnī, glàvnā, -ō main, principal
glàvnī grâd m capital city (S II)
glȅdati (glȅdām, 3p. pl. glȅdajū) impfv Cl. V to look, to watch
glúmac (G. glúmca) m actor
gȍdina f year
Kȍliko vam (ti) je gȍdīnā? How old are you?
gôl (D. gólu; N. pl. gólovi) m goal
gȍlman m goalkeeper
gospòdin m gentleman, Mr. (Intr)
gȍspođa f lady, Mrs. (Intr)
gȍspođica (V. gȍspođice!) f young lady, miss
Gȍtovac m
govòriti (govòrīm, 3p. pl. govòrē) impfv Cl. VI to speak, to be speaking
grâd (D. grádu; N. pl. grȁdovi) m city, town
grȉp m = grȉpa f flu
grȕpa f group
gûžva f crowd, crush; traffic jam (Ex 21)

H

hàjdemo = hàjdemo = hajdémo let us go
hȁlō hello (S I)
hàljina f dress
Hèrcegovina f Hertzegovina (S V)
hládan, hládna, -no cold, chilly
hládno je it is cold (chilly) (S II)
hládno **mi je** I am cold
hlȅb, ijek **hljȅb**, CS **kruh** (N. pl. hlȅbovi) m bread
hȉljada, CS **tȉsuća** (G. pl. hȉljādā) f thousand
hȍću see htȅti
hòtēl (D. hotélu) m hotel
Hrístić m
Hr̀vātskā f Croatia (S V)
htȅti, ijek **htjȅti** (hòću, 2p. sg. hòćeš; 1p. pl. hòćemo, 3p. pl. hòćē; neg. nȅću) irr. v. to want, to wish, to be willing

I

i and, also
Ȉbar m the (river) Ibar
ȉći = ȉći (ȉdēm = ȉdēm, 3p. pl. ȉdū = ȉdū; p. p. ȉšao = ȉšao, ȉšla, ȉšlo) irr. v. impfv Cl. I to go

I J K

ići pešice to go on foot, to walk
igra f dance
igrač (G. igráča) m player
igrati (ìgrām, 3p. pl. ìgrajū) impfv Cl. V to play, to dance
igrati se (ìgrām se, 3p. pl. ìgrajū se) impfv Cl. V to play
ih = **njih** (G. and A.) them
ili or
ima there is (are); he (she) has
imati (ìmām, 1p. pl. ìmāmo = imámo, 2p. pl. ìmāte = imáte, 3p. pl. ìmajū) impfv Cl. V to have
ime (G. ìmena; N. pl. imèna, G. pl. iménā) n name
 kàko je vàše ìme? what is your name?
interesàntan, interesàntna, -o interesting
inžènjēr (G. inženjéra) m engineer
istòrija f history
istòrījskī, -skā, -skō historic
itd = **i tàko dàlje** and so on
Ìvan m
Ívo m
iz from
ìzgovōr (G. ìzgovora) m pronunciation (EX 1)
izgrádnja f construction, building
izgùbiti (ìzgubīm, 3p. pl. ìzgubē) pfv Cl. VI to lose
izíći = **izíći** (ìzīđēm, 3p. pl. ìzīđū; p. p. izišao = ìzišao, ìzišla, ìzišlo) pfv Cl. I to go out, to come out
izlaziti (ìzlazīm, 3p. pl. ìzlazē) impfv Cl. VI to go out (S III)
ìzlēt = **ìzlet** m excursion (S II)
ìzlog (N. pl. ìzlozi, G. pl. ìzlōgā) m shopwindow
izložba f exhibition
ìzmeđu (+ Gen.) between
izvànredno = **ìzvanredno** exceedingly
izvínite excuse me, sorry
ìzvòl(i)te here you are; **ìzvòl(i)te?** Yes, please?
ìzvrstan, ìzvrsna, -no excellent

J

jâ I
jáje (G. jàjeta; N. pl. jája) n egg
jâk, jáka, -o strong
Jàkōv m
Jânko m
jànuār m January
jâvan, jâvna, -o public (S V)
jáviti (jâvīm, 3p. pl. jâvē) pfv Cl. VI to inform, to let somebody know
jáviti se (jâvīm se, 3p. pl. jâvē se) pfv Cl. VI to give a ring, to send a word
je is
je = **njû** (Acc.) her

jèdan, jèdna, jèdno one, a
jedànaest eleven
jedànaestī, -ā, -ō eleventh
Jèlena f
jèr because
jèsam I am
jèsi (2p. sg.) you are
jèsmo we are
jèst(e) he (she) is; yes
jèste you are
jèsti (jèdēm, 3p. pl. jèdū) impfv Cl. I to eat
jèsu they are
jèftino cheaply (Ex 26)
jèzero n lake (S II)
jèzičkī, jèzičkā, -ō adj of language, language-
jèzik (N. pl. jèzici, G. pl. jèzīkā) m language, tongue
joj = **njôj** to her
jòš yet; more, some more
 jòš jèdan (**jèdna, -o**) another
Jòvan m John
jùče yesterday
Jugòslāvija f Yugoslavia
Jugoslòvēn m a Yugoslav (man)
Jugoslòvēnka f a Yugoslav (woman)
jugoslòvēnskī, -ā, -ō Yugoslav
jûl = **jûli** m July
jûn = **jûni** m June
jùtro (G. pl. jùtārā) n morning
 dòbro jùtro n good morning

K

k (**ka**) to, towards
kād = **kàda** when (S II)
kàfa (G. pl. káfā) f coffee
kafàna f coffee house (S IV)
kàkav, kàkva, -o what ... like, what kind
kàko how
 kàko ste? how are you?
Kalemègdān m
kalèndār (G. kalendára) m calender
kàmēn (G. kàmena, D. kàmēnu = kàmenu) m stone
kàmenī, kàmenā, -ō adj of stone
kancelàrija f office
kànjōn (G. kanjóna) m canyon
kào like, as (S II)
 kào što as, such as
kàpa (G. pl. kâpā) f cap
kapètān (G. kapetána, V. kàpetāne!) m captain
Kàradžić m
kârta (G. pl. kàrātā) f fare, ticket
kàsno adv late
kàtkad sometimes (S III)
katedrála f cathedral (S IV)
kázati (kâžēm, 3p. pl. kâžū) pfv Cl. II to tell, to say

kȅks m cookie, biscuit
kìjavica f cold, cold in the head
kîm = kíme (I.) with whom
Kína f China
kìnēskī, kìnēskā, -skō Chinese
kíno n movie theatre, cinema
kìšobrān m umbrella
klàvīr (G. klavíra) m piano
Klìmēnt m
klúpa f bench
kljûč (G. kljúča; N. pl. kljúčevi) m key (Ex 9)
knjìga (D. knjìzi; G. pl. knjîgā) f book
knjìžara f bookstore
knjìžēvnīk (V. knjìžēvniče! N. pl. knjìžēvnīci) m writer
knjìžévnōst (G. knjižévnōsti) f literature
kȍ, CS tkȍ who
kod (+ Gen.) by, with
kòga = kȍg (G. and A. of ko) whom
   od kòga = kȍg from (by) whom
kòjī, kòjā, kòjē who, which
   u kòjēm? m and n in which?
   u kòjōj? f in which?
kȍla pl. n car
kȍlima by car
kòlāč (G. kolāča) m cake
koléga m colleague, fellow-student
koléginica f colleague, fellow-student (girl)
kȍliko how long (lit. how much time); how much, how many
kȍlo n a national dance, "kolo"
kòme = kòmu = kȍm (D. and L. of ko) (to) whom
kompòzītor m composer
kòmšija m neighbour
kòmšinica f woman neighbour
kòncert m (G. pl. kòncerātā) m concert (S III)
kòpija f copy (Ex 20)
Kóra f
Kȍsovo n (S V)
kòšārka f basket-ball
kòštati (kòštām, 3p. pl. kòštajū) = kóštati (kȍštām, 3p. pl. kȍštajū) impfv Cl. V to cost
   kȍliko (štȁ) tô kòštā? how much does it cost?
krȃj (G. krāja, D. krāju; N. pl. kràjevi, G. pl. krājévā) m end
krȁjem + Gen. at the end of (S IV)
kravàta f tie (Ex 24)
krénuti (krênēm, 3p. pl. krênū) pfv Cl. II to start, to get started
krèvet = krȅvet m bed
krílo n wing
krōz in (for time)
kùcati (kùcām, 3p. pl. kùcajū) impfv Cl. V to type
kùća (G. pl. kūćā) f house, home
   kod kùćē at home (S II)

kūd = kùda where to, whither
kùhinja = kùhinja f kitchen
kùltūrnī, -ā, -ō cultural
kúpati se (kûpām se, 3p. pl. kúpajū se) impfv Cl. V to bathe (S IV)
kúpiti (kûpīm, 3p. pl. kûpē) pfv Cl. VI to buy
kupòvati (kùpujēm, 3p. pl. kùpujū) impfv Cl. IV to buy, to be buying
kùvati (kùvām, 3p. pl. kùvajū) impfv Cl. V to cook (17 Ex)

L

lȁk, lȁka, -o light
lèći (lègnēm, 3p. pl. lègnū; imper lȅzi!) pfv Cl. I to lie down, to go to bed
lègēnda f legend (S III)
lèkār, ijek ljèkār, CS liječnīk (G. lekára) m physician
lèkcija f lesson
lêp, lépa, lépo, ijek lijep (def. lêpī, -ā, -ō) handsome, pretty
lépo je it is fine (nice) (S II)
lepòta, ijek ljepòta f beauty
lèteti, ijek lètjeti (lètīm, 1p. pl. lètīmo = letīmo, 2p. pl. lètīte = letīte, 3p. pl. lètē) impfv Cl. VI to fly, to be flying (S IV)
lȅti, ijek ljȅti adv in summer, during the summer
lêvī, lêvā, -ō, ijek. lijevī left
lèžati (lèžīm, 3p. pl. lèžē) impfv Cl. VI to lie, to be lying
li question marker
líčiti (lìčīm, 3p. pl. líčē) impfv Cl. V to look like, to resemble
limūn (N. pl. limúnovi) m lemon
Lòndōn (D. Londónu) m London
lȍpta (G. pl. lȍptī=lȍptā) f ball
lȍš, lȍša, lȍše bad

LJ

Ljùbljana f (S V)
ljûdi pl. (G. pl. ljúdī) m men, people

M

Màdlēn f Madleine
māj (D. màju) m May
májka (G. pl. mâjkī) f mother (S I)
Makèdōnija f Macedonia (S II)
mȃlī, mâlā, mâlō small, little
mȁlo adv a little, a bit
mȁma f mum

mànastīr m monastery
màntīl (G. mantíla) m coat, overcoat
   kišnī màntīl m raincoat
Màrijan m
màrka = **màrka** (G. pl. mārākā) f postage-stamp
mȁrt m March
màslac m butter
mătērnjī, mătērnjā, -ē adj mother-, native
   mătērnjī jèzīk mother tongue
mehàničār m mechanic
mène = **me** (G. and A. from **jâ**) me
mèni = **mi** to me
mèrmer m marble
mȅsēc, ijek **mjȅsēc** (V. mȅsēče! P. mȅsēcu = mesécu; G. pl. meséci = mesécā) m month
mȅsto, ijek **mjȅsto** (G. pl. mêstā) n place, seat
Mȅštrović m
mî we
milìōn, CS milìjūn (G. milióna) m million
mȉlo mi je I am glad, how do you do
mìnūt (G. minúta) m = **minúta** f minute
Míša m
mlȃd, mláda, mládo young
mlàdić (G. mladića, V. mlàdiću!) m young man
mléko, ijek **mlijèko** n milk
mnȍgī, mnȍgē, mnȍgā adj many, numerous
mnȍgo adv much, a lot
(**sa**) **mnôm** with me
mòći (mògu, 2p. sg. mȍžēš, 3p. pl. mògu) impfv Cl. I can, may, to be able
mȍdēran = **mòdēran, mòdērna** = **mòdērna, -o** modern, contemporary
môj, mòja, mòje my, mine
mȍlīm please; you are welcome, don't mention it
   mȍlīm? yes? yes, please? (S I); pardon, sorry?
   mȍlīm vās please (lit. I beg you)
mórati (môrām, 3p. pl. móraju) impfv Cl. V must, have to
nè môrām I need not
môre n sea
   Jàdrānskō môre n the Adriatic Sea
Mȍskva f
môst (G. mȍsta, D. mòstu; N. pl. mòstovi) m bridge
mȍžda perhaps, may be
mȑšav, mȑšava, -o thin
mu = **njèmu** him, to him
muškárac (G. muškárca) m man, male
mùzēj (G. muzéja) m museum
mùzika (D. mùzici) f music (S III)
mûž (V. mûžu! N. pl. mùževi) m husband

N

na on, in
Náda f

nádati se (nâdām se, 3p. pl. nádaju se) impfv Cl. V to hope
nâgrade = **nàgrada** f award
nàlaziti se (nàlazīm se, 3p. pl. nàlazē se) impfv and freq Cl. VI to be located
nàlazī (**nàlazē**) **se** there is (are)
nȁma = **nam** (D. and L. of **mî**) us
nàmeštāj, ijek **nàmještāj** (no pl.) m furniture
napísati (nàpīšēm, 3p. pl. nàpīšū) pfv Cl. II to write, to write down, to finish writing
nàpraviti (nàpravīm, 3p. pl. nàpravē) pfv Cl. VI to make, to finish making
náravno of course, certainly
náročito especially, particularly
národ m nation (S V)
národnī, národnā, -ō national, people's
národnōst f nationality
   Kòje ste naródnōsti? What nationality are you?
nâs (G. and A. from **mî**) us
náselje n settlement
nàstaviti (nàstavīm, 3p. pl. nàstavē) pfv Cl. VI to continue, to go on
nástavnīk (N. pl. nástavnīci) m instructor, teacher, professor
nȁš, nȁša, nȁše our, ours
Nàtaša f
navìjāč (G. navijáča) m supporter, fan
navíjati (nàvijām, 3p. pl. nàvijāju) impfv Cl. V to support, to chear on
nè no
nèdelja, ijek **nèdjelja** f Sunday (S II)
   nèdeljōm on Sunday(s) (S III)
nègo than
nèkī, nèkā, nèkō some, a
nêmā he (she) has not; there is (are) not
   nêmā na čèmu it is all right, don't mention it
nèmačkī, ijek **njèmačkī, nèmačkā, -ō** adj German (11)
nêmām I have not
nesvŕstan, nesvŕstana, -o nonaligned (S V)
nèšto (G. nèčega) something (S III)
nezávisan = **nèzavisan, -sna, -sno** independent (S V)
ni intensifying particle not even, not either
nije is not; no
nísam I am not
nísi (2p. sg.) you are not
nísmo we are not
níste you are not
nísu they are not
Nîš m
nòbelovac = **nóbelovac** (G. nòbelōvca) m Nobel-prize winner
nôć (G. nȍći, D. nȍći, I. nȍću; N. pl. nȍći, G. pl. nòćī) f night
   lȁkū nôć f good night
nȍv, nȍva, nȍvo new

N NJ O

nòvac (G. nóvca; N. pl. nôvci, G. pl. növācā) m money
mètālnī nòvac coins
novčànica f banknote
nòvēmbar (G. nòvēmbra) m November
Nòvī Sâd m
nòvinār m journalist
nòvine f pl. newspaper
nùla zero, 0

NJ

njê (G. from òna) of her
njèga = ga (G. and A. from ôn and òno) him
njègov, njègova, -o his
njèmu = njèmu (D. and L. of on, ono)
njên, njêna, -o her, hers
njézin = njêzin her, hers
njîh = ih (G. and A. from òni, òne, òna) them
njïhov, njïhova, -o their, theirs
njîm = njíme (I. of ôn, òno) (with) him
njïma = im to them
njôj = joj to her
njû = ju = je her (A. from òna)
Njùjork m

O

o about; oh
òbala f coast, shore
òba, òbe both (S II)
òbično usually (S III)
objašnjénje n comment(s)
òblāst (D. oblásti = òblāsti; G. pl. oblástī = òblastī) f sphere (S V)
òblīk (D. oblíku = òblīku; N. pl. òblīci, G. pl. oblīkā = òblīkā, D. pl. oblícima = òblīcima) m form (Ex 2)
òbložen, òbložena, -no pass. p. faced, coated
òbrok (N. pl. òbroci, G. pl. òbrōkā) m meal
od by; from; since
òdaklē from where
òdaklē ste? where are you from?
òdāvdē = òdavdē adv from here (S IV)
odbrániti (òdbrānīm, 3p. pl. òdbrānē) prfv Cl. VI to defend
odélo, ijek odijèlo n suit
odgovòriti (odgòvorīm, 3p. pl. odgòvorē) prfv Cl. VI to answer, to give an answer (Ex1)
òdlaziti (òdlazīm, 3p. pl. òdlazē) impfv and freq Cl. VI to go away, to be going away, to leave
òdličan, òdlična, -no excellent
òdlično adv excellent, (it is) excellent
òdmāh adv at once, immediately (S I)
òdmor m break, coffee break
ofìcir (G. oficíra) m army officer
Òhrīd m
òhridskī, òhridskā, -ō adj of Ohrid
òktōbar (G. òktōbra) m October
òmiljen, òmiljena, -no favourite
òmladina f young people, youth
omladínac (G. omladínca) m youth, young man
òmlàdīnka (D. omlàdīnki; G.pl. omlàdīnkī) f young girl, youth
òmladīnskī, òmladīnskā, -skō adj of youth, youth-
ôn he
òna she
ònā n they
ònā n those (over there)
ònā f that
ònāj m that (over there)
ònda then
ónde there (over there)
òne f they
òni m they
òno n it
ònō n that (over there)
  ònō je that is
  ònō su those are
òpasan, òpasana, -no + Instr. surrounded, encircled (S IV)
òpera f opera, opera-house (S III)
opísati (òpīšēm, 3p. pl. òpīšū) pfv Cl. II to describe (Ex 5)
òsam eight
osamdèsēt eighty
ôsmī, ôsmā, -ō eighth
osàmnaest eighteen
osàmnaestī, osàmnaestā, -ō eighteenth
òsećati se, ijek òsjećati se (òsećām se, 3p. pl. òsećajū se) impfv and freq. Cl. V to feel, to be feeling (S III)
òsim except (S III)
osnòvati (osnujēm, 3p.pl. òsnujū) pfv Cl. IV to found (S IV)
òstati (òstanēm, 3p. pl. òstanū; imper òstani! p. p. òstao, òstala, -lo) pfv Cl. III (irr. inf. stem) to stay, to remain
òstrvo n, CS òtok m island
òštro = òštro sharply
òtac (G. òca, V. òče! N. pl. òčevi, G. pl. òčēvā = = otácā) m father
otíći = òtići (òdēm = òtīdēm = òtīdēm, 3p. pl. òdū; imper otídi = otídi! p.p. òtišao, otišla, -šlo) pfv Cl. I to go, to go away, to depart
otputòvati (otpùtujēm, 3p.pl. otpùtujū) pfv Cl. IV to depart, to leave (S IV)
òtvoren, òtvorena, -no pass. p. opened
òvā f this
òvā n these
òvāj m this

óvde here; (telephone) --- X X speaking, X here
òvē f these
òvī m these
òvo n this
    òvō je this is, it is
    òvō su these (they) are
òzdraviti (òzdravīm, 3p. pl. òzdravē) pfv Cl. VI to get better, to recover
òženjen adj m married (used for men only) (S I)

P

pa interj well, but, and so
Pàlas m
pàlata = palàta, CS **pàlača** f palace (S IV)
pära (G. pl. pârā) f one hundredth of a dinar
pärk (N. pl. pärkovi) m park
Pàrīz (D. Parízu) m Paris
partizān (G. partizána, V. pärtizāne!) m partisan
pàs (G. psâ, G. pl. pásā) m dog
pâsoš m passport
pàuza = pàuza f break, interval
Pávić m
Pâvle m
pêć (G. pèći; N. pl. pèći, G. pl. pèćî) f stove (Ex 7)
pèći (pèčēm, 1p. pl. pèčēmo = pečémo, 2p. pl. pèčēte = pečéte, 3p. pl. pèkū) impfv Cl. I to bake, to be baking
pedèsēt fifty
pèro (N. pl. pèra, G. pl. pérā) n pen
pèsma, ijek **pjèsma** (G. pl. pèsāmā = pèsmī) f song
pêt five
pétak (G. pétka) m Friday (S III)
pêti, pêtā, -ō fifth
pètnaest fifteen
pètnaestī, pètnaestā, -ō fifteenth
pèšice, ijek **pjèšicē** adv on foot
pèvāč, ijek **pjèvāč** (G. pevāča) m singer
pevàčica, ijek **pjevàčica** f woman singer
pèvati, ijek **pjèvati** (pèvām, 3p.pl. pèvajū) impfv Cl. V to sing
pìjaca f market
pìlot = pìlōt (G. pilóta) m pilot
písac (G. písca) m writer
pisāćā mašína f typewriter
písati (pîšēm, 3p.pl. pîšū) impfv Cl. II to write
písmo (G. pl. pîsāmā) n letter
pítanje n question (Ex 1)
pítati (pítām, 3p. pl. pítajū) impfv Cl. V to ask
pìti + Acc. (pìjēm, 3p. pl. pìjū) impfv Cl. IV to drink, to have a drink
pîvo n beer
planìna f mountain

plátiti (plâtīm, 3p. pl. plâtē) pfv Cl. VI to pay
plâv, pláva, -o blue
pláža f beach
plèsti + Acc. (plètēm, 3p. pl. plètū) impfv Cl. I to knit
plôča (G. pl. plôčā) f (gramophone) record
pô = pôla half
pòčinjati (pòčinjem, 3p. pl. pòčinjū) impfv and freq Cl. II to begin
póći = pôći (pôdēm, 3p. pl. pôdū; p. p. pòšao, pòšla, -šlo) pfv Cl. I to come (along), to start off
pod under
pódne n noon
    pòsle pódne afternoon, in the afternoon
    prepódne morning, in the morning (before noon)
    slòbodno prepódne morning off
pòdnōžje n base, foot
    u pòdnōžju + Gen. at the foot of (S IV)
pòglēd m view
pògledati (pògledām, 3. pl. pògledajū) pfv Cl. V to have a look
pòjesti (pòjedēm, 3p. pl. pòjedū) pfv Cl. I to eat, to eat up
pokázati (pòkāžēm, 3p. pl. pòkāžū) pfv Cl. II to show
Polìtika f (politics) the name of a newspaper
pòklon = pòklon m gift, present
pòkrajina f province (S V)
pòla half
pòlaziti (pòlazīm, 3p. pl. pòlazē) impfv and freq Cl. VI to leave, to be leaving, to depart, to start off
polìtičkī, -čkā, -ō political (S V)
polìtika f politics
pòložāj m position, location
pomágati (pòmāžēm, 3p. pl. pòmāžū; p.p. pomágao, pomágala, -lo) impfv Cl. III to help, to be helping
pomóći = pòmóći (pòmognēm, 3p. pl. pòmognū; imper pomòzi! p. p. pòmogao, pomògla = pòmogla, -lo) pfv Cl. I to help
ponèdeljak (G. ponèdēljka) m Monday (S III)
ponòviti (pònovīm, 3p. pl. pònovē) prfv Cl. VI (Intro)
pònovo again
pòpiti (pòpijēm, 3p. pl. pòpijū) pfv Cl. IV to drink, to drink up
pòpulāran, pòpulārna, -no popular
pòpuniti (pòpunīm, 3p. pl. pòpunē) pfv Cl. VI to complete (Ex. 1)
pored + Gen. by, beside
pòrodica f family
pòrtāl (G. portála) m portal
pòsao (G. pòsla; N. pl. pòslovi) m work, job
    na pòslu at work

posećívati, ijek **posjećívati** (posèćujēm, 3p. pl. posèćujū) impfv and freq Cl. IV to visit, to be visiting
pòsle, ijek **pòslije** after
pòslednjī, pòslednjā, -njē, ijek **pòsljednjī** last (S IV)
pòšta f post-office
pòvōljan, pòvōljna, -o favourable
pòzdraviti (pòzdravīm, 3p. pl. pòzdravē) pfv Cl. VI to greet, to give one's love
póziv m invitation
pózorīšte = **pòzorīšte** n theatre
prȁviti (prȁvim, 3p. pl. prȁvē) impfv Cl. VI to make, to be making
prȃznīk (N. pl. prȃznīci) m holiday
prȇ, ijek **prȉje** ago; before |
pred + Instr. or Acc. in front of, before
prèdati pīsmo (prèdām, 3p.pl. prèdajū) pfv Cl. V to post a letter
prédeo, ijek **prédio** (G. prédela) m countryside
prèdstava f performance (S III Ex)
preduzéće n enterprise, firm
preko more than, over
prénos m broadcast (TV and radio)
prevòditi (prèvodīm, 3p.pl. prèvodē) impfv Cl. VI to translate
prézime = **prèzime** (G. prézimena) n surname
pričekati (pričekām, 3p. pl. pričekajū) pfv Cl. V to wait for a while
prijātan, prijātna, -no cosy, pleasant
prijatelj (G. pl. prijatéljā) m friend (S III)
prímer, ijek **prímjer** m example
  na prímer for example
Prīština f
prīvrednī, -nā, -nō economic (S V)
pročitati (pročitām, 3p.pl. pročitajū) pfv Cl. V to read, to finish reading
pròdati (pròdām, 3p.pl. pròdajū) pfv Cl. V to sell (Ex 26)
prodavàčica f saleswoman, shopgirl
prodúžiti (pròdūžīm, 3p. pl. pròdūžē) pfv Cl.VI to continue, to go on
pròfesor m professor, high-school instructor (teacher)
pròg ram m programme (S II)
proméniti, ijek **promijèniti** (pròmēnīm, 3p. pl. pròmēnē) pfv Cl. VI to change
prōšlī, prōšlā, -lō last, past
provèsti = **pròvesti** (provèdēm, 3p. pl. provèdū) pfv Cl. I to spend (S IV)
provèsti se = **pròvesti se** (provèdēm se, 3p. pl. provèdū se) pfv Cl. I to spend one's time, to have . . . time (S IV)
provòditi (pròvodīm, 3p. pl. pròvodē) impfv Cl. VI to spend (of time) (S III)
prózor m window
prúga (D. prúzi) f line, track
pȓvī, pȓvā, pȓvō first

pùcati (pùcām, 3p. pl. pùcajū) impfv Cl. V to shoot
pùno adv a lot
pùšiti (pùšīm, 3p.pl. pùšē) impfv Cl. VI to smoke
pût (G. púta, I. pútem = pútom; N. pl. pútovi = = pútevi) m trip, journey, way
  bȉti na pútu to be away (on a trip)
  vrátiti se s púta to return from a trip
put (pl. puta) time(s), used as an adv.
pûtnīk (N. pl. pûtnīci) traveller, passenger
putovanje n trip, journey
putòvati (pùtujēm, 3p. pl. pùtujū) impfv Cl. IV to travel

R

râd (D. rádu; N. pl. rádovi = rȁdovi) m work (24 Ex)
ráditi (rādīm, 3p. pl. rādē) impfv Cl. VI to work, to be working, to do, to be doing
rȃdnī, rȃdnā, -nō working
  rȃdnō vréme n working hours
rȃdnīk (N. pl. rȃdnīci) m worker, workman
ȓđav, ȓđava, -o bad (S II)
rànije before, earlier
rȁno early
rȁt (D. ràtu; N. pl. rȁtovi) m war
rȃtnī, rȃtnā, -ō adj war-, wartime-
ravnica f plain
rȁvnoprávan, -na, -no enjoying equal rights, equal (S V)
ràzgledati znȁmenitōsti (ràzgledām, 3p.pl. ràzgledajū) pfv Cl. V to go sightseeing (S IV)
razgovárati (razgòvārām, 3p. pl. razgovárājū) impfv Cl. V to talk
rȃznī, rȃznā, -nō different, various
raznòvrstan, raznòvrsna, -vrsno varried, of different sort
razùmeti, ijek **razùmjeti** (razùmēm, 1p. pl. razùmēmo = razumémo, 2p. pl. razùmēte = = razuméte, 3p. pl. razùmejū) impfv and pfv Cl. V to understand
rȁzviti se (rȁzvijēm se, 3p. pl. rȁzvijū se; imper. rȁzvīj se! p.p. rȁzvio se, rȁzvila se, -lo se) pfv Cl. VI to develop (S IV)
ȓđav, ȓđava, -o bad
rȇč, ijek **rȉječ** (G. rȅči. I. rȅčju = rȅči, D. rȅči; G. pl. rēčī, D. rēčima) f word (Ex 1)
rečenica f sentence (Ex 1)
rȇčnīk, ijek **rjȇčnīk** (N. pl. rȇčnīci) m vocabulary (Intr)
rȅći (rèknēm, 3p. pl. rèknū; imper rèci! p.p. rèkao, rèkla, -lo) pfv Cl. I to tell, to say
rȇd m u rédu O. K., I agree
refòrmātor m reformer
réka, ijek **rijèka** (D. réci) f river

repùblika (D. repùblici) f republic
rêtko, ijek rijetko seldom (S III)
rezùltāt (G. rezultáta) m score
rîmskī, rîmskā, -ō Roman (S IV)
Rìta f
Róbert m
ròditelj m parent
ròđendān m birthday
　Îdēm na ròđendān. I'm going to a birthday-party.
ròmān (G. romána) m novel
1 ùčak (G. rúčka, N. pl. rúčkovi) m lunch
rúčati (rūčām, 3p. pl. rúčajū) impfv Cl. V to have lunch
Rùs (G. pl. Rūsā) m Russian (man)
rùskī, rùskā, -skō Russian
Rùskinja f Russian (woman)
rùšiti (rùšīm, 3p. pl. rùšē) impfv Cl. VI to destroy

S

s = sa with
sàd = sàdā now
sagráditi (sàgrādīm, 3p. pl. sàgrādē) pfv Cl. VI to build (S IV)
sàgrāđen, sàgrāđena, -o pass. p. built
sam am
sàmo only
samopòsluga (D. samopòsluzi) f self-service store
samoùpravljānje n self-management (S V)
Sàrajevo n
sàstānak (G. sàstānka; N. pl. sàstānci, G. pl. sàstanākā) m meeting
sastòjati se (sastòjīm se, 3p. pl. sastòjē se) impfv Cl. VI to consist of
Sàša m
sât (D. sátu, N. pl. sátovi = sâti, G. pl. sátōvā = = sátī) m clock, o'clock, hour
　kòliko je sátī? what is the time?
sàv, svà, svè all
Sáva f the Sava (river)
sáveznī, -nā, -nō federal (S V)
sàvremen, sàvremena, -no contemporary
sèdam seven
sedamdèsēt seventy
sedàmnaest seventeen
sedàmnaestī, sedàmnaestā, -stō seventeenth
sèdati, ijek sjèdati (sèdām, 3p. pl. sèdajū) impfv and freq Cl. V to be sitting down
sèdeti, ijek sjèditi = sjèdjeti (sèdīm, 3p. pl. sèdē; p.p. sèdeo, sèdela, -lo) impfv C. VI to sit, to be sitting
sêdmī, sêdmā, -ō seventh
sekretàrica f secretary (woman)
sèlo n village, country (S III)
sêm except
sèndvič m sandwich

sèptēmbar (G. sèptēmbra) m September
sèsti, ijek sjèsti (sèdnēm, 3p. pl. sèdnū; imper. sèdi!) pfv Cl. I to sit down
sèstra (G. pl. sestárā) f sister
si = jèsi (2p. sg) you are
sìgūrno surely
simpàtičan, simpàtična, -no nice
sîn (N. pl. sînovi) m son
sìnōć last night (evening)
sȉr (N. pl. sȉrevi = sȉrovi) m cheese
sîv, síva, -o grey (S II)
sjâjno adv splendid, brilliantly
Skèrlićeva ùlica f
Skòplje n (S II)
skòro almost, nearly (S III)
skûp, skúpa, -o expensive
slȁbo poorly
slȁdolēd m ice-cream
slȁti (šȁljēm, 3p. pl. šȁljū) irr. v. impfv to send
slȉka (D. slȉci) f picture, painting
slȉkār m painter
slòbodan, slòbodna, -no free
Slòvēnija f Slovenia (S V)
slùšati (slùšām, 3p. pl. slùšajū) impfv Cl. V to listen
slùžbenīk (N. pl. slùžbenīci) m employee, clerk
smêđ, smêđa, -e brown
smèna, ijek smjèna f shift
smo (we) are
sòba f room
socijalìstičkī, -čkā, -čkō socialist (S V)
Sòfija f
　Svétā Sòfija Holy Wisdom
spàdati (spàdām, 3p. pl. spàdajū Cl. V) impfv and freq to form part of (S V)
spávati (spâvām, 3p. pl. spávajū) impfv Cl. V to sleep, to be sleeping
Split m
splȉtskī, splȉtskā, -skō adj of Split (S IV)
spòmenīk (N. pl. spòmenīci) m monument
spȍrt (N. pl. spȍrtovi) m sport
sprȁt, CS kȁt (N. pl. sprȁtovi) m storey, floor
sprémati (sprêmām, 3p. pl. sprémajū) impfv and freq Cl. V to prepare, to get ready
Sȑbija f Serbia (S V)
srèćan, srèćna, -no happy
　srèćan pût! m bon voyage!
srèćōm fortunately, luckily
srèda, ijek srijèda f Wednesday (S III)
srèsti (srètnēm, 3p. pl. srètnū; p.p. srȅo, srȅla, -ȅlo) pfv Cl. I to meet
srpskohr̀vātskī, srpskohr̀vātskā, -skō Serbo-Croatian
stàjati (stòjīm, 3p. pl. stòjē) impfv Cl. VI to stand, to be standing
stàmbenī, stàmbenā, -nō adj housing-, residential
stân (P. stánu; N. pl. stánovi) m flat, apartment

stanòvati (stànujēm, 3p. pl. stànujū) impfv Cl. IV to live, to dwell
stànōvnīk (N. pl. stanovníci) m inhabitant
stȁr, stȁra, stȁro (def. stȃrī, stȃrā, -ō) old
stȁviti (stȁvīm, 3p. pl. stȁvē) pfv Cl. VI to put (Ex 23)
ste (you) are
Stȅvān m
stô (G. stòla, N. pl. stòlovi) m table
    pìsāći stō m writing desk
stòlīca f chair
stòtina f = stô a hundred
strádati (strâdām, 3p. pl. strâdajū) pfv and impfv Cl. V to suffer damage
stránac (G. stránca; G. pl. strânācā) m foreigner
strȃnī, strȃnā, -ō foreign
strášan, strášna, -o awful (Ex 21)
strášno awfully
strîc (G. strîca, V. strîče! N. pl. stríčevi) m uncle, father's brother
Studènica f
stùdent (G. pl. stùdenātā) m undergraduate, student
stùdentskī, stùdentskā, -skō adj student-
    stùdentskī dȍm students' hostel
studírati (stùdīrām, 3p. pl. studírajū) impfv Cl. V to study
stvȃr (G. pl. stvȃrī) f thing
    u stvári as a matter of fact
su (3p. pl.) are
sùbota f Saturday (S III)
sùdija m referee
sùprug (N. pl. sùpruzi) m husband
sùpruga f wife
sùtra tomorrow
svȁkāko certainly, by all means
svȁkī, svȁkā, -kō every, each (S III)
    svȁkōg dána every day
    svȁkī drȕgī every other (S III)
svèska f notebook
svêt, ijek svíjet (D. svétu; N. pl. svètovi, G. pl. svetóvā = svȅtōvā) m people; world (S III)
svétī = svȅtī, svétā, svétō def. adj. saint-, holy (S II)
svȅtskī = svȅtskī, svȅtskā, -skō, ijek svjȅtskī = svjȅtskī) adj world-
svȉdeti se, ijek svȉdjeti se (svȉdīm se, 3p. pl. svȉdē se) pfv Cl. VI to like
svíđati se (svȉdām se, 3p. pl. svíđajū se) impfv and freq Cl. V to like, to be liking
    svîđa mi se I like
svírati (svîrām, 3p. pl. svírajū) impfv Cl. V to play a musical instrument
svôj, svòja, svòje poss. adj. for every person

Š

šȁh (N. pl. šȁhovi) m chess
šèćer m sugar
šèf (N. pl. šèfovi) m chief, boss
šèsnaest sixteen
šèsnaestī, šèsnaestā, -ō sixteenth
šȇst six
šȇstī, šȇstā, -ō sixth
šétati se (šȇtām se, 3p. pl. šétajū se) impfv Cl. V to walk, to go for a walk
šezdèsēt sixty
šìrok, šìròka, -o wide (S II)
šíti + Acc. (šȉjēm, 3p. pl. šȉjū) impfv Cl. IV to sew
škôla = škôla (G. pl. škôlā) f school
šólja f cup
Šòpēn m
špânskí, špânskā, -ō or špànjōlskī Spanish
štȁ = štȍ what
    Štȁ vam (ti) je? What's the matter with you?
štîvo n text (S I)
štȍ that, why
šûnka (D. šûnki; G. pl. šûnkī) f ham
šȕma (G. pl. šȗmā) f woods, forest

T

tȃ f that
tȃ n those
tȁčan, tȁčna, -o exact, right
tȃj m that
tàko je that's right
a, tàko oh, I see
takóđe(r) = tàkōđe(r) also, too
tȁmo there (S I)
tȁta m daddy
tȇ f those
te conj and (so), so that
tèbe = te (G. and A. from tî) you
tèbi = ti (2p. sg.) to you
telèfōn (G. telefóna) m telephone (S I)
telefonírati (telefònīrām, 3p. pl. telefonírajū) pfv and impfv Cl. V to call, to phone
telèvīzija f television (S III)
temperatúra f temperature
ténis m tennis
terȁsa f terrace
Tȅslin, -a, -o adj
tȅtka (G. pl. tȅtākā) f aunt (Ex 17)
tȋ (2p. sg.) you
tȋ m those
tîm (D. tímu; N. pl. tímovi) m team
tô n that
    tô je that is, it is
    tô su those (they) are

T U V

tòpao, tòpla, -o warm, soft
  tòplo je it is warm (S II)
Tòpčiderskī, -ā, -ō adj of Topčider
tórba (G. pl. tórbi) f bag
tòrta (G. pl. tôrtā = tôrtī) f (big) cake
trájati (trájēm, 3p. pl. trájū) impfv Cl. V to last
tràktor m tractor
trážiti + Acc. (trâžīm, 3p. pl. trâžē) impfv Cl. VI to look for, to ask for
trèćī, trèćā, -ē third
trenútak (G. trenútka; N. pl. trenúci, G. pl. trènūtākā) m moment (S I)
tȓg (D. tȑgu, N. pl. tȑgovi) m square
trî three
trídesēt thirty
trínaest thirteen
trínaestī, trínaestā, -ō thirteenth
tròje three (people)
tròlējbus = trolèjbus m trolley-bus
tròlējbusom = trolèjbusom by trolleybus
tû here
Tùrčin (N. pl. Tûrci, G. pl. Tùrākā) m Turk
turìstičkī, turìstičkā, -ō adj tourist-
tvôj, tvòja, tvòje your, yours

U

u in, inside, to
učiònica f classroom
účiti (účīm, 3p. pl. účē) impfv Cl. VI to learn, to study, to be learning (studying)
ući = ûći (ûđēm, 3p. pl. ûđū; imper úđi! p. p. ùšao, ùšla, -šlo) pfv Cl. I to come in, to enter
ùdāljēn, -a, -o far, far away (Ex S IV)
ùdāta f married (used for women only) (S I)
ùgao (G. ùgla; N. pl. ùglovi) m corner
ùjāk (N. pl. ùjāci) m uncle, mother's brother
ujèdīnjen, -na, -o united (S V)
ùjutro = ùjutru in the morning
ùkūs m taste (Ex 24)
ùlaziti (ùlazīm, 3p. pl. ùlazē) impfv and freq Cl. VI to come in, to be coming in, to enter
ùlaznica f admission
ùlica f street
ùmetnīk, ijek ùmjetnīk (N. pl. ùmetnīci) m artist (S IV)
ùmetnōst, ijek ùmjetnōst (G. ùmetnōsti) f art
ùništen, ùništena, -o pass. p. destroyed (Ex 21)
univerzitēt (G. univerzitéta) m university
unútar + Gen. in, within (S IV)
unútra = ùnūtra, in, inside
ûšće n confluence
ùtakmica f match
útorak (G. ùtōrka) m Tuesday (S III)
ȕvēk, ijek ȕvijek always

ùveče in the evening (S III)
ùzak, ùska = ùska, ùsko = ùsko narrow (S II)
uzbùdljiv, uzbùdljiva, -o exciting
ùzeti (ùzmēm, 3p. pl. ùzmū; imper ùzmi!) pfv Cl. I to take, to get (buy)
ùzimati (ùzimām, 3p. pl. ùzimajū) impfv and freq Cl. V to take, to be taking

V

vàjār (G. vajára) m sculptor (S IV)
vam = vȁma to you
vâs (G. and A. from vȋ) you
vȁš, vȁša, vȁše your, yours
vèče n evening
  dòbro vèčē good evening
vèčera f supper
vèčeras to-night, this evening (S III)
vèčerati (vèčerām, 3p. pl. vèčerajū) impfv Cl. V to have supper
vèć already
vèćina f majority
vȇk, ijek vȉjek (D. véku; N. pl. vékovi = vȅkovi, G. pl. vékōvā = vekóvā = vȅkōvā) m century
vèlikī, vèlikā, -ō big, large
veòma very
Vȅra f
veròvatno = vȅrovātno, ijek vjeròvatno = vjȅrovātno probably, sure
vȅseo, vȅsela, -lo gay
vȅšalica f peg, hall stand
vȅžba, ijek vjȅžba f drill (Ex 1)
vȅžbānje, ijek vjȅžbānje n exercise (Ex 1)
vȋ you
vìdeti, ijek vìdjeti (vȉdīm, 3p. pl. vȉdē) impfv and pfv Cl. VI to see
vìkend m weekend (Ex 20)
vìkendica f a small country house, cottage (S III)
vìsiti (vȉsīm, 3p. pl. vȉsē) impv Cl. VI to hang
vìsok, visòka, -o tall, highf
vìše = vȉšē adv more
Višegrād m
vòćnjāk (N. pl. vȍćnjāci) m orchard (S III)
vòdīč (G. vodíča, V. vòdīču!) m guide
vòditi (vȍdīm, 3p. pl. vȍdē) impfv and freq Cl. VI to take, to lead
Vòjvodina f
vòleti, ijek vòljeti (+Acc.) (vȍlīm, 3p. pl. vȍlē) impfv Cl. VI to like, to be fond of, to love
vòziti se (vȍzīm se, 3p. pl. vȍzē se) impfv Cl. VI to drive, to be driven
vrȁta (G. vrátā) n pl. door
vrátiti (vrȃtīm, 3p. pl. vrȃtē) pfv Cl. VI to give back, to return (Ex 22)
vrátiti se (vrȃtīm se, 3p. pl. vrȃtē se) pfv Cl. VI to come back, to return

vrédan, ijek **vrijèdan, vrédna, -no** hardworking, industrious
vréme, ijek **vrijème** (G. vrȅmena; N. pl. vrèmena, G. pl. vreménā) n weather (S II); time
Kàkvo je vréme? What's the weather like?
rȃdnō vréme n working hours
za vréme during
vr̀lo very
vȑt (G. vȑta; N. pl. vȑtovi) m garden (S III)
Vûk m

Z

za for; in (for time)
zădovōljan, zădovōljna, no- pleased, satisfied (S II)
zadȑžati se (zadȑžīm se, 3p. pl. zadȑžē se) pfv Cl. VI to keep long, to hold up, to detain
Zágreb m
zágrebačkī, zágrebačkā, -čkō (S III) of Zagreb
zăista really, indeed (S I)
zăjednica f community (S V)
zăjedno together
zàkasniti (zàkasnīm, 3p. pl. zàkasnē) pfv Cl. VI to be late
zamòliti (zàmolīm, 3p. pl. zàmolē) pfv Cl. VI to ask (Ex 24)
zàpāmtite! remember!
zar inter. particle
zasnòvān, -na, -no p. pass. based (S V)
zášto why
zàtō, zàtō štō because
zàtvoren, zàtvorena, -no pass. p. closed, shut
zăuzēt, zăuzētā, -ō busy, occupied, engaged (S III)
zavŕšiti (se) (zàvȑšīm (se), 3p. pl. zàvȑšē (se), pfv Cl. VI to end
zavŕšiti se nèrēšeno to end in a draw

zdrȁv, zdrȁva, -o healthy
zdrȁvo hi, hello
zèmlja (G. zèmljē; N. pl. zèmlje, G. pl. zemáljā) f country, land
zgrȁda (G. pl. zgrȃdā) f building
zȋd (D. zídu; N. pl. zȉdovi, G. pl. zidóvā = zȉdōvā) m wall
zȉdina f old wall, rampart (S IV)
znàmenitōst (G. znàmenitosti) f sight, landmark (S IV)
ràzgledati znàmenitosti to go sightseeing (S IV)
znȁti (znȃm, 1p. pl. známo, 2p. pl. znáte, 3p. pl. znàjū) impfv Cl. V to know
Zòran m
zvȁti (zòvēm, 1p. pl. zòvēmo = zovémo, 2p. pl. zòvēte = zovéte, 3p. pl. zòvū; imper. zòvi! p. p. zvȁo, zvála, zválo) impfv Cl. I to call, to phone
zvȁti se to be called
zvézda, ijek **zvijèzda** f star
Zvònko m

Ž

nà žalōst unfortunately, I am afraid
Žȃn m
žȁo mi je I am sorry
žédan, žédna, -no (def. žêdnī, -ā, -ō) thirsty
žèleti, ijek **žèljeti** (žèlīm, 3p. pl. žèlē) impfv Cl. VI to wish, to want
žèlezničkī, žèlezničkā, -čkō, ijek **žèljezničkī** adj rail-, railway-
žèlja f wish, desire
žèna (G. pl. žénā) f woman, wife
žíveti, ijek **žívjeti** (žívīm, 3p. pl. žívē) impfv Cl. VI to live
život (G. živòta) m life (S IV)
žúriti se (žȗrīm se, 3p. pl. žȗrē se) impfv Cl. VI to hurry, to be in a hurry

VOCABULARY

A

a jedan (jedna, -no), neki (neka, -o)
about o
admission ulaznica f
actor glumac m
aeroplane avion m
afraid (I am) na žalost
after posle
afternoon poslepodne n
again ponovo
ago pre
ah a
airport aerodrom m
almost skoro, blizu
all svi
already već
also i
always uvek
am (I am) sam, jesam
I am not nisam
America Amerika f
American (man) Amerikanac m
  (woman) Amerikanka f
and i, a
  and so pa
  and so on i tako dalje
apartment stan m
April april m
are smo, ste, su
  they are oni (one, ona) su (jesu)
  they are not oni (one, ona) nisu
  we are mi smo (jesmo)
  we are not mi nismo
  you are vi ste (jeste)
  you are not vi niste
armchair fotelja f
arrive doći Cl. I, dolaziti Cl. VI
art umetnost f
article članak m
artist umetnik m
as kao
  as far as do
  such as kao
ask pitati Cl. V, upitati Cl. V, zamoliti Cl. VI
  ask for tražiti Cl. VI
at u, na
  at once odmah
August avgust = august m
aunt tetka f

Austria Austrija f
Austrian (man) Austrijanac m
  (woman) Austrijanka f
autonomous autonoman, autonomna, -o
awful strašan, strašna, -o
awfully strašno

B

bad loš, loša, loše, rđav, rđava, -o
bag torba f
bake peći Cl. I
ball lopta f
ballet balet m
bank banka f
base (foot) podnožje n
based zasnovan, -na, -no
basket-ball košarka f
bathe kupati se Cl. V
bathroom kupatilo n
battle bitka f
be biti
  be away biti na putu
  be late zakasniti Cl. VI
  be long zadržati se dugo Cl. VI
beach plaža f
beautiful divan, divna, -o
beauty lepota f
because zato, zato što, jer
bed krevet m
beer pivo n
before pre, ranije, pred
begin počinjati Cl. II
bench klupa f
better adv bolje
between između
big veliki, velika, -o
birthday rođendan m
biscuit keks m
bit
  a bit malo
black crn, crna, -o
blue plav, plava, -o
boat brod m; (small) čamac m
book knjiga f
bookstore knjižara f
Bosnia Bosna f
boss šef m
both oboje

B C D

boy (small) dečak m
bread hleb m
break odmor m, pauza f
breakfast doručak m
    have breakfast doručkovati Cl. IV
brigade brigada f
brilliantly sjajno
broadcast prenos m
brother brat m (pl. braća)
brown smeđ, smeđa, -e
build sagraditi Cl. VI
building zgrada f; (construction) izgradnja f
built sagrađen, sagrađena, -o
bus autobus m
    by bus autobusom
busy zauzet, zauzeta, -o
business posao m
but a, ali
butter maslac m
buy kupiti Cl. VI, kupovati Cl. IV
by od, pored, kod

C

cake kolač m, torta f
calendar kalendar m
call zvati Cl. II. (ring up) telefonirati Cl. V
    be called zvati se
can moći Cl. I
canyon kanjon m
cap kapa f
captain kapetan m
car auto m, automobil m, kola (pl.) n
cathedral katedrala f
centre centar m
century vek m
certainly naravno, sigurno, svakako
chair stolica f
change promeniti Cl. VI
cheaply jevtino, jeftino
cheerio zdravo
cheese sir m
chess šah m
chief šef m
child dete n, (pl. deca)
chilly hladan, hladna, -o
China Kina f
Chinese kineski, -a, -o
chocolate čokolada f
church crkva f
cigarette cigareta f
cinema f bioskop m, kino n
city grad m
    capital city glavni grad m
classroom učionica f
clerk službenik m

clock sat m
closed zatvoren, zatvorena, -o
coast obala f
coffee kafa f
    coffee house kafana f
cold hladan, hladna, -o, (in the head) kijavica f
    it is cold hladno je
    I'm cold hladno mi je
colleague (man) kolega m; (woman) koleginica f
colour boja f
    what colour? kakve boje? koje boje?
come doći Cl. I. dolaziti Cl. VI
    come back vratiti se Cl. VI
    come in ući Cl. I, ulaziti Cl. VI
    come out izići Cl. I, izlaziti Cl. VI
community zajednica f
company društvo n
composer kompozitor m
comrade (man) drug, (woman) drugarica f
concert koncert m
confluence ušće n
congratulate čestitati Cl. V
construction izgradnja f
contemporary savremen, savremena, -o
cook kuvati Cl. V
cool svež, sveža, -e
copy kopija f
cost koštati Cl. V impfv
    how much does that cost? koliko (šta) to košta?
cosy prijatan, prijatna, -o
country zemlja f, (village) selo n
countryside predeo m
of course dabome, naravno
Croatia Hrvatska f
crowd gužva f
cultural kulturni, kulturna, -o
cup šolja f

D

daddy tata m
daily dnevni, dnevna, -o
Dalmatian dalmatinski, -a, -o
dance igra f; igrati Cl. V
date datum m
daughter ćerka f
day dan m
    every day svakog dana
December decembar m
defend odbraniti Cl. VI
depart polaziti Cl. VI, otići Cl. I, otputovati Cl. IV
desire želja f

D E F

desk (writing) pisaći sto m
destroy rušiti Cl. VI
destroyed uništen, -a, -o
detain zadržati se Cl. VI
different razni, razna, -o
dinar dinar m
do raditi Cl. VI
dog pas m
door vrata n (pl.)
drawing crtanje n
dress haljina f
drill vežba f
drink piti Cl. IV, (up) popiti Cl. IV
be driven voziti se Cl. VI
during za vreme
dwell stanovati Cl. IV

E

each svaki, -a, -o
early rano; **earlier** ranije
eat jesti Cl. I, pojesti Cl. I
economic privredni, -na, -no
eight osam
eighteen osamnaest
eighteenth osamnaesti, -a, -o
eighth osmi, -a, -o
eighty osamdeset
elegant elegantan, elegantna, -o
eleven jedanaest
eleventh jedanaesti, a, -o
employee (clerk) službenik m
end završiti (se) Cl. VI
    end in a draw završiti (se) nerešeno
    at the end of krajem
engaged zauzet, -a, -o
engineer inženjer m
England Engleska f
English engleski, -ska, -sko
Englishman Englez m
Englishwoman Engleskinja f
enjoying equal rights ravnopravan, -na, -no
enough dosta
enter ući Cl. I, ulaziti Cl. VI
enterprise preduzeće n
equal ravnopravan, ravnopravna, -o
especially naročito
even čak
evening veče n
    in the evening uveče
event događaj m
every svaki, svaka, -o
    every other svaki drugi (druga, -o)
exact tačan, tačna, -o
example primer m
    for example na primer
exceedingly izvanredno

excellent odličan, odlično, -o; (adv) odlično
except osim, sem
exciting uzbudljiv, -a, -o
excursion izlet m
excuse oprostiti Cl. VI
    excuse me oprostite, izvinite
exercise vežbanje n
exhibition izložba f
expect očekivati Cl. IV
expensive skup, skupa, -o

F

faced (coated) obložen, obložena, -o
factory fabrika f
family porodica f
fan navijač m
fantastic fantastično
far (away) daleko, udaljen, udaljena, -o
fare karta f
fast brzo
fat debeo, debela, -o
father otac m
favourable povoljan, povoljna, -o
favourite omiljen, omiljena, -o
February februar m
federal savezni, -na, -no; federativan -vna,-vno
feel osećati se Cl. V
fifteen petnaest
fifteenth petnaesti, -a, -o
fifth peti, peta, -o
fifty pedeset
fine adv dobro
firm (enterprise) preduzeće n
first prvi, prva, -o
five pet
flat (apartment) stan m
floor (storey) sprat m
flu grip m, gripa f
fly leteti Cl. VI
be fond f voleti Cl. VI
foot (base) podnožje n
    at the foot of u podnožju
    on foot pešice
football fudbal m; (adj) fudbalski, -a, -o
for za
foreign strani, strana, -o
foreigner stranac m
forest šuma f
form part of spadati Cl. V
fortunately srećom
forty četrdeset
found osnovati Cl. IV
four četiri
fourteen četrnaest
fourteenth četrnaesti, -a, -o
fourth četvrti, -a, -o

F G H I

France Francuska f
free slobodan, slobodna, -o
French francuski, -a, -o
Frenchman Francuz m
Frenchwoman Francuskinja f
fresco freska f
Friday petak m
friend drug m, prijatelj m, drugarica f
from od, iz
in front of pred
furniture nameštaj m

G

gallery galerija f
garage garaža f
garden vrt m
gay veseo, vesela, -o
gentleman gospodin m
German nemački, -a, -o
get (buy) uzeti Cl. I, uzimati Cl. V
    get ready spremati Cl. V
gift poklon m
girl devojka f; (small) devojčica f
give back vratiti Cl. VI
give a ring javiti se Cl. VI, telefonirati Cl. V
glad (I am) drago mi je, milo mi je
    be glad radovati se Cl. IV
go ići Cl. I irr. v.
    go away otići Cl. I, odlaziti Cl. VI
    go to bed leći Cl. I
    go in for baviti se Cl. VI
    go on foot ići pešice
    go out izići Cl. I, izlaziti Cl. VI
    go sightseeing razgledati znamenitosti Cl. V
    go for a walk šetati se Cl. V
goal gol m
    score a goal dati gol
goalkeeper golman m
good dobar, dobra, -o
    extraordinary good izvrstan, izvrsna, -o
goodbye do viđenja
grandpa deda m
granny baka f
green zelen, zelena, -o
greet pozdraviti Cl. VI
grey siv, siva, sivo
group grupa f
guide vodič m

H

half po = pola
ham šunka f
handsome lep, lepa, lepo
hang visiti Cl. VI
happy srećan, srećna, -o
hardworking vredan, vredna, -o
has ima
    has not nema
have imati Cl. V
have to morati Cl. V
he on
healthy zdrav, zdrava, -o
hear čuti Cl. IV
hello halo (hi) zdravo
help pomoći Cl. I., pomagati Cl. III
her (Acc.) nju=ju=je; (Dat.) njoj=joj
her, hers njen, -a, -o
here ovde, tu; **here** evo!
    here you are izvol(i)te
    from here odavde
hi (hello) zdravo
high visok, visoka, -o
him (Acc.) njega=ga; (Dat.) njemu=mu
his njegov, -a, -o
historic istorijski, -a, -o
history istorija f
holiday praznik m
holy sveti, -a, -o
home kuća f, dom m
    at home kod kuće
hope nadati se Cl. V
hospital bolnica f
hostel (students') studentski dom m
hotel hotel m
hour sat m, čas m
    working hours radno vreme n
house kuća f
    country house vikendica f
housewife domaćica f
housing- adj stambeni, -a, -o
how kako
    how long koliko
    how many koliko
hundred sto = stotina f
hungry gladan, gladna, -o
hurry žuriti se Cl. VI
husband suprug m, muž m

I

I ja
ice-cream sladoled m
if ako, da li
ill bolestan, bolesna, -o
immediately odmah
in u, na; (for time) kroz, za
indeed zaista
independent nezavisan, -sna, -o
inform javiti Cl. VI
inhabitant stanovnik m
inside unutra, u
instructor nastavnik m
interesting interesantan, interesantna, -o

invitation poziv m
is je, jest
   is not nije
island ostrvo n
it ono
   it is to je

J

jam džem m
January januar m
job posao m
journal časopis m
journalist novinar m
journey put m, putovanje n
July jul = juli m
jumper džemper m
June jun = juni m

K

keep long zadržati se Cl. VI
key ključ m
kitchen kuhinja f
knit plesti Cl. I
know znati Cl. V

L

lady gospođa f
lake jezero n
land zemlja f
landmark znamenitost f
language jezik m; (adj.) jezički, -a, -o
large veliki, -a, -o
last (adj) prošli, -a, -o, poslednji, -a, -e; (verb) trajati Cl. V
late adv kasno
   be late zakasniti Cl. VI
lawyer advokat m
lead voditi Cl. VI
learn učiti Cl. VI; (finish learning) naučiti Cl. VI
leave (go away) otići Cl. I., odlaziti Cl. VI. (start off), polaziti Cl. VI., (for) otputovati Cl. IV
left levi, leva, -o
legend legenda f
lemon limun m
less manje
lesson lekcija f, čas m
let us go hajdemo
letter pismo n
library biblioteka f
lie ležati Cl. VI; (down) leći Cl. I

life život m
light lak, laka, -o
like sviđati se Cl. V., svideti se Cl. VI., voleti Cl. VI; (adv) kao
   I like sviđa mi se, dopada mi se, volim
line (track) pruga f
listen slušati Cl. V
literature književnost f
little mali, mala, -o;
   a little malo
live živeti Cl. VI; (to dwell) stanovati Cl. IV
living-room dnevna soba f
be located nalaziti se Cl. VI
long (adv) dugo
look gledati Cl. VI
   have a look pogledati Cl. V
   look for tražiti Cl. VI
   look like ličiti Cl. VI
lose izgubiti Cl. VI
a lot mnogo, puno
lovely divan, divna, -o
luckily srećom
lunch ručak m
   have lunch ručati Cl. V

M

Macedonia Makedonija f
main glavni, glavna, -o
majority većina f
make praviti Cl. VI; (make, finish making) napraviti Cl. VI
man čovek m; pl. ljudi m
   young man mladić m
many mnogo
marble mermer m
March mart m
market pijaca f
married oženjen (for men), udata (for women)
match utakmica f
matter
   What's the matter with you? Šta vam (ti) je?
May maj m
may moći Cl. I
   may be možda
me (Acc.) mene = me, (Dat.) meni = mi
meal obrok m
by all means svakako
mechanic mehaničar m
meet sresti Cl. I; (await the arrival of) dočekati Cl. V;
meeting sastanak m
member član m
milk mleko n
million milion m

M N O P

minute minut m = minuta f
miss gospođica f
modern moderan, moderna, -o
moment trenutak m
monastery manastir m
Monday ponedeljak m
money novac m
Monte Negro Crna Gora f
month mesec m
monument spomenik m
more više
more than preko
morning jutro n
    in the morning ujutro=ujutru, pre podne
motor-way auto-put m
mother majka f
mother- adj, maternji, -a, -e
    mother tongue maternji jezik
mountain brdo n, planina f
movie theatre bioskop m, kino n
much mnogo
mum mama f
museum muzej m
music muzika f
must morati Cl. V
my, mine moj, moja, moje

N

name ime n
narrow uzak, uska, usko
national narodni, -a, -o
nationality narodnost f
near (close to) blizu
nearly blizu, skoro
need not ne morati Cl. V
neighbour (man) komšija m; (woman) komšinica f
new nov, nova, -o
newspaper novine f pl.
nice simpatičan, simpatična, -o; lep, lepa, -o
night noć f
    good night laku noć
    last night sinoć
nine devet
nineteen devetnaest
nineteenth devetnaesti, -a, -o
ninety devedeset
ninth deveti, -a, -o
no ne, nije
nonaligned nesvrstan, -na, -o
noon podne n
notebook sveska f
novel roman m
November novembar m
now sad=sada
number broj m

O

October oktobar m
of od
office kancelarija f
officer (army) oficir m
often često
O.K. u redu
old star, stara, -o
on na
one jedan, jedna, -o
only samo; (if only) bar
opened otvoren, -a, -o
opera, opera-house opera f
or ili
orchard voćnjak m
other drugi, -a, -o
our, ours naš, naša, naše
over preko
overcoat mantil m

P

painter slikar m
painting (picture) slika f
palace palata f
para ($1/100$ of a dinar) para f
pardon? molim?
parent roditelj m
park park m
particularly naročito
partisan partizan m
passport pasoš m
past prošli, -a, -o
pay platiti Cl. VI
pen pero n
people ljudi m pl., svet m
people's adj narodni, -a, -o
performance predstava f
perhaps možda
periodical časopis m
petrol pump benzinska pumpa f
phone telefonirati Cl. V
photography fotografija f
physician lekar m
piano klavir m
picture slika f
pilot pilot m
place mesto n
plain ravnica f
play igra f; (verb) igrati se Cl. V; (a musical instrument) svirati Cl. V
player igrač m
pleasant prijatan, prijatna, -o
please molim, molim vas
    Yes, please? Izvol(i)te? Molim?
pleased zadovoljan, zadovoljna, -o

political politički, -a, -o
politics politika f
popular popularan, popularna, -o
position položaj m
post (a letter) predati (pismo) Cl. V
post-office pošta f
prepare spremati Cl. V
pretty lep, -a, -o
price cena f
probably verovatno
professor profesor m
programme program m
province pokrajina f
public javan, javna, -o
put staviti Cl. VI

Q

quarter četvrt f
quickly brzo

R

railway- adj. železnički, -a, -o
raincoat kišni mantil m
read čitati Cl. V; (read, finish reading) pročitati Cl. V
really zaista
record (gramophone) ploča f
recover ozdraviti Cl. VI
red crven, -a, -o
referee sudija (fudbalski) m
reformer reformator m
remain ostati Cl. III irr. v.
remember! zapamtite!
republic republika f
resemble ličiti Cl. VI
residential stambeni, -a, -o
return vratiti se Cl. VI; (give back) vratiti Cl. VI
right desni, desna, -o
  all right dobro, u redu
  that's right tako je
ring up telefonirati Cl. V
river reka f
Roman rimski, -a, -o
room soba f
Russian ruski, -a, -o
Russian (man) Rus m
Russian (woman) Ruskinja f

S

saint- adj sveti, -a, -o
saleswoman prodavačica f
sandwich sendvič m
satisfied zadovoljan, zadovoljna, -o

Saturday subota f
say reći Cl. I., kazati Cl. II
school škola f
score rezultat m
score a goal dati gol
sculptor vajar m
sea more n
  the Adriatic Sea Jadransko more n
seat mesto n
second drugi, -a, -o
secretary (woman) sekretarica f
see videti Cl. VI
  oh, I see a, tako
sejourn boravak m
self-management samoupravljanje n
self-service store samoposluga f
sell prodati Cl. V
send slati irr.v.; — **one's regards** pozdraviti Cl. VI
September septembar m
Serbia Srbija f
Serbo-Croatian srpskohrvatski, -a, -o
settlement naselje n
seven sedam
seventeen sedamnaest
seventeenth sedamnaesti, -a, -o
seventh sedmi, -a, -o
seventy sedamdeset
sew šiti Cl. IV
sharply oštro
she ona
shift smena f
ship brod m
shoot pucati Cl. V
shopgirl prodavačica f
shopwindow izlog m
shore obala f
show pokazati Cl. II
sick bolestan, bolesna, -o
sing pevati Cl. V
singer (man) pevač m, (woman) pevačica f
sight znamenitost f
since od
sister sestra f
sit sedeti Cl. VI
  sit down sesti Cl. I
  be sitting down sedati Cl. V
six šest
sixteen šesnaest
sixteenth šesnaesti, -a, -o
sixth šesti, -a, -o
sixty šezdeset
sleep spavati Cl. V
small mali, mala, -o
smart elegantan, elegantna, -o
smoke pušiti Cl. VI
social društveni, -a, -o
socialist adj. socijalistički, -čka, -o

society društvo n
some neki, neka, -o
sometimes katkad
son sin m
song pesma f
sorry izvinite
   sorry? molim?
Spanish španski, -a, -o or španjolski, -a, -o
speak govoriti Cl. VI
spend provesti Cl. I., provoditi Cl. VI
   spend (have) one's time provesti se Cl. I, provoditi Cl. VI
sphere oblast f
splendid sjajno
sport sport m
square trg m
stand stajati Cl. VI
state država f
star zvezda f
start krenuti Cl. II
   start off poći, Cl. I, polaziti Cl. VI
stay boravak m; (verb) ostati Cl. III irr.v.
stone kamen m; (adj) kameni, -a, -o
store prodavnica f
storey sprat m
stout debeo, debela, -o
street ulica f
strong jak, -a, -o
student student m; (adj) studentski, a, -o
study studirati Cl. V, učiti Cl. VI
suffer damage stradati Cl. V
sugar šećer m
suit odelo n
in summer leti
Sunday nedelja f
   on Sunday(s) nedeljom
supper večera f
   have supper večerati Cl. V
supplementary dopunski, -a, -o
support (cheer on) navijati Cl. V
supporter (fan) navijač m
surely sigurno, dabome
surname prezime n
surrounded pass.p. opasan, opasana, -no

T

table sto m
take uzeti Cl. I., uzimati Cl. V; (accompany) voditi Cl. VI
talk razgovarati Cl. V
tall visok, -a, -o
taste ukus m
tea čaj m
teacher nastavnik m; (high-school) profesor m
team tim m
telephone telefon m

television televizija f
tell reći Cl. I, kazati Cl. II
temperature temperatura f
ten deset
tennis tenis m
tenth deseti, -a, -o
terrace terasa f
than nego, od
that taj m, ta f, to n; (over there) onaj m, ona f, ono n
that conj da, što
   so that te
theatre pozorište n; (movie) bioskop m
their, theirs njihov, -a, -o
them Acc. njih=ih; (Dat.) njima=im
then onda
there tamo; (over there) onde; eno!
there is (are) ima, nalazi se (nalaze se)
these ovi m, ove f, ova n
   these are ovo su
they oni m, one f, ona n
thin mršav, -a, -o
thing stvar f
thirsty žedan, žedna, -o
third treći, treća, treće
thirteen trinaest
thirteenth trinaesti, -a, -o
thirty trideset
this ovaj m, ova f, ovo n
those ti m, te f, ta n; (over there) oni m, one f, ona n
   those are ono su
thousand hiljada f
three tri
   three people troje
Thursday četvrtak m
ticket karta f, ulaznica f
tie kravata f
time vreme n; (adv) put, pl. puta
   what's the time? koliko je sati?
to do, k (ka)
today danas
today's današnji, -a, -e
together zajedno
tomorrow sutra
tongue jezik
tonight večeras
too takode(r), i
tourist- (adj) turistički, -čka, -čko
towards k, ka
town grad m
track (line) pruga f
tractor traktor m
translate prevoditi Cl. VI
travel putovati Cl. IV
traveller putnik m
trip put m, putovanje n
trolley-bus trolejbus m

229

T U V W Y Z

Tuesday utorak m
Turk Turčin m
twelfth dvanaesti, -a, -o
twelve dvanaest
twentieth dvadeseti, -a, -o
twenty dvadeset
two dva m and n, dve f
   two people dvoje
type kucati Cl. V
typewriter pisaća mašina f
tzar car m

U

umbrella kišobran m
uncle stric (father's brother), ujak (mother's brother)
under pod
undergraduate student m
understand razumeti Cl. V
unfortunately na žalost
united ujedinjen, -a, -o
university univerzitet m; (department) fakultet m
until when dokle
us Acc. nas; (Dat.) nam(a)
usually obično

V

various razni, -a, -o
very vrlo, veoma
view pogled m
village (country) selo n
visit posećivati Cl. IV, posetiti Cl. VI
vocabulary rečnik m
voice glas m

W

wait čekati Cl. V
walk ići pešice Cl. I
wall zid m;
   old wall zidina f
want hteti irr.v., želeti Cl. VI
war rat m; (adj) ratni, -a, -o
warm topao, topla, -o
   it is warm toplo je
watch gledati Cl. V
way put m
we mi
weather vreme n
   What's the weather like? Kakvo je vreme?
Wednesday sreda f
week nedelja, sedmica f
weekend vikend m
well dobro; (inter.) pa, e

what šta
   what ... like? kakav (kakva, -o)?
when kad=kada
where gde
   where from odakle
   where to kud=kuda
whether da li
which koji, koja, -e
white beo, bela, belo
who ko, koji (koja, -e)
whole ceo, cela, celo
whom koga
   by (from) whom od koga
   with whom kim=kime
whose čiji, čija, -e
why zašto, što
wide širok, -a, -o
wife supruga f, žena f
wing krilo n
wish hteti, irr.v., želeti Cl. VI; (noun) želja f
with s, sa, kod
within unutar
woman žena f
wonderful divan, divna, -o
woods šuma f
work (v) raditi Cl. VI; (noun) posao m, rad m
   at work na poslu
   voluntary work radna akcija f
worker (workman) radnik m
working adj radni, -a, -o
world svet m; (adj) svetski, -a, -o
worry brinuti se Cl. III
write pisati Cl. II; (write, write down) napisati Cl. II
writer pisac m, književnik m

Y

year godina f
yes jest(e), da
yesterday juče
yet još
you ti (2p.sg.), vi (2p.pl.)
young mlad, mlada, -o
your, yours tvoj, -a, -e (2p.sg.), vaš, -a, -e (2p.pl.)
youth (young people) omladina f; (young man) omladinac m, (girl) omladinka f; (adj) omladinski, -ska, -sko
Yugoslav jugoslovenski, -a, -o
Yugoslav (man) Jugosloven m
Yugoslav (woman) Jugoslovenka f
Yugoslavia Jugoslavija f

Z

zero nula

GREETINGS AND SOME CLASSROOM EXPRESSIONS

zdrăvo	hi, hello, cheerio (used in meeting as well as in parting)
dòbro jütro	good morning
dòbar dân	good morning (afternoon) (lit. good day)
dòbro vēčē	good evening
do viđénja	so long, au-revoir
gospòdin Bràun	Mr. Brown
gòspođa Bràun	Mrs. Brown
gòspođica Bràun	Miss Brown
drûg Márković	comrade Marković
drugàrica Márković	comrade Marković (a woman)
gospòdine!	sir!
gòspođo!	madam!
gòspođice!	madam!
drûže!	comrade! (to a man)
drugàrice!	comrade! (to a woman)
mŏlīm = mŏlīm vas	please
hvála (hvála lépo)	thanks (thanks a lot)
dòbro (vrlo dòbro)	good (very good)
òdlično	excellent
otvòrite (zatvòrite)	open (close)
čìtājte	read
píšite	write
nàstavite = prodúžite	go on, continue
ponòvite	repeat
štă znâčī ... (òvā rêč)?	what does ... (this word) mean?

Alphabetical order of the comments
(Numbers refer to Lessons)

adjectives 3, 4, 6, 8, 9, 10, 11, 13, 15, 17, 23
adverbs 5, 12
article (absence) 1
aspects 19, 20
capital letters 9
cases of nouns
    accusative 13, 15
    dative 18, 19, 23
    genitive 10, 15, 16
    instrumental 17
    nominative pl. 7, 8, 9
    prepositional 6, 8, 9, 23
    vocative 8, 13, 20, 23
classes of verbs
    I a   14
    I b   19
    II a 16
    II b 18
    III   20
    IV a 14
    IV b 17
    V   13
    VI   12
da 5
— **li** in indirect questions 25
    ~ + present tense 17, 20
    double negation 23
enclitics 3, 7, 14, 21
evo, eto, eno + Gen. 20
imperative 18
indirect commands 19

indirect quotes 25
interrogative sentences 1, 2
movable "a" 7
nouns 1, 3, 4, 6, 7, 8, 9, 10, 13, 15, 17, 18, 23
numbers 6, 12, 15, 16, 22, 23
numerals — collective 18
past participle active 21
prepositions
    na, u + Acc. or Prep. 16
    pred 20
pronouns 1, 5, 7, 8, 9, 10, 13, 14, 15, 17, 18, 23
stem
    adjective 10
    infinitive 11
    noun 10
    present 11
što as a conjunction 11
tenses
    future 24
    perfect 21
    present 11, 14
verbs
    bilo je — nije bilo 23
    hteti 18, 24
    ići 16
    ići and its compounds 22
    ima — nema 15
    jesam 1, 2, 7
    reflexive 16
word order 4, 5, 8, 21
zar in questions 25